冶金工业出版社

普通高等教育“十四五”规划教材

经济法基础与实务

李晓红　孙阳升　周兴永　主编

北　京
冶 金 工 业 出 版 社
2021

内 容 提 要

本书突出最新法律、法规，以典型案例为线索，将理论与实践相串联，以培养高素质应用型人才为目的，体现时效性，突出学导性。全书共分 10 章，主要内容包括经济法总论、公司法律制度、企业法律制度、合同法律制度、市场秩序管理法律制度、劳动合同和社会保险法、流转税、所得税、会计法律制度、工业产权法律制度。

本书可作为高等院校经济管理类专业教学用书，也可供相关职称考试以及经济管理人员参考。

图书在版编目(CIP)数据

经济法基础与实务/李晓红，孙阳升，周兴永主编．—北京：冶金工业出版社，2021.11

普通高等教育“十四五”规划教材

ISBN 978-7-5024-8967-0

Ⅰ.①经… Ⅱ.①李… ②孙… ③周… Ⅲ.①经济法—中国—高等学校—教材 Ⅳ.①D922.29

中国版本图书馆 CIP 数据核字(2021)第 235686 号

经济法基础与实务

出版发行	冶金工业出版社	**电　　话**	(010)64027926
地　　址	北京市东城区嵩祝院北巷 39 号	**邮　　编**	100009
网　　址	www.mip1953.com	**电子信箱**	service@mip1953.com

责任编辑　俞跃春　杜婷婷　美术编辑　吕欣童　版式设计　郑小利

责任校对　葛新霞　责任印制　李玉山

三河市双峰印刷装订有限公司印刷

2021 年 11 月第 1 版，2021 年 11 月第 1 次印刷

787mm×1092mm　1/16；13.5 印张；323 千字；207 页

定价 45.00 元

投稿电话　(010)64027932　投稿信箱　tougao@cnmip.com.cn

营销中心电话　(010)64044283

冶金工业出版社天猫旗舰店　yjgycbs.tmall.com

(本书如有印装质量问题，本社营销中心负责退换)

前　言

在全球经济一体化、法治化的大背景下，随着经济的快速发展，对经济活动的管理以及市场交易的维护与监督等，都必须有法可依，依法执行。近年来，国家陆续修订了经济领域的系列法律、法规并开始实施或即将实施。“经济法”作为经济管理类专业的基础课程，以市场需求为起点，以培养高素质应用型人才为目的，不仅要求学生具有扎实的专业理论知识，更要学会实际运用相关法律、法规处理和解决经济活动中的经济法律问题。

本书在编写过程中突出了以下几个特点：

（1）内容选取与时俱进。本书在编写过程中内容紧扣国家最新颁布的法律法规，突出会计工作的政策性、严肃性、时效性和规范性。在实现理论与实践有机结合的同时，也注重培养学生的自主学习能力、思考能力和创新精神。

（2）知识涉及面广，体例特色鲜明。本书根据高等院校经济管理类教育培养特色，涉及《民法典》《公司法》《合同法》《社会保险法》《税法》《商标法》等在内的近30部法律及相关法规等。书中设有“知识导航”“案例导入”“知识拓展”“案例分析”“知识检测”等栏目，在丰富教材内容的同时，增强了可读性，可以帮助学生加深对本书内容的理解和掌握，达到事半功倍的效果。

（3）针对性和应用性强。不论是“案例导入”，还是“案例分析”，或是“知识检测”中的实训题栏目等，在案例选取方面，以必须、够用为原则，结合未来职业岗位涉及的实用问题，精选典型案例。案例紧扣各章节的重点、难点，帮助学生融会理论知识，具有很强的针对性。另外，对案例的思考增加了部分开放性的问题，让师生互动讨论、分析，使学生实践能力快速提升，更侧重应用性。

本书由内蒙古财经大学李晓红、上海申浩（成都）律师事务所孙阳升、四川琴台律师事务所周兴永担任主编，全书由李晓红、孙阳升、周兴永统编定稿。

在编写过程中，我们参考了有关文献和资料，在此向相关作者表示由衷的感谢。

由于编者水平所限，书中不妥之处，恳请广大读者批评指正。

编　者

2021 年 4 月

目　录

第一章　经济法总论

知识导航

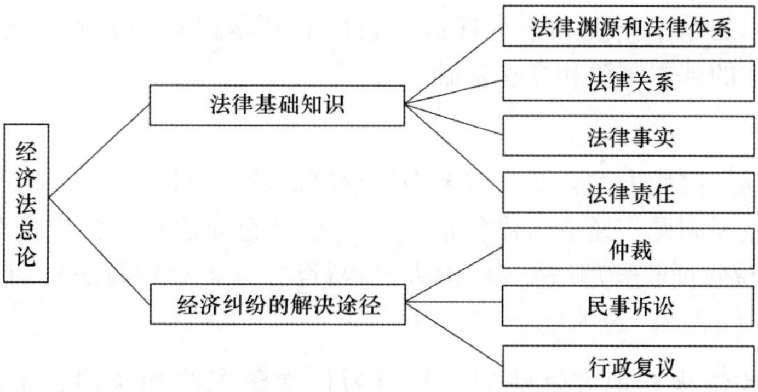

案例导入

赵某和钱某是大学同学，2020年“五一”劳动节放假期间，赵某回家过节，而钱某留校打工。赵某便将自己的电脑交钱某保管，钱某爽快地答应了，条件是钱某保管期间可以使用。后钱某有一天早上外出忘记锁门，结果电脑在宿舍被偷，虽报案却一直未有结果。赵某提出让钱某赔偿，钱某称：我们之间无任何法律关系，只因是同学朋友，我才答应替你保管，况且电脑是在学校宿舍里丢失的，你应该找学校赔偿。

请思考（1）赵、钱之间是否存在法律关系，假如有，其主体、客体和内容是什么？

（2）电脑丢失的责任应由谁承担？

第一节　法律基础知识

法是由国家制定或认可，以权利义务为主要内容，由国家强制力保证实施的社会行为规范及其相应的规范性文件的总称。法作为一种特殊的社会规范，是人类社会发展的产物。其本质是统治阶级的国家意志的体现。法具有以下特征：

（1）法是由国家制定或认可的行为规范，具有国家意志性。

（2）法是由国家强制力保证实施的行为规范，具有国家强制性。

（3）法是确定人们在社会关系中权利和义务的行为规范，具有规范性。

（4）法是明确而普遍适用的规范，具有明确公开性和普遍约束性。

一、法律渊源和法律体系

（一）法律渊源

法律渊源又称法的形式，指法的具体表现形态，即法是由何种国家机关，依照什么方式或程序创制出来的，并表现为何种形式、具有何种效力等级的规范性法律文件。我国的法律渊源主要有以下内容。

1. 宪法

宪法是由国家最高立法机关即全国人民代表大会制定的具有最高法律效力的根本大法。宪法规定国家的基本制度和根本任务、公民的基本权利和义务，具有最高的法律效力。宪法是经济法的基本渊源和立法基础。

2. 法律

法律是由全国人民代表大会及其常务委员会制定的规范性文件，地位和效力仅次于宪法，是经济法的主要渊源。经济法律包括《个人独资企业法》《合伙企业法》《公司法》《企业破产法》《税收征收管理法》《中国人民银行法》《商业银行法》《证券法》等。

3. 法规

法规包括行政法规和地方性法规，其效力仅次于宪法和法律，是经济法的重要渊源。行政法规由国务院制定，如《公司登记管理条例》《企业财务会计报告条例》《证券公司监督管理条例》，增值税、消费税、资源税等税收条例等。地方性法规是省、自治区、直辖市等的人民代表大会及其常务委员会颁布的，法律效力只及于颁布机关所管辖的区域。

4. 规章

规章是对法律、法规的补充，是国务院各部委及具有规章制定权的地方人民政府制定的有关具体实施法律和行政法规的一些办法、决定等，包括部门规章和地方政府规章。部门规章如财政部颁布的《代理记账管理办法》、中国人民银行颁布的《人民币银行结算账户管理办法》等，地方政府规章的种类和数量则相对繁多。

5. 自治条例和单行条例

自治条例和单行条例是指民族自治地方的权力机关依照权限，结合当地特点依法制定的自治条例和单行条例。主要适用于本民族自治地方。

6. 司法解释

司法解释是指最高人民法院在总结审判实践经验的基础上发布的指导性文件和法律解释，这也是经济法的渊源之一。

7. 国际条约、协定

国际条约、协定是指我国作为国际法主体同其他国家或地区缔结的双边、多边协议或其他具有条约、协议性质的文件。

（二）法律体系

法律体系是指一个国家的全部法律规范，按照一定的原则和要求，根据其调整对象和调整方法的不同，划分为若干法律部门，进而形成的相互有机联系内在统一的整体。我国现行法律体系大体可以划分为以下七个法律部分。

1. 宪法及宪法相关法

宪法是国家的根本法，宪法相关法是与宪法配套、直接保障宪法实施和国家政权运作等方面的法律规范的总和，主要包括四个方面：(1) 有关国家机构的产生、组织、职权和基本工作制度的法律；(2) 有关民族区域自治制度、特别行政区制度、基层群众自治组织的法律；(3) 有关维护国家主权、领土完整和国家安全的法律；(4) 有关保障公民基本政治权利的法律。

2. 刑法

刑法是规范犯罪、刑事责任和刑事处罚的法律规范的总称，也就是规定哪些行为是犯罪和应该负何种刑事责任，并给犯罪人刑罚处罚的法律，是保证其他法律有效实施的后盾。

3. 行政法

行政法是规范国家行政管理活动的法律规范的总称，包括有关行政管理主体、行政行为、行政程序、行政监督以及国家公务员制度等方面的法律规范。它调整的是行政机关与行政管理相对人（自然人、法人和其他组织）之间因行政管理活动而发生的法律关系（称为纵向关系）。

4. 民商法

民法、商法是规范民事、商事活动的法律规范的总称。民法是调整平等主体的自然人、法人和非法人组织之间的财产及人身关系（称为横向关系），主要包括物权、债权、婚姻、家庭、收养、继承等方面的法律规范；商法是在适应现代商事活动需要的基础上，从民法中分离逐渐发展起来的法律部门，主要包括公司、证券、保险、票据、破产、海商等领域的法律规范。根据全国人大对社会主义法律体系的划分，知识产权法律制度也被划入民商法部分。

5. 经济法

经济法是调整国家从社会整体利益出发对市场经济活动实行干预、管理、调控所产生的社会经济关系的法律规范的总称。它是在国家干预市场经济活动过程中逐渐发展起来的一个法律门类，与行政法和民商法联系密切。按照全国人民代表大会对社会主义法律体系划分的说明，税收法律制度、宏观调控和经济管理法律制度、维护市场秩序的法律制度、产品质量法律制度、金融监管法律制度、对外贸易和经济合作法律制度等内容都属于经济法部门。

提示　本书的名称为“经济法基础与实务”，但这并非法律部门意义上的“经济法”概念，而是“与市场经济活动相关的法律制度”的意思，内容涉及多个密切相关的法律部门。

6. 社会法

社会法是规范劳动关系、社会保障和社会福利及特殊群体权益保障方面的社会关系的法律规范的总称。它是在政府干预社会生活过程中逐渐发展起来的一个法律门类。如劳动合同法、未成年人保护法等。

7. 诉讼与非诉讼程序法

诉讼与非诉讼程序法是规范解决社会纠纷的诉讼活动与非诉讼活动的法律规范的总称。我国的诉讼制度分为刑事诉讼、民事诉讼、行政诉讼三种。此外，我国还针对海事诉讼活动的特殊性，制定了海事诉讼特别程序法，作为对民事诉讼法的补充。为处理国与国之间的犯罪者引渡问题，制定了引渡法，作为刑事诉讼法的补充。非诉讼程序法是解决非诉讼案件的程序法。在纠纷解决中也占有重要地位。如人民调解法、仲裁法、公证法等。

（三）经济法的体系

对经济法的体系问题，学术界的认识不尽相同。按照经济关系以及经济法所调整的基本内容，可将经济法体系进行如下划分。

1. 市场主体法

市场主体法是指经济组织的法律制度，主要是企业法律制度。如独资企业法、合伙企业法、外商投资企业法、公司法等。

2. 市场管理法

市场管理法即调整市场管理关系的法律规范的总称。如反垄断法、反不正当竞争法、消费者权益保护法、税法、金融法、对外贸易法等。

3. 宏观调控法

宏观调控法即调整宏观经济调控关系的法律规范的总和。如计划法、预算法、财政法、税法、金融法、价格法等。

4. 社会保障法

社会保障法即调整社会保障过程中发生的经济关系的法律规范的总称。如劳动合同法、社会保险法等。

（四）法的分类

根据不同的标准，可以对法做不同的分类：

（1）根据创制方式和发布形式分为成文法和不成文法。成文法是指有权制定法律的国家机关，依照法定程序所制定的具有条文形式的规范性文件；不成文法是指国家机关认可的、不具有条文形式的习惯。不成文法也称习惯法。

（2）根据法的地位、效力和制定主体、制定程序的不同分为根本法和普通法。根本法就是宪法，在我国法律体系中处于根本的地位，具有最高效力等级，是普通法的立法依据。普通法是指除了宪法以外的其他法律，效力等级低于宪法。

（3）根据法调整的内容不同分为实体法和程序法。实体法是指以规定主体的权利义务关系或职责职权关系为主要内容的法，如民法、刑法等；程序法是指以保证主体的权利义务得以实现或职权职责得以履行所需程序为主要内容的法，如民事诉讼法、刑事诉讼法等。

（4）根据法的适用范围不同分为一般法和特别法。一般法与特别法的划分是相对的。如公司法相对于民法总则是特别法，相对于各具体企业法就是一般法。

（5）根据法的创制主体和适用主体不同分为国内法和国际法。

（6）根据法所保护的利益不同分为公法和私法。

二、法律关系

法律关系是指被法律规范所调整的权利与义务关系。经济法律关系是国家根据经济法律规范在限定市场主体资格、规制市场秩序、进行宏观调控和监督经济的过程中，在经济法主体之间所形成的权利义务关系。经济法律关系属于法律关系的一种，但并非所有的经济关系都是法律关系，只有当特定的经济关系为经济法律规范所调整并以经济权利和义务为内容时才具有经济法律关系的性质。

法律关系的构成要素包括主体、内容和客体三个方面，缺少其中任何一个要素，都不能构成法律关系。

（一）法律关系的主体

法律关系的主体是指参加法律关系，依法享有权利和承担义务的当事人。根据我国法律规定，法律关系主体包括以下几种。

1. 自然人

自然人既包括本国公民，也包括居住在一国境内或在境内活动的外国公民和无国籍人。

2. 法人和非法人组织

法人组织是指具有权利能力和行为能力，依法独立享有民事权利、承担民事义务的组织。法人应当有自己的名称、组织机构、住所、财产或者经费，能够独立承担责任是法人最大的特征。非法人组织是不具有法人资格，但是能够依法以自己的名义从事民事活动的组织，包括个人独资企业、合伙企业、不具有法人资格的专业服务机构等。

提示 法人资格即有独立财产，能够独立承担责任。非法人组织虽然也有自己的财产，但不能独立承担责任，故不具备法人资格。

知识拓展

我国《中华人民共和国民法典》（以下简称《民法典》）将法人分为营利法人、非营利法人和特别法人三类。营利法人包括有限责任公司、股份有限公司和其他企业法人等；非营利法人包括事业单位、社会团体、基金会、社会服务机构等；特别法人包括机关法人、农村集体经济组织法人、城镇农村的合作经济组织法人、基层群众性自治组织法人。

3. 国家

在特定情况下，国家可以作为一个整体成为法律关系主体。如国家作为主权者是国际公法关系的主体，可以成为对外经济贸易关系中的债权人或债务人。在国内法中，国家可以直接以自己的名义参与国内法律关系（如发行国库券，或成为国家所有权关系主体）。当然，大多数情况下，国家是以其机关或者授权的组织作为代表参加法律关系的。

（二）法律关系的内容

法律关系的内容是指法律关系主体所享有的权利和承担的义务。

1. 权利

权利是指法律关系主体依法可以为或不为一定行为，以及要求他人为或不为一定行为的资格。依法享有权利的主体称为权利主体。如财产所有权人有依法对自己的财产享有占有、使用、收益和处分的权利；债权人有权请求债务人偿还债务等。

2. 义务

义务是指法律关系主体依法或为满足权利主体的需要，必须为或不为一定行为的责任。依法承担义务的主体称为义务主体。权利和义务相依而存，具有相对性和对等性。没有无义务的权利，也没有无权利的义务。

（三）法律关系的客体

法律关系的客体是指法律关系主体的权利和义务所指向的对象，是权利和义务形成的载体。一般认为，法律关系的客体包括物、行为、人身人格和非物质财富四大类。

1. 物

物是指能满足人们需要，具有一定的稀缺性，并能为人们现实支配和控制的各种物质资源。并不是所有的物都能成为法律关系的客体，作为客体的物，必须具备有用性、稀缺性，能为人们所控制这三个特征。

2. 行为

一定的行为结果可以满足权利人的利益和需要，可以成为法律关系的客体。行为包括作为（如旅客运输合同的客体是运送旅客的行为，保管合同的客体是保管行为）和不作为（如竞业禁止合同的客体是不从事相同或相似的经营或执业活动）。

3. 人身、人格

人身和人格分别代表着人的物质形态和精神利益。一方面，它是生命权、健康权、姓名权、肖像权、隐私权、婚姻自主权等人身权指向的客体；另一方面，它又是禁止非法拘禁他人、禁止对犯罪嫌疑人刑讯逼供、禁止卖身为奴、禁止卖淫等法律义务所指向的客体。人的整体只能是法律关系的主体，不能作为法律关系的客体；而人的部分是可以作为客体的“物”，如当人的头发、血液、骨髓、精子和其他器官从身体中分离出去，在某些情况下也可视为法律上的“物”。

4. 非物质财富

非物质财富又称精神产品或精神财富，包括知识产品和荣誉产品。知识产品也称智力成果，如作品、发明、商标等。它是一种精神形态的客体，不是物，但通常有物质载体，如书籍、录像等。荣誉产品是指人们在各种社会活动中取得的物化或非物化的荣誉价值，如荣誉称号、奖章、奖品等，是荣誉权的法律关系客体。

案例分析1-1

公民孙某与某医疗中心签订协议，承诺死后将自己的眼角膜无偿捐给该医疗中心，用于帮助失明患者。

思考：上述法律关系的三要素分别是什么？

三、法律事实

法律事实是指法律规范所规定的，能够引起法律后果即法律关系产生、变更和消灭的客观现象。它是引起法律关系变化的原因。按照是否以权利主体意志为转移作标准，可以将法律事实分为法律事件和法律行为。

（一）法律行为

法律行为是指以法律关系主体意志为转移，能够引起法律关系发生、变更和消灭的人们有意识的活动。根据不同的标准，可以对法律行为作不同的分类。

1. 合法行为与违法行为

这是根据行为的法律性质作出的分类。合法行为是指行为人所实施的符合法律规范的要求，能导致合法的法律后果的行为；违法行为是指行为人所实施的违反法律规范要求、应承担不利后果的行为。

2. 积极行为（作为）与消极行为（不作为）

积极行为又称作为，指主体以积极、主动作用于客体的形式表现的、具有法律意义的行为，如主动履行义务的行为；消极行为，又称不作为，指主体以消极的、抑制的形式表现的、具有法律意义的行为，如不做侵害他人合法权益的行为。

3. 表意行为与非表意行为

表意行为是指行为人通过意思表示而实施的行为，如签订合同；非表意行为又叫事实行为，是指非经行为者意思表示而是基于某种事实状态即具有法律效果的行为，如拾得遗失物。

4. 单方行为与多方行为

单方行为是指根据一方当事人的意思表示就可以成立的法律行为，如订立遗嘱；多方行为是指两个或两个以上的当事人的意思表示达成一致才能成立的法律行为，如签订合同、签订合伙协议等。

5. 要式行为与非要式行为

要式行为是指法律规定必须采取一定形式或者履行一定的程序才可成立的行为，如法律规定，商品房买卖合同必须采用书面形式；非要式行为是指不要求采取特定形式，当事人可自由选择某种形式即能成立的民事法律行为，如自然人之间的借款合同，既可以采用书面形式，也可以采用口头形式。

6. 自主行为与代理行为

自主行为是指法律主体在没有其他主体参与的情况下以自己的名义独立从事的法律行为；代理行为是指法律主体根据法律授权或者其他主体的委托而以被代理人的名义所从事的法律行为。

（二）法律事件

法律事件是指不以当事人的主观意志为转移的，能够引起法律关系发生、变更和消灭的法定情况或者现象，常见的有以下三种。

1. 人的出生与死亡

人的出生与死亡既能够引起民事主体资格的产生和消灭，也可能导致人格权的产生和继承的开始。

2. 自然灾害和意外事件

通常自然灾害等可构成法律上的不可抗力，常成为免除法律责任或消灭法律关系的原因。意外事件可能导致风险或不利后果的法律分配，也可能成为某些法律关系的免责事由。

3. 时间的经过

时间的经过可引起一些请求权的发生或消灭。如时效的经过，将导致债权的效力受到减损。

案例分析1-2

甲公司与乙公司依法签订了货物买卖合同，但在该合同履行前发生了地震，致使合同无法履行。甲公司据此依法解除了双方的买卖合同。

思考：引起甲公司和乙公司双方法律关系的产生、终止的法律事实是什么？

四、法律责任

法律责任是指法律关系主体因违反法定的义务或者约定的义务而应当承担的不利法律后果。现行立法所用的法律责任是一种消极意义上的法律责任，也称狭义的法律责任。根据我国法律有关规定，法律责任可分为民事责任、行政责任和刑事责任三种。

（一）民事责任

民事责任是指民事主体违反了约定或法定的义务所应承担的不利民事法律后果。根据《民法典》第一百七十九条规定，承担民事责任的方式主要有11种：停止侵害；排除妨碍；消除危险；返还财产；恢复原状；修理、重做、更换；继续履行；赔偿损失；支付违约金；消除影响、恢复名誉；赔礼道歉。以上方式既可单独适用，也可合并适用。

（二）行政责任

行政责任是指违反法律、法规规定的单位和个人所应承受的由国家行政机关或国家授权单位对其依行政程序所给予的制裁。行政责任包括行政处罚和行政处分。

1. 行政处罚

行政处罚是行政主体对行政相对人违反行政法律规范尚未构成犯罪的行为所给予的法律制裁。根据行政处罚法，行政处罚的种类有：警告；罚款；没收违法所得、没收非法财物；责令停产停业；暂扣或者吊销许可证、暂扣或者吊销执照；行政拘留；法律、行政法规规定的其他行政处罚。

2. 行政处分

行政处分是对违反法律规定的国家机关工作人员或被授权、委托的执法人员所实施的内部制裁措施。根据公务员法，行政处分种类有警告、记过、记大过、降级、撤职、开除六类。

（三）刑事责任

刑事责任是指犯罪人因实施犯罪行为所应承受的由国家审判机关（法院）依照刑事法律给予的制裁后果，是法律责任中最严厉的责任形式。它主要通过刑罚实现，刑罚分为主刑和附加刑两类。主刑包括管制、拘役、有期徒刑、无期徒刑、死刑五种，附加刑包括罚金、剥夺政治权利、没收财产。主刑只可以独立使用；附加刑可以与主刑一起使用，或单独使用；对于犯罪的外国人，可以独立适用或附加适用驱逐出境。

案例分析1-3

2020年4月13日，某市派出所接到李某报警称：其停放在家门口的一辆白色丰田被盗，价值14万元。派出所迅速出警开展调查取证工作，却在调查过程中发现李某提供的线索存在虚假证言。2020年4月20日，民警口头传唤李某到派出所接受进一步的调查，在法律的强大震慑下，嫌疑人李某终于交代了违法事实。李某供述：周某因与李某存在民事纠纷，便将其车辆开走。而李某为寻找车辆，遂起谎报案情邪念，想要该市派出所帮其找回车辆。最终，违法嫌疑人李某被依法处以行政拘留10日，罚款500元的处罚。

思考：李某承担的法律责任属于哪种？请简要说明理由。

第二节 经济纠纷的解决途径

经济纠纷是指市场经济主体之间因经济权利和经济义务的矛盾引起的权益争议，包括平等主体之间涉及经济内容的纠纷和公民、法人或者其他组织作为行政管理相对人与行政机关之间因行政管理所发生的涉及经济内容的纠纷。

解决经济纠纷的途径主要有仲裁、民事诉讼、行政复议和行政诉讼。其中仲裁和民事诉讼适用于解决横向关系经济纠纷，即平等主体之间的纠纷；行政复议和行政诉讼适用于解决纵向关系经济纠纷，即行政机关和行政管理相对人之间的纠纷。

一、仲裁

仲裁是指由经济纠纷的各方当事人共同选定仲裁机构，对经济纠纷依法定程序作出具有约束力的裁决的活动。我国仲裁活动的主要法律依据是 1995 年 9 月 1 日起实施，经 2009 年、2017 年两次修正的《中华人民共和国仲裁法》（以下简称《仲裁法》）。

（一）仲裁的适用范围与基本原则

1. 仲裁的适用范围

（1）平等主体的公民、法人和其他组织之间发生的合同纠纷和其他财产权益纠纷，可以仲裁。

（2）下列纠纷不能提请仲裁：

1）婚姻、收养、监护、扶养、继承纠纷。

2）依法应当由行政机关处理的行政争议。

（3）下列仲裁不适用《仲裁法》而由别的法律予以调整：

1）劳动争议的仲裁。

2）农业集体经济组织内部的农业承包合同纠纷的仲裁。

2. 仲裁的基本原则

（1）自愿原则。当事人采用仲裁方式解决纠纷，应当双方自愿，达成仲裁协议。没有仲裁协议，一方申请仲裁的，仲裁委员会不予受理。

（2）公平合理原则。依据事实和法律，公平合理地解决纠纷的原则。

（3）独立仲裁原则。仲裁机关不依附于任何机关而独立存在，仲裁依法独立进行，不受任何行政机关、社会团体和个人的干涉。

（4）一裁终局原则。即仲裁庭作出的仲裁裁决为终局裁决。裁决作出后，当事人就同一纠纷再申请仲裁或向人民法院起诉的，仲裁委员会或人民法院不予受理。但是裁决被人民法院依法裁定撤销或不予执行的，当事人可以重新达成仲裁协议申请仲裁，也可以向人民法院起诉。

（二）仲裁机构和仲裁协议

1. 仲裁机构

仲裁机构即仲裁委员会。仲裁委员会是有权对当事人提交的经济纠纷进行审理和裁决的机构。仲裁委员会不按行政区划层层设立，独立于行政机关，与行政机关没有隶属关系。仲裁委员会之间也没有隶属关系。

2. 仲裁协议

仲裁协议包括合同中订立的仲裁条款和以其他书面方式在纠纷发生前或者纠纷发生后达成的请求仲裁的协议。仲裁协议应有的内容包括：（1）请求仲裁的意思表示；（2）仲裁事项；（3）选定的仲裁委员会。

仲裁协议一经依法成立，即具有法律约束力。仲裁协议无效的情形有：

（1）约定的仲裁事项超出法律规定的仲裁范围；

（2）无民事行为能力人或者限制民事行为能力人订立的仲裁协议；

（3）一方采取胁迫手段，迫使对方订立仲裁协议的。

提示　仲裁协议对仲裁事项或者仲裁委员会没有约定或者约定不明确的，当事人可以补充协议；达不成补充协议的，仲裁协议无效。

知识拓展

自然人根据民事行为能力可以划分为三种：

（1）不满8周岁的未成年人、8周岁以上完全不能辨认自己行为的和完全不能辨认自己行为的成年人，为无民事行为能力人；

（2）8周岁以上的未成年人和不能完全辨认自己行为的成年人，为限制民事行为能力人；

（3）18周岁以上的成年人和16周岁以上不满18周岁但以自己的劳动收入为主要生活来源的未成年人，为完全民事行为能力人。

限制民事行为能力人实施的纯获益或与其年龄、智力、精神健康状况相适应的民事法律行为有效；实施的其他民事法律行为经法定代理人同意或追认后有效。

3. 仲裁协议的效力

仲裁协议独立存在，合同的变更、解除终止或者无效，不影响仲裁协议的效力。仲裁庭有权确认合同的效力。当事人对仲裁协议的效力有异议的，可以请求仲裁委员会作出决定或者请求人民法院作出裁定。一方请求仲裁委员会作出决定，另一方请求人民法院作出裁定的，由人民法院裁定。当事人对仲裁协议的效力有异议，应当在仲裁庭首次开庭前提出。

（三）仲裁裁决

仲裁不实行级别管辖和地域管辖，仲裁委员会应当由当事人协议选定。仲裁庭可由 1 名仲裁员或 3 名仲裁员组成。由 3 名仲裁员组成的，设首席仲裁员。仲裁庭组成后，仲裁委员会应当将仲裁庭的组成情况书面通知当事人。

仲裁应当开庭进行。当事人协议不开庭的，仲裁庭可以根据仲裁申请书、答辩书以及其他材料作出裁决。

仲裁不公开进行。当事人协议公开的，可以公开进行，但涉及国家秘密的除外。所谓不公开进行，是指仲裁庭在审理案件时不对社会公开，不允许群众旁听，也不允许新闻记者采访和报道。

当事人申请仲裁后，可自行和解。达成和解协议的，可请求仲裁庭根据和解协议作出裁决书，也可撤回仲裁申请；撤回仲裁申请后反悔的，可根据仲裁协议申请仲裁。

仲裁庭在作出裁决前，可以先行调解。当事人自愿调解的，仲裁庭应当调解。调解不成的，应当及时作出裁决。调解达成协议的，仲裁庭应当制作调解书或者根据协议的结果制作裁决书，两者具有同等法律效力。调解书经双方当事人签收后，即发生法律效力。在调解书签收前当事人反悔的，仲裁庭应当及时作出裁决。裁决书自作出之日起发生法律效力。一方当事人不履行的，另一方当事人可以依照民事诉讼法的有关规定向人民法院申请执行。接受申请的人民法院应当执行。

案例分析1-4

甲厂与乙公司签订了一份加工承揽合同，合同约定 6 个月后甲厂将成品交给乙公司，乙公司收货后 1 个月内付清款项。6 个月后，甲厂按期将成品交付乙公司，但乙公司迟迟不付货款，拖欠近 4 个月。甲厂多次找乙公司请求其支付货款，并赔偿损失。乙公司认为甲厂加工的成品质量不合格，坚决不予支付货款。后双方经协商达成书面仲裁协议。7 天后，甲厂向协议书约定的仲裁委员会申请仲裁，乙公司却向合同履行地人民法院提起诉讼，人民法院未予受理。

思考：（1）本案中谁应受理此案？

（2）双方在纠纷发生后达成的书面仲裁协议是否成立，为什么？

（3）如果乙公司提出仲裁协议无效，应由谁来裁（决）定？

二、民事诉讼

诉讼俗称“打官司”，是指人民法院根据纠纷当事人的请求，运用审判权确认争议各方的权利义务关系，解决经济纠纷的活动。经济纠纷所涉及的诉讼包括行政诉讼和民事诉讼。行政诉讼是指人民法院根据当事人的请求，依法审查并裁决行使行政管理职权的行政主体所作出的具体行政行为的合法性，以解决经济纠纷的活动。民事诉讼是指人民法院在当事人及其他诉讼参与人的参加下，依法审理并裁决经济纠纷案件所进行的活动。民事诉讼是解决经济纠纷最常见的诉讼，目前我国民事诉讼活动的主要法律依据是1991年4月9日实施，并经2007年、2012年和2017年三次修正的《中华人民共和国民事诉讼法》（以下简称《民事诉讼法》）。

（一）审判制度

人民法院审理民事案件，依照法律规定实行以下制度。

1. 合议制度

合议制度是指由若干名审判人员组成合议庭对民事案件进行审理的制度。

人民法院审理第一审民事案件，由审判员、陪审员共同组成合议庭或者由审判员组成合议庭。合议庭的成员人数必须是单数。人民法院审理第二审民事案件，由审判员组成合议庭。合议庭的成员人数必须是单数。

2. 回避制度

审判人员、书记员、翻译人员、鉴定人、勘验人有下列情形之一的，应当自行回避：（1）是本案当事人或者当事人、诉讼代理人近亲属的；（2）与本案有利害关系的；（3）与本案当事人、诉讼代理人有其他关系，可能影响对案件公正审理的。

3. 公开审判制度

人民法院审理民事案件，除涉及国家秘密、个人隐私或者法律另有规定的以外，应当公开进行。离婚案件、涉及商业秘密的案件，当事人申请不公开审理的，可以不公开审理。公开审判包括审判过程公开和审判结果公开两项内容。人民法院对公开审理或者不公开审理的案件，一律公开宣告判决。

4. 两审终审制度

两审终审制度是指一个诉讼案件最多经过两级法院的审判即终结的制度。我国法院分为最高人民法院、高级人民法院、中级人民法院和基层人民法院四级。除最高人民法院外，其他各级人民法院作出的一审判决和法律规定可以上诉的裁定，若当事人不服，可在上诉期内上诉至原法院的上一级人民法院，由上一级人民法院进行二审并作出裁决。二审裁判是终审裁判，当事人不得再次上诉。

根据规定，两审终审制度的例外有：（1）最高人民法院所作的一审判决、裁定，为终审判决、裁定；（2）适用特别程序、督促程序、公示催告程序和简易程序中的小额诉讼程序审理的案件，实行一审终审。

提示　如果发现终审裁判确有错误，可以通过审判监督程序予以纠正。

（二）诉讼管辖

诉讼管辖是各级法院之间以及不同地区的同级法院之间，受理第一审民事案件、经济纠纷案件的职权范围和具体分工。管辖中最常用的是级别管辖和地域管辖。

1. 级别管辖

级别管辖是根据案件性质、影响范围来划分上下级人民法院受理第一审经济案件的分工和权限。大多数民事案件均归基层人民法院管辖。

2. 地域管辖

地域管辖是指确定同级人民法院之间在各自管辖的地域内审理第一审经济案件的分工和权限。它又分为一般地域管辖和特殊地域管辖。

（1）一般地域管辖是以被告住所地为依据来确定案件的管辖法院，即实行“原告就被告”的原则。被告住所地与经常居住地不一致的，由经常居住地人民法院管辖。同一诉讼的几个被告住所地、经常居住地在两个以上人民法院辖区的，各辖区人民法院都有管辖权。原告可以向其中一个人民法院起诉；原告向两个以上有管辖权的法院起诉的，由最先立案的人民法院管辖。

但对不在中华人民共和国领域内居住的人，对下落不明或者宣告失踪的人提起的有关身份关系的诉讼，对被采取强制性教育措施或者被监禁的人提起的诉讼，由原告住所地或经常居住地人民法院管辖；原告住所地与经常居住地不一致的，由原告经常居住地人民法院管辖。

（2）特殊地域管辖是以诉讼标的所在地、法律事实所在地为依据确定管辖。《民事诉讼法》规定了10种适用特殊地域管辖诉讼的情形。

1）因合同纠纷引起的诉讼，由被告住所地或合同履行地人民法院管辖。

2）因保险合同纠纷提起的诉讼，由被告住所地或保险标的物所在地人民法院管辖。根据《民事诉讼法》司法解释的规定，因财产保险合同纠纷提起的诉讼，如果保险标的物是运输工具或者运输中的货物，可以由运输工具登记注册地、运输目的地、保险事故发生地人民法院管辖。因人身保险合同纠纷提起的诉讼，可以由被保险人住所地人民法院管辖。

3）因票据纠纷提起的诉讼，由票据支付地或被告住所地人民法院管辖。

4）因公司设立、确认股东资格、分配利润、解散等纠纷提起的诉讼，由公司住所地人民法院管辖。

5）因铁路、公路、水上、航空运输和联合运输合同纠纷提起的诉讼，由运输始发地、目的地或者被告住所地人民法院管辖。

6）因侵权行为提起的诉讼，由侵权行为地（包括侵权行为实施地、侵权结果发生地）或者被告住所地人民法院管辖。信息网络侵权行为实施地包括实施被诉侵权行为的计算机设备所在地，侵权结果地包括被侵权人住所地。因产品、服务质量不合格造成他人财产、人身损害提起的诉讼，产品制造地、产品销售地、服务提供地、侵权行为地和被告住所地人民法院均有管辖权。

7）因铁路、公路、水上和航空事故请求损害赔偿提起的诉讼，由事故发生地或者车辆、船舶最先到达地、航空器最先降落地或者被告住所地人民法院管辖。

8）因船舶碰撞或者其他海事损害事故请求损害赔偿提起的诉讼，由碰撞发生地、碰撞船舶最先到达地、加害船舶被扣留地或者被告住所地人民法院管辖。

9）因海难救助费用提起的诉讼，由救助地或者被救助船舶最先到达地人民法院管辖。

10）因共同海损提起的诉讼，由船舶最先到达地、共同海损理算地或者航程终止地的人民法院管辖。

法律驿站

下列案件，由规定的人民法院专属管辖：(1) 因不动产纠纷提起的诉讼，由不动产所在地人民法院管辖；(2) 因港口作业中发生纠纷提起的诉讼，由港口所在地人民法院管辖；(3) 因继承遗产纠纷提起的诉讼，由被继承人死亡时住所地或者主要遗产所在地人民法院管辖。

合同或者其他财产权益纠纷的当事人可以书面协议选择被告住所地、合同履行地、合同签订地、原告住所地、标的物所在地等与争议有实际联系的地点的人民法院管辖，但不得违反本法对级别管辖和专属管辖的规定。

案例分析1–5

北京的甲公司和长沙的乙公司于2020年4月1日在上海签订一项买卖合同。合同约定甲公司向乙公司提供一批货物，双方应于4月8日在厦门交货并付款。双方就合同纠纷管辖权未作约定。之后，甲公司依约交货，但乙公司拒付款项。甲公司对乙公司提起诉讼。

思考：甲公司可以向何地的人民法院提起诉讼？

（三）诉讼时效

1. 诉讼时效的概念

诉讼时效是指权利人在法定期间内不行使权利而失去诉讼保护的制度。诉讼时效期间是指权利人请求人民法院或仲裁机关保护其民事权利的法定期间。

诉讼时效为了督促权利人及时的行使权利，如果权利人在诉讼时效内不行使权利，诉讼时效期间届满后，不再享有胜诉权，但并不消灭实体权利。

诉讼时效期间届满后，义务人可以提出不履行义务的抗辩，但同意履行的，不得以此为由抗辩，且已自愿履行的，不得请求返还。

提示　诉讼时效的期间、计算方法以及中止、中断的事由由法律规定，当事人约定无效。

2. 诉讼时效期间

根据《民法典》第一百八十八条的规定，向人民法院请求保护民事权利的诉讼时效期间为3年。法律另有规定的，依照其规定。诉讼时效期间自权利人知道或应当知道权利受到损害以及义务人之日起计算。法律另有规定的，依照其规定。但是自权利受到损害之日起超过20年的，人民法院不予保护；有特殊情况的，人民法院可以根据权利人的申请决定延长。

3. 诉讼时效期间的中止、中断和延长

(1) 诉讼时效期间的中止是指在诉讼时效期间的最后6个月内，因不可抗力或其他障

碍不能行使请求权的，诉讼时效期间暂停计算，待中止的原因消失之日起，继续计算时效期间。继续计算的时效期间不足6个月的，应延长到6个月。《民法典》第一百九十四条规定，在诉讼时效期间的最后6个月内，因下列障碍，不能行使请求权的，诉讼时效中止：1）不可抗力；2）无民事行为能力或者限制民事行为能力人没有法定代理人，或者法定代理人死亡，丧失民事行为能力，丧失代理权；3）继承开始后未确定继承人或者遗产管理人；4）权利人被义务人或者其他人控制；5）其他导致权利人不能行使请求权的障碍。自中止时效的原因消除之日起满6个月，诉讼时效期届满。

（2）诉讼时效期间的中断是指在诉讼时效进行中，因发生一定的法定事由，致使已经经过的时效期间统归无效，待该法定事由消除后，诉讼时效期间重新计算。根据《民法典》第一百九十五条规定，有下列情形之一的，诉讼时效中断，从中断、有关程序终结时起，诉讼时效期间重新计算：1）权利人向义务人提出履行请求；2）义务人同意履行义务；3）权利人提起诉讼或者申请仲裁；4）与提起诉讼或者申请仲裁具有同等效力的其他情形。

（3）诉讼时效期间的延长是指人民法院对已经完成的诉讼时效期间，根据特殊情况给予延长。包括能够引起延长的事由及期间，这是法律赋予司法机关的一种自由裁量权。

根据规定，诉讼时效期间的中止、中断的规定，只能对3年的普通时效期间适用；诉讼时效期间的延长，应只适用于20年长期时效期间。

案例分析1-6

2020年2月1日，甲公司和乙公司签订买卖合同。3月12日甲公司按合同付款，3月15日乙公司却未按约发货。期间甲公司多次催促无果，因断货造成20万元的经济损失。甲公司于2020年4月10日向人民法院起诉乙公司。

思考：甲公司对乙公司的诉讼期间从什么时候开始计算，适用哪种诉讼时效期间？

（四）审判程序与执行

1. 第一审程序

第一审程序是指各级人民法院审理当事人起诉案件适用的程序，分为普通程序和简易程序。普通程序是经济案件审判中最基本的程序，主要包括以下内容。

（1）起诉和受理。起诉必须符合法定条件：1）原告是与本案有直接利害关系的公民、法人和其他组织；2）有明确的被告；3）有具体的诉讼请求和事实、理由；4）属于人民法院受理和管辖的范围。

（2）审理前的准备。人民法院应当在立案之日起5日内将起诉状副本发送被告。被告在收到之日起15日内提出答辩状（若无，也不影响法院审理）。人民法院在收到之日起5日内将答辩状副本发送原告。人民法院应当在开庭3日前用传票传唤当事人。对诉讼代理人、证人、鉴定人、勘验人、翻译人员应当用通知书通知其到庭。

（3）开庭审理。开庭审理一般公开进行。公开审理的，应当公告当事人的姓名、案由和开庭的时间、地点。当事人经法院传票传唤，无正当理由拒不到庭的，或未经许可中途退庭的：如果是原告，可按撤诉处理；如果是被告，可以缺席判决。

2. 第二审程序

第二审程序又称上诉程序，必须具备以下条件：只有第一审案件的当事人才可以提起上诉；只能对法律规定的可以上诉的判决、裁定提起上诉。当事人不服地方人民法院第一审判决的，有权在判决书送达之日起 15 日内向上一级人民法院提起上诉。当事人不服地方人民法院第一审裁定的，有权在裁定书送达之日起 10 日内向上一级人民法院提起上诉。二审裁判是终审裁判，但当事人对重审案件的裁判可以上诉。

3. 审判监督程序

审判监督程序又称再审程序，是指有审判监督权的人员和机关，发现已经发生法律效力的判决、裁定确有错误的，依法提出对原案重新进行审理的一种特别程序。当事人对已经发生法律效力的判决、裁定认为有错误的，可以向原审人民法院或上一级人民法院申请再审，但不停止判决、裁定的执行。当事人对已经发生法律效力的调解书申请再审，应当在调解书发生法律效力后 6 个月内提出。

4. 执行程序

执行程序是人民法院依法对已经发生法律效力的判决、裁定及其他法律文书的规定，强制义务人履行义务的程序。当事人拒绝履行的，对方当事人可以向人民法院申请执行。申请执行的期间为 2 年。

案例分析1–7

周甲之父周乙死后，留有遗产房屋 3 间。周甲准备将父亲遗留的房屋卖掉时，其堂弟周丙不同意，认为周甲不能以个人名义处理此项遗产，理由是周甲在外地工作时，自己曾对伯父尽过赡养义务，也应享有此房的继承权，周甲不予理睬，周丙只好向法院起诉。一审法院经过审理认为：周丙确实对死者周乙尽过赡养义务，但周甲是周乙的儿子，是法定继承人，所以房产判周甲所有。周丙不服一审判决提出上诉。二审法院认为：一审法院在认定案件的事实方面是清楚的，但对周丙是否享有继承权在适用法律上是错误的。于是裁定撤销原判决，发回原审人民法院重审。

思考：二审法院的做法是否符合法律规定？

三、行政复议

行政复议是指公民、法人或其他组织认为行政主体的具体行政行为侵犯了其合法权益，依法向法定的行政复议机关提出复议申请，行政复议机关依法对该具体行政行为进行合法性、适当性审查，并作出行政复议决定的行政行为。行政复议是现代国家保护公民免受行政机关具体行政行为不法侵害的一种重要的法律制度。行政复议的基本法律规定是 1999 年 4 月 29 日全国人大常委会第九次会议通过，历经 2009 年、2017 年两次修正的《中华人民共和国行政复议法》（以下简称《行政复议法》）。

（一）行政复议范围

1. 可以申请行政复议的事项

《行政复议法》规定，有下列情形之一的，公民、法人或者其他组织可以申请行政复议：

（1）对行政机关作出的警告、罚款、没收违法所得、没收非法财物、责令停产停业、暂扣或者吊销许可证、暂扣或者吊销执照、行政拘留等行政处罚决定不服的；

（2）对行政机关作出的限制人身自由或者查封、扣押、冻结财产等行政强制措施决定不服的；

（3）对行政机关作出的有关许可证、执照、资质证、资格证等证书变更、中止、撤销的决定不服的；

（4）对行政机关作出的关于确认土地、矿藏、水流、森林、山岭、草原、荒地、滩涂、海域等自然资源的所有权或者使用权的决定不服的；

（5）认为行政机关侵犯其合法的经营自主权的；

（6）认为行政机关变更或者废止农业承包合同，侵犯其合法权益的；

（7）认为行政机关违法集资、征收财物、摊派费用或者违法要求履行其他义务的；

（8）认为符合法定条件，申请行政机关颁发许可证、执照、资质证、资格证等证书，或者申请行政机关审批、登记有关事项，行政机关没有依法办理的；

（9）申请行政机关履行保护人身权利、财产权利、受教育权利的法定职责，行政机关没有依法履行的；

（10）申请行政机关依法发放抚恤金、社会保险金或者最低生活保障费，行政机关没有依法发放的；

（11）认为行政机关的其他具体行政行为侵犯其合法权益的。

2. 行政复议的排除事项

下列事项不得申请行政复议：

（1）不服行政机关作出的行政处分或其他人事处理决定，可依照有关法律、行政法规提出申诉；

（2）不服行政机关对民事纠纷作出的调解或者其他处理，可依法申请仲裁或者向人民法院提起诉讼。

（二）行政复议程序

1. 行政复议申请和受理

公民、法人或其他组织认为具体行政行为侵犯其合法权益的，可以自知道该具体行政行为之日起 60 日内提出行政复议申请，但法律规定的申请期限超过 60 日的除外。

公民、法人或其他组织向人民法院提起行政诉讼，人民法院已经受理的，不得申请行政复议。行政复议机关受理行政复议申请，不得向申请人收取任何费用。

行政复议期间有下列情形之一的，可以停止执行相应的行政行为：

（1）被申请人认为需要停止执行的；

（2）行政复议机关认为需要停止执行的；

（3）申请人申请停止执行，行政复议机关认为其要求合理，决定停止执行的；

（4）法律规定停止执行的。

2. 行政复议决定

行政复议的举证责任，由被申请人承担。行政复议机关应当自受理申请之日起 60 日内作出行政复议决定；但是法律规定的行政复议期限少于 60 日的除外。

行政复议机构应按照下列规定作出行政复议决定。

（1）具体行政行为认定事实清楚，证据确凿，适用依据正确，程序合法，内容适当的，决定维持。

（2）被申请人不履行法定职责的，决定其在一定期限内履行。

（3）具体行政行为有下列情形之一的，决定撤销、变更或者确认该具体行政行为违法：1）主要事实不清、证据不足的；2）适用依据错误的；3）违反法定程序的；4）超越或者滥用职权的；5）具体行政行为明显不当的。

提示　被申请人不按照法律规定提出书面答复、提交当初作出具体行政行为的证据、依据和其他有关材料的，视为该具体行政行为没有证据、依据，决定撤销该具体行政行为。

行政复议机关作出行政复议决定，应当制作行政复议决定书，并加盖印章。行政复议决定书一经送达，即发生法律效力。

案例分析1–8

（1）某公司不服税务局对其作出的罚款决定；（2）某公司不服工商局对其作出的吊销营业执照决定；（3）某公司不服公安局对其作出的查封财产决定；（4）某行政机关公务员不服单位对其作出的记过处分决定；（5）某企业不服工商局对其买卖合同纠纷作出的调解。

思考：上述哪些情形能申请行政复议，哪些不能，为什么？

知识检测

一、单项选择题

（1）对下列规范性文件所作的判断中，不正确的是（　　）。

A. 上海市人民政府发布的《上海市旅馆业管理办法》属于地方性法规

B. 国务院发布的《企业财务会计报告条例》属于行政法规

C. 西藏自治区人民代表大会发布的《西藏自治区立法条例》属于自治法规

D. 财政部发布的《金融企业国有资产转让管理办法》属于部门规章

（2）下列不属于诉讼时效中断的是（　　）。

A. 法定代理人死亡　　B. 当事人一方提起诉讼

C. 当事人一方提出要求　　D. 当事人一方同意履行义务

(3) 根据民事法律制度的规定，在诉讼时效期间的一定期间内，因不可抗力或者其他障碍致使权利人不能行使请求权的，诉讼时效期间暂停计算，该期间为诉讼时效的（　　）。

A. 最初1个月　　B. 最初3个月

C. 最后6个月　　D. 最后9个月

(4) 下列选项中，属于附加刑的是（　　）。

A. 管制　　B. 死刑　　C. 拘役　　D. 驱逐出境

(5) 甲公司与乙公司签订买卖合同，向乙公司购买了一台设备，价款8万元，该买卖合同的法律关系的主体是（　　）。

A. 买卖合同　　B. 设备　　C. 8万元价款　　D. 甲公司与乙公司

(6) 下列各项中，属于行政复议范围的是（　　）。

A. 赵某对工商局暂扣其营业执照的决定不服而引起的纠纷

B. 王某对税务局将其调职到其他单位的决定不服而引起的纠纷

C. 张某对交通局解除劳动合同的决定不服而引起的纠纷

D. 李某对环保局给予其撤职处分决定不服而引起的纠纷

(7) 下列争议中，可以适用《仲裁法》解决的是（　　）。

A. 某公司与某员工因解除劳动合同发生的争议

B. 高某与其弟弟因财产继承发生的争议

C. 某税务机关因购买电脑的质量问题与某商场发生的争议

D. 王某因不服公安局对其作出的罚款决定与该公安局发生的争议

(8) 根据民事法律制度的规定，达到一定年龄阶段，以自己的劳动收入为主要生活来源的公民，应视为完全民事行为能力人。该年龄阶段为（　　）。

A. 16周岁以上不满18周岁　　B. 18周岁以上

C. 8周岁以上不满18周岁　　D. 不满8周岁

二、多项选择题

(1) 下列关于法律关系内容的表述中，不正确的有（　　）。

A. 法律上的权利和义务，都受国家法律保障

B. 在大多数民商法律关系中，一方为权利主体，另一方为义务主体

C. 义务主体必须作出某种行为，是指以积极或者消极的作为方式去履行义务

D. 没有无义务的权利，也没有无权利的义务

(2) 甲行政机关财务负责人刘某因犯罪被人民法院判处有期徒刑，并处罚金和没收财产，后被甲行政机关开除。刘某承担的法律责任中，属于刑事责任的有（　　）。

A. 没收财产　　B. 罚金　　C. 有期徒刑　　D. 开除

(3) 下列选项中，属于行政责任的有（　　）。

A. 甲市人民法院判决要求张某召开新闻发布会对侵犯某明星隐私权案赔礼道歉

B. 乙市公安局对非法种植罂粟的郝某处以拘留10天

C. 丙市工商局对非法生产辣条的黑作坊处以罚款2000元

D. 丁市人民法院判处吴某无期徒刑并剥夺政治权利终身

(4) 根据《仲裁法》的规定，下列关于仲裁制度的表述中，正确的有（　　）。

A. 仲裁裁决对双方当事人都具有约束力

B. 仲裁实行一裁终局

C. 仲裁实行级别管辖和地域管辖

D. 平等主体之间发生的合同纠纷和其他财产权益纠纷可以仲裁

(5) 根据《仲裁法》的规定，下列关于仲裁协议效力的表述中，正确的有（　　）。

A. 合同的变更、解除、终止或者无效，不影响仲裁协议的效力

B. 当事人口头达成的仲裁协议有效

C. 仲裁协议对仲裁事项或者仲裁委员会没有约定或者约定不明确，当事人又达不成补充协议的，仲裁协议无效

D. 当事人对仲裁协议的效力有异议的，可以请求人民法院作出裁定

三、判断题

(1) 仲裁庭裁决案件时，裁决内容同时涉及终局裁决和非终局裁决的，应当分别制作裁决书，并告知当事人相应的救济权利。（　　）

(2) 经过行政复议的行政诉讼案件，均由行政复议机关所在地人民法院管辖。（　　）

(3) 根据《民法典》的规定，诉讼时效期间从权利被侵害之日起开始计算。（　　）

(4) 部门规章之间、部门规章与地方政府规章之间对同一事项的规定不一致时，由国务院裁决。（　　）

四、实训题

实训一

赵某和黄某是某大学三年级的同班同学，一天两人因一件小事发生冲突，赵某挑衅黄某：敢到学校外面“单挑”吗？黄某毫不犹豫地答应，同时两人还签订了“生死合同”，双方“单挑”时任何一方受伤都不能追究对方责任。随后，赵某和黄某就按约定的时间到校外偏僻的地方打斗起来，结果黄某脾脏被打裂，回到宿舍后疼痛难忍，被老师和同学及时送到医院抢救脱险才保住了性命。

讨论：

(1) 如何评价赵某和黄某两人签订的“生死合同”？

(2) 赵某应承担什么法律责任？

实训二

甲、乙两企业签订10万元的买卖合同中有仲裁条款。出现合同纠纷后，甲向人民法院提起诉讼，并未告知法院有仲裁协议，法院受理诉讼。请讨论以下互不相关的问题。

讨论：

(1) 如果乙企业希望采用仲裁方式解决纠纷，应怎么办？如果甲企业对仲裁庭作出的生效的裁决不服，能否再提起诉讼？

(2) 如果经查实，发现仲裁协议中没有选定仲裁委员会，法律后果如何？

(3) 如果乙企业没有采取任何行动，法律后果是什么？如果甲企业对一审法院的判决不服，应该如何维护自己的权利？

第二章　公司法律制度

知识导航

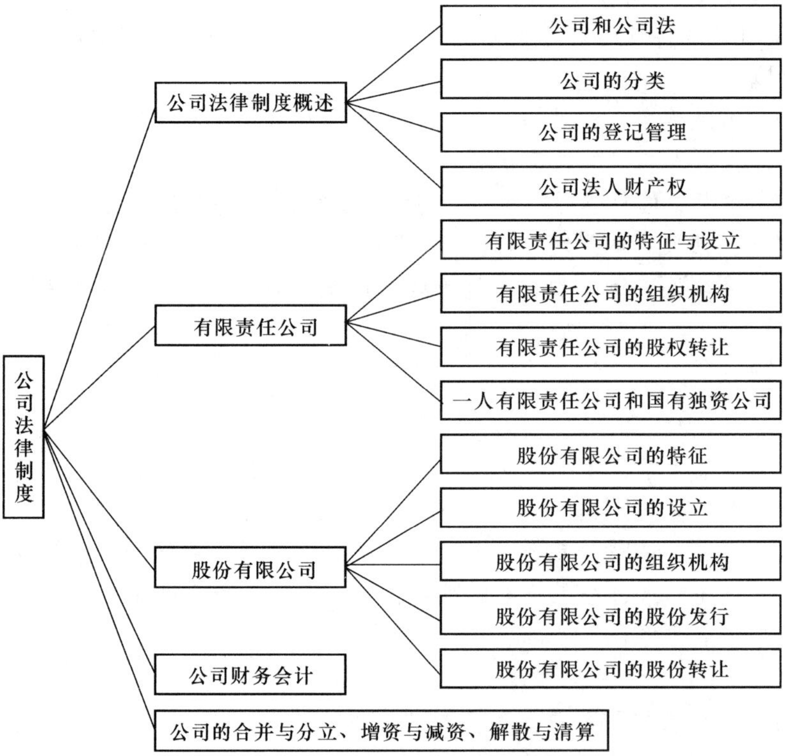

案例导入

小赵因其魔术天赋在A市小有名气。2019年1月，小赵与朋友小钱、小孙决定共同出资成立一家魔术表演公司。3人签订了发起人协议，主要内容如下：公司名称为小赵演艺有限责任公司；注册资本5000元，其中小钱、小孙各出资2500元，小赵用自己的姓名和半年的劳务作为出资；公司委托小赵办理申请登记手续。小赵在当地工商行政管理部门办理公司登记时，被指出存在问题。小赵等3人协商后予以纠正。2019年3月13日，当地工商部门向小赵颁发企业法人营业执照。2019年10月，3人决定将公司的部分资金以及演艺收入存入小赵的个人账户。2020年1月，小孙决定退出公司，私下决定将其拥有的公司股权转让给好友小李。2020年5月，该公司因经营不善而出现经济困难，公司经理小赵经慎重考虑，决定解散公司。

请思考　该公司在设立、执行财务会计制度、进行股权转让以及解散过程中有哪些不符合规定之处？请简要说明。

第一节　公司法律制度概述

一、公司和公司法

(一) 公司的概念和特征

公司是指依法设立的，以营利为目的的，由股东投资形成的企业法人。其特征如下：

(1) 依法设立。这要求公司的章程、资本、组织机构、活动原则等法定条件必须合法；要求公司设立必须经过法定程序，进行工商登记。

(2) 以营利为目的。如果某些公司对经营利润不进行分配，而是用于社会公益等其他目的，则不属于以营利为目的的公司性质。

(3) 以股东投资行为为基础而设立。根据规定，公司设立必须具备的法定条件之一是达到法定的注册资本，而注册资本来源于股东的投资，即由股东按法定和章程约定的出资方式及约定比例出资形成。

(4) 具有独立法人资格。公司具有独立法人资格，体现在公司拥有独立的法人财产，有独立的组织机构并能够独立承担民事责任。

(二) 公司法的概念和适用范围

1. 公司法的概念

公司法的概念有广义和狭义之分。广义的公司法是指规定公司设立、组织、活动和解散以及对内外关系的法律规范的总称，是实质意义上的公司法，包括法律、行政法规和司法解释中关于公司的规范。而狭义的公司法是指一部以“公司法”命名的法律——《中华人民共和国公司法》(以下简称《公司法》)，是形式意义上的公司法。

2. 公司法的适用范围

首先，公司法适用于在中国境内设立的有限责任公司和股份有限公司，其次，公司法适用于中国境内的外商投资的有限责任公司和股份有限公司。

二、公司的种类

(一) 按公司资本结构分类

1. 有限责任公司

有限责任公司是指股东以其认缴的出资额为限对公司承担责任，公司以其全部财产对公司的债务承担责任的公司。

2. 股份有限公司

股份有限公司是指将公司全部资本分为等额股份，股东以其认购的股份为限对公司承担责任，公司以其全部财产对公司的债务承担责任的公司。

我国的公司类型仅为有限责任公司和股份有限公司，其主要区别如下：

（1）设立方式不同。有限责任公司只能以发起方式设立，公司资本只能由发起人认缴，不允许向社会筹集。股份有限公司既可以发起设立，也可以募集设立。

（2）股东人数上下限规定不同。有限责任公司的股东人数无下限规定，仅做了 50 人以下的上限规定，允许设立一人有限责任公司和国有独资公司。股份有限公司对发起人的股东人数有上下限的规定，为 2 人以上 200 人以下，而且须有半数以上的发起人在中国境内有住所。

（3）股权的表现形式不同。有限责任公司股东以出资证明书作为股权表现形式，出资证明书必须采取记名方式；股份有限公司股东以股票作为股权表现形式，股票除法律另有规定外，可以采取记名或无记名方式。

（4）股权转让方式不同。有限责任公司的股东转让其股权受到一定法律限制，除公司章程另有规定外，在股东之间可以自由转让其全部或者部分股权；对于股东向股东以外的人转让股权的，法律有限制性规定。股份有限公司的股票以自由转让为原则，股票还可以依法在证券交易所上市交易。

（5）组织机构不同。有限责任公司的组织机构设置较股份有限公司更为灵活，如公司股东人数较少或者规模较小，可以不设董事会，只设一名执行董事；股份有限公司则必须设置股东大会、董事会、监事会，依法规范运作。

（6）公司所有权与经营权分离程度不同。有限责任公司的两权分离程度较低，其股东多通过出任经营职务直接参与公司的经营管理，决定公司事务；股份有限公司尤其是向社会公众发行股票的股份有限公司，其两权分离程度较高，所以必须强调组织机构与法人治理机制的完善，法律也对其规定较多强制性义务。

（7）信息披露义务不同。股份有限公司具有开放性，负有法律规定的信息披露义务，其财务状况和经营情况等要依法进行公开披露，以保障社会投资者的利益：有限责任公司则因其为非开放型公司而不受此限制。

（二）按股东对公司债务承担责任的方式分类

1. 无限责任公司

无限责任公司是指全体股东就公司的债务对公司的债权人负无限连带责任的公司。

2. 两合公司

两合公司是指一部分股东对公司债务负无限责任，而另一部分股东对公司债务仅负有限责任的公司。

（三）按公司之间的控制关系和依附关系分类

1. 母公司和子公司

在不同公司之间基于股权而存在控制与依附关系时，因持有其他公司股权而处于控制地位的是母公司，因其股权被持有而处于依附地位的则是子公司。母子公司之间虽然存在控制与被控制的组织关系，但它们都具有法人资格，在法律上是彼此独立的企业。

2. 总公司与分公司

分公司是公司依法设立的以公司名义进行经营活动，其法律后果由本公司承担的分支机构。相对分公司而言，公司称为总公司或本公司。分公司没有独立的公司名称、章程，没有独立的财产，不具有法人资格，但可领取营业执照，进行经营活动，其民事责任由总公司承担。

提示　子公司具有法人资格，依法独立承担民事责任；分公司不具有法人资格，其民事责任由公司承担。

案例分析2–1

甲公司设立了一个名为“红绣纺织公司”的子公司。红绣纺织公司却因经营不善，欠乙公司 8 万元货款，无力偿还。

思考：乙公司可以要求甲公司承担还款责任吗？

三、公司的登记管理

公司登记是国家赋予公司法人资格与企业经营资格，并对公司的设立、变更、注销加以规范、公示的法律行为。《公司法》规定，设立公司，应当依法向公司登记机关申请设立登记。符合规定的设立条件的，由公司登记机关分别登记为有限责任公司或股份有限公司。公司经公司登记机关依法登记，领取企业法人营业执照，方取得企业法人资格。未经公司登记机关登记的，不得以公司名义从事经营活动。

（一）登记事项

根据《公司登记管理条例》的规定，公司的登记事项包括：名称、住所、法定代表人姓名、注册资本、公司类型、经营范围、营业期限、有限责任公司股东或者股份有限公司发起人的姓名或名称。

提示　公司的法定代表人依照公司章程的规定，由董事长、执行董事或经理担任，并依法登记。股东以货币、实物、知识产权、土地使用权以外的其他财产出资的，其登记办法由国家工商行政管理总局会同国务院有关部门规定。股东不得以劳务、信用、自然人姓名、商誉、特许经营权或设定担保的财产等作价出资。

（二）设立登记

公司登记通常包括设立登记、变更登记、注销登记。公司设立分公司的，也应当进行必要的登记。

公司设立登记，是公司的设立人依照《公司法》规定的设立条件与程序向公司登记机关提出设立申请，并提交法定登记事项文件，公司登记机关审核后对符合法律规定的准予登记，并发给企业法人营业执照的活动。

1. 公司名称预先核准

设立公司应当申请名称预先核准。预先核准的公司名称保留期为 6 个月。预先核准的公司名称在保留期内，不得用于从事经营活动，不得转让。

2. 公司的设立登记

（1）申请设立有限责任公司，应当由全体股东指定的代表或者共同委托的代理人向公司登记机关申请设立登记。设立国有独资公司，应当由国务院或者地方人民政府授权的本级人民政府国有资产监督管理机构作为申请人，申请设立登记。法律、行政法规或者国务院规定设立有限责任公司必须报经批准的，应当自批准之日起 90 日内向公司登记机关申请设立登记。逾期申请设立登记的，申请人应当报批准机关确认原批准文件的效力或者另行报批。

（2）申请设立股份有限公司，应当由董事会向公司登记机关申请设立登记。以募集方式设立股份有限公司的，应当于创立大会结束后 30 日内向公司登记机关申请设立登记。以募集方式设立股份有限公司公开发行股票的，还应当提交国务院证券监督管理机构的核准文件。

依法设立的公司，由公司登记机关发给企业法人营业执照。公司营业执照签发日期为公司成立日期。公司凭公司登记机关核发的企业法人营业执照刻制印章，开立银行账户，申请纳税登记。

（三）变更登记

公司变更登记事项，应当向原公司登记机关申请办理变更登记。未经变更登记的，公司不得擅自改变登记事项。变更登记的具体要求如下。

（1）名称、法定代表人、经营范围变更登记，公司应当自变更决议或者决定做出之日起 30 日内申请变更登记。

（2）注册资本变更登记。公司增加注册资本的，应当自变更决议或者决定作出之日起 30 日内申请变更登记。公司减少注册资本的，应当自公告之日起 45 日后申请变更登记，并应当提交公司在报纸上登载公司减少注册资本公告的有关证明和公司债务清偿或者债务担保情况的说明。

（3）股东变更登记。有限责任公司股东转让股权的（或自然人死亡后，其合法继承人继承股东资格的），应当自转让股权之日起 30 日内申请变更登记，并应当提交新股东的主体资格证明或者自然人身份证明。有限责任公司的股东或者股份有限公司的发起人改变姓名或者名称的，应当自改变姓名或者名称之日起 30 日内申请变更登记。

(4) 分公司变更登记。公司登记事项变更涉及分公司登记事项变更的，应当自公司变更登记之日起 30 日内申请分公司变更登记。

(5) 公司合并、分立的变更登记。因合并、分立而解散的公司，应当申请注销登记；因合并、分立而新设立的公司，应当申请设立登记。公司合并、分立的，应当自公告之日起 45 日后申请登记，提交合并协议和合并、分立决议或决定以及公司在报纸上登载公司合并、分立公告的有关证明和债务清偿或者债务担保情况的说明。法律、行政法规或者国务院决定规定公司合并、分立必须报经批准的，还应当提交有关批准文件。

(四) 注销登记

公司解散有两种情况，一是不需要清算的，如因合并、分立而解散的公司，因其债权债务由合并、分立后继续存续的公司承继；二是应当清算的，即公司债权债务无人承继的。公司解散应当申请注销登记，经公司登记机关注销登记，公司终止。

《公司登记管理条例》规定，有下列情形之一的，公司清算组应当自公司清算结束之日起 30 日内向原公司登记机关申请注销登记：(1) 公司被依法宣告破产；(2) 公司章程规定的营业期限届满或者公司章程规定的其他解散事由出现，但公司通过修改公司章程而存续的除外；(3) 股东会、股东大会决议解散或者一人有限责任公司的股东、外商投资的公司董事会决议解散；(4) 依法被吊销营业执照、责令关闭或者被撤销；(5) 人民法院依法予以解散；(6) 法律、行政法规规定的其他解散情形。经公司登记机关注销登记，公司终止。

知识拓展

年度报告公示与证照管理

公司应当于每年 1 月 1 日至 6 月 30 日通过企业信用信息公示系统向公司登记机关报送上一年度的年度报告，并向社会公示。年度报告公示的内容以及监督检查办法由国务院制定。

企业法人营业执照、营业执照分为正本和副本，正本和副本具有同等法律效力。企业法人营业执照正本或者营业执照正本应当置于公司住所或者分公司营业场所的醒目位置。公司可以根据业务需要向公司登记机关申请核发营业执照若干副本。任何单位和个人不得伪造、涂改、出租、出借、转让营业执照。营业执照遗失或者毁坏的，公司应当在公司登记机关指定的报刊上声明作废，申请补领。公司登记机关依法作出变更登记、注销登记、撤销变更登记决定，公司拒不缴回或者无法缴回营业执照的，由公司登记机关公告营业执照作废。公司登记机关需要认定的营业执照，可以临时扣留，扣留期限不得超过 10 日，国家推行电子营业执照。电子营业执照与纸质营业执照具有同等法律效力。

四、公司法人财产权

《公司法》规定，公司作为企业法人享有法人财产权。公司的财产虽然源于股东的投资，但股东一旦将财产投入公司，便丧失对该财产直接支配的权利，只享有公司的股权，由公司享有对该财产的支配权利，即法人财产权。法人财产权是指公司拥有由股东投资形成的法人财产，并依法对该财产行使占有、使用、受益、处分的权利。因此，股东投资于公司的财产需要通过对资本的注册与股东的其他财产明确分开，在公司成立后股东不得抽逃投资，或者占用、转移和支配公司的法人财产。

提示 公司的法人财产权既是公司作为法人对外承担责任的基础，也是公司对股东履行责任的基础。

《公司法》对公司行使法人财产权作出如下限制性规定：

（1）对外投资的限制。《公司法》第十五条规定，公司可以向其他企业投资；但是，除法律另有规定外，不得成为对所投资企业的债务承担连带责任的出资人。同时，《公司法》第十六条还规定，公司向其他企业投资，按照公司章程的规定由董事会或者股东会、股东大会决议；公司章程对投资的总额及单项投资的数额有限额规定的，不得超过规定的限额。

（2）担保的限制。根据《公司法》第十六条的规定，公司为他人提供担保，按照公司章程的规定由董事会或者股东会、股东大会决议；公司章程对担保的总额或者单项担保的数额有限额规定的，不得超过规定的限额。公司为公司股东或者实际控制人提供担保的，必须经股东会或者股东大会决议。接受担保的股东或者受实际控制人支配的股东不得参加表决。该项表决由出席会议的其他股东所持表决权的过半数通过。

（3）借款的限制。一般情况下，除非公司章程有特别规定或经过股东会、股东大会或董事会的批准同意，公司董事、经理不得擅自将公司资金借贷给他人。公司（股份有限）不得直接或者通过子公司向董事、监事、高级管理人员提供借款。

案例分析2-2

甲公司是由周某出资20万元、吴某出资60万元、郑某出资40万元、王某出资90万元共同设立的有限责任公司，王某申请甲公司为其银行贷款做担保，为此，甲公司召开股东会，周某、吴某、郑某、王某均出席会议，吴某明确表示不同意。

思考：根据《公司法》的规定，该会议能否通过？

第二节　有限责任公司

一、有限责任公司的设立

根据《公司法》规定，设立有限责任公司应当具备以下条件。

1. 股东符合法定人数

有限责任公司由50个以下股东出资设立。股东可以是自然人，也可以是法人。

2. 有符合公司章程规定的全体股东认缴的出资额

（1）注册资本。有限责任公司的注册资本为在公司登记机关登记的全体股东认缴的出资额。法律、法规以及国务院决定对有限责任公司注册资本实缴、注册资本最低限额另有规定的，从其规定。

（2）出资方式。股东可以用货币出资，也可以用实物、知识产权、土地使用权等可以用货币估价并可以依法转让的非货币财产作价出资；但是，法律、行政法规规定不得作为出资的财产除外。

提示　对作为出资的非货币财产应当评估作价，核实财产，不得高估或者低估作价。

3. 股东共同制定公司章程

公司章程是记载公司组织、活动基本准则的公开性法律文件。设立有限责任公司必须由股东共同依法制定公司章程。股东应当在公司章程上签名、盖章。公司章程对公司、股东、董事、监事、高级管理人员具有约束力。

4. 有公司名称，建立符合有限责任公司要求的组织机构

公司注册自己的名称时，必须符合法律、法规的规定，并应当经过公司登记管理机关进行预先核准登记。公司应当设立符合有限责任公司要求的组织机构，即股东会、董事会或执行董事、监事会或者监事等。

5. 有公司住所

设立公司必须有住所，公司以其主要办事机构所在地为住所。

知识拓展

股东应当按期足额缴纳公司章程中规定的各自所认缴的出资额。股东以货币出资的，应当将货币出资足额存入为设立有限责任公司而在银行开设的账户；以非货币财产出资的，应当依法办理其财产权的转移手续，该转移手续一般在6个月内办理完毕。股东不按照规定缴纳出资的，除应当向公司足额缴纳外，还应当向已按期足额缴纳出资的股东承担违约责任。该违约责任除出资部分外，还包括未出资的利息。

案例分析2–3

冯某、陈某、褚某三人经协商，准备成立一家有限责任公司甲，主要从事家具的生产。其中：冯某为公司提供厂房和设备，经评估作价25万元；陈某从银行借款20万元现金作为出资；褚某原为一家私营企业的家具厂老板，具有吃苦耐劳的精神，提出以劳务出资，作价年薪6万元。冯某、陈某、褚某三人签订协议后，向工商局申请注册。

思考：冯某、陈某、褚某三人的出资是否符合法律规定？

二、有限责任公司的组织机构

（一）股东会

1. 股东会的职权

有限责任公司股东会由全体股东组成，是公司的权力机构，依《公司法》规定行使下列职权：

（1）决定公司的经营方针和投资计划；

（2）选举和更换非由职工代表担任的董事、监事，决定有关董事、监事的报酬事项；

（3）审议批准董事会的报告；

（4）审议批准监事会或者监事的报告；

（5）审议批准公司的年度财务预算方案、决算方案；

（6）审议批准公司的利润分配方案和弥补亏损方案；

（7）对公司增加或者减少注册资本作出决议；

（8）对发行公司债券作出决议；

（9）对公司合并、分立、解散、清算或者变更公司形式作出决议；

（10）修改公司章程；

（11）公司章程规定的其他职权。

对上述事项股东以书面形式一致表示同意的，可以不召开股东会会议，直接作出决定，并由全体股东在决定文件上签名、盖章。

2. 股东会的形式与召开

（1）股东会的形式。股东会会议分为定期会议和临时会议。定期会议应当依照公司章程的规定按时召开。代表 1/10 以上表决权的股东、1/3 以上的董事、监事会或者不设监事会的公司的监事提议召开临时会议的，应当召开临时会议。

（2）股东会的召开。首次股东会会议由出资最多的股东召集和主持。以后的股东会会议，设立董事会的，由董事会召集、董事长主持；董事长不能履行职务或者不履行职务的，由副董事长主持；副董事长不能履行职务或者不履行职务的，由半数以上董事共同推举 1 名董事主持。不设董事会的，股东会会议由执行董事召集和主持；董事会或者执行董事不能履行或者不履行召集股东会会议职责的，由监事会或者不设监事会的公司的监事召集和主持；监事会或者监事不召集和主持的，代表 1/10 以上表决权的股东可以自行召集和主持。召开股东会会议，应当于会议召开 15 日前通知全体股东；但是，公司章程另有规定或者全体股东另有约定的除外。股东会应当对所议事项的决定作成会议记录，出席会议的股东应当在会记录上签名。

3. 股东会的决议

股东会会议由股东按照出资比例行使表决权，但公司章程另有规定的除外。股东会的议事方式和表决程序，除《公司法》另有规定外，由公司章程规定。股东会会议作出修改公司章程、增加或者减少注册资本的决议，以及公司合并、分立、解散或者变更公司形式的决议，必须经代表 2/3 以上表决权的股东通过。

（二）董事会与经理

董事会是公司的执行机构，对股东负责。

1. 董事会的组成

有限责任公司设董事会（依法不设董事会的除外），其成员为3~13人。2个以上的国有企业或者其他2个以上的国有投资主体投资所设立的有限责任公司，其董事会成员中应当有公司职工代表；其他有限责任公司董事会成员中可以有公司职工代表。董事会中的职工代表由公司职工通过职工代表大会、职工大会或者其他形式民主选举产生。董事会设董事长1人，可以设副董事长。董事长、副董事长的产生办法由公司章程规定。董事任期由公司章程规定，但每届任期不得超过3年。董事任期届满，连选可以连任。董事任期届满未及时改选或者董事会在任期内辞职导致董事会成员低于法定人数的，在改选出的董事就任前，原董事仍应当依照法律、行政法规和公司章程的规定，履行董事职务。

2. 董事会的职权

（1）召集股东会会议，并向股东会报告工作；

（2）执行股东会的决议；

（3）决定公司的经营计划和投资方案；

（4）制订公司的年度财务预算方案、决算方案；

（5）制订公司的利润分配方案和弥补亏损方案；

（6）制订公司增加或者减少注册资本以及发行公司债券的方案；

（7）制订公司合并、分立、解散或者变更公司形式的方案；

（8）决定公司内部管理机构的设置；

（9）决定聘任或者解聘公司经理及其报酬事项，并根据经理的提名决定聘任或者解聘公司副经理、财务负责人及其报酬事项；

（10）制定公司的基本管理制度；

（11）公司章程规定的其他职权。

3. 董事会的召开与决议

董事会会议由董事长召集和主持；董事长不能履行职务或者不履行职务的，由副董事长召集和主持；副董事长不能履行职务或者不履行职务的，由半数以上董事共同推举1名董事召集和主持。

董事会的议事方式和表决程序，除《公司法》另有规定外，由公司章程规定。董事会应当对所议事项的决定作成会议记录，出席会议的董事应当在会议记录上签名。

提示　董事会决议的表决，实行一人一票。

4. 经理

有限责任公司可以设经理，由董事会决定聘任或者解聘。经理对董事会负责，行使下列职权：

（1）主持公司的生产经营管理工作，组织实施董事会决议；

（2）组织实施公司年度经营计划和投资方案；

（3）拟订公司内部管理机构设置方案；

（4）拟订公司的基本管理制度；

（5）制定公司的具体规章；

（6）提请聘任或者解聘公司副经理、财务负责人；

（7）决定聘任或者解聘除应由董事会决定聘任或解聘以外的负责管理人员；

（8）董事会授予的其他职权。

公司章程对经理职权另有规定的，从其规定。经理列席董事会会议。

提示 有限责任公司股东人数较少或者规模较小的，可以设1名执行董事，不设董事会。执行董事可以兼任公司经理。执行董事的职权由公司章程规定。

（三）监事会

监事会是公司的监督机构。

1. 监事会的组成

有限责任公司设立监事会，其成员不得少于3人。股东人数较少或者规模较小的有限责任公司，可以设1~2名监事，不设立监事会。监事会应当包括股东代表和适当比例的公司职工代表，其中职工代表的比例不得低于1/3，具体比例由公司章程规定。监事会中的职工代表由公司职工通过职工代表大会或其他形式民主选举产生。监事会设主席1人，由全体监事过半数的监事选举产生。监事会主席召集和主持监事会会议；监事会主席不能履行或不履行职务的，由半数以上监事共同推举1名监事召集和主持监事会会议。董事、高级管理人员不得兼任监事。监事任期每届为3年。任期届满，连选可以连任。监事任期届满未及时改选，或者监事在任期内辞职导致监事会成员低于法定人数的，在改选出的监事就任前，原监事仍应当依照法律、行政法规和公司章程的规定，履行监事职务。

2. 监事会的职权

（1）检查公司财务；

（2）对董事、高级管理人员执行公司职务的行为进行监督，对违反法律、行政法规、公司章程或者股东会决议的董事、高级管理人员提出罢免的建议；

（3）当董事、高级管理人员的行为损害公司的利益时，要求董事、高级管理人员予以纠正；

（4）提议召开临时股东会会议，在董事会不履行法律规定的召集和主持股东会会议职责时召集和主持股东会会议；

（5）向股东会会议提出提案；

（6）依照《公司法》的规定，对董事、高级管理人员提起诉讼；

（7）公司章程规定的其他职权。

监事可以列席董事会会议，并对董事会决议事项提出质询或者建议。监事会、不设监事会的公司的监事发现公司经营情况异常，可以进行调查；必要时，可以聘请会计师事务所等协助其工作。

提示 监事会、监事行使职权所必需的费用，由公司承担。

3. 监事会的决议

监事会每年度至少召开一次会议，监事可以提议召开临时监事会会议。监事会的议事方式和表决程序，除《公司法》有规定外，由公司章程规定。监事会决议应当经半数以上监事通过。监事会应当对所议事项的决定作成会议记录，出席会议的监事应当在会议记录上签名。

案例分析2–4

甲、乙、丙、丁四人拟共同出资设立A有限责任公司。(1) 拟定的公司章程草案部分内容如下：公司设董事会，成员5人，其中应当有公司职工代表1人；董事长由甲委派，副董事长由乙委派，经理由丙委派；董事会会议由董事长召集和主持；董事长不能履行职务或者不履行职务的，由副董事长召集和主持；副董事长不能履行职务或者不履行职务的，必须由全体董事共同推举一名董事召集和主持。(2) 丙提议召开临时股东会，提议将公司变更为股份有限公司，在表决时，甲、丙两股东表示同意，丙占出资比例为20%，甲占出资比例为40%。(3) A有限责任公司拟成立监事会，监事候选人有：甲（董事长）、乙（财务负责人）、丙、戊（公司经理）、己（公司副经理）、庚（职工代表）。

思考：(1) 章程草案中关于董事会、经理的内容有哪些不符合规定之处？

(2) 丙能否依法提议召开临时股东会？变更公司形式的决议是否有效？

(3) 监事候选人中哪些人员不能担任监事？

三、有限责任公司的股权转让

（一）有限责任公司的一般股权转让

1. 股东之间转让股权

有限责任公司的股东之间可以相互转让其全部或部分股权。

2. 股东向股东以外的人转让股权

股东向股东以外的人转让股权，应当经其他股东过半数同意。股东应就其股权转让事项书面通知其他股东征求同意，其他股东自接到书面通知之日起满30日未答复的，视为同意转让。其他股东半数以上不同意转让的，不同意的股东应当购买该转让的股权；不购买的，视为同意转让。经股东同意转让的股权，在同等条件下，其他股东有优先购买权。

3. 人民法院强制转让股东的股权

人民法院依照法律规定的强制执行程序转让股东的股权时，应当通知公司及全体股东，其他股东在同等条件下有优先购买权。其他股东自人民法院通知之日起满20日不行使优先购买权的，视为放弃优先购买权。

（二）有限责任公司股东请求公司回购股权

有下列情形之一的，对股东会的该项决议投反对票的股东可请求公司按合理价格收购其股权：

（1）公司连续5年不向股东分配利润，而公司该5年连续盈利，并且符合《公司法》规定的分配利润条件的；（2）公司合并、分立、转让主要财产的；（3）公司章程规定的营业期限届满或章程规定的其他解散事由出现，股东会会议通过决议修改章程使公司存续的。

自股东会会议决议通过之日起60日内，股东与公司不能达成股权收购协议的，股东可以自股东会会议决议通过之日起90日内向人民法院提起诉讼。自然人股东死亡后，其合法继承人可以继承股东资格；但公司章程另有规定的除外。

案例分析2-5

甲、乙、丙、丁四人共同出资成立A有限责任公司。公司经营一段时间后，丁与戊达成协议，将丁在A公司拥有的股权全部转让给戊。对于丁的转让，甲、乙、丙均不同意。随后A公司又经股东会决议，拟与B企业进行合并。丙对此坚决反对，并请求公司收购其股权。

思考：（1）甲、乙、丙均不同意的情况下，丁是否还能将股权转让给戊？
（2）丙请求公司收购其股权的做法是否符合法律规定？

四、一人有限责任公司和国有独资公司

（一）一人有限责任公司的概念和特别规定

一人有限责任公司，是指只有一个自然人股东或者一个法人股东的有限责任公司。其特别规定主要包括：

（1）一个自然人只能投资设立一个一人有限责任公司，该一人有限责任公司不能投资设立新的一人有限责任公司。（2）应当在公司登记中注明自然人独资或者法人独资，并在公司营业执照中载明。（3）一人有限责任公司不设股东会。股东行使相应职权作出决定时，应当采用书面形式，并由股东签字后置备于公司。（4）应当在每一会计年度终了时编制财务会计报告，并经会计师事务所审计。（5）一人有限责任公司的股东不能证明公司财产独立于股东自己的财产的，应当对公司债务承担连带责任。

（二）国有独资公司的概念和特别规定

国有独资公司是指国家单独出资、由国务院或者地方人民政府委托本级人民政府国有资产监督管理机构履行出资人职责的有限责任公司。

提示　与一般意义上的有限责任公司相比较，国有独资公司具有以下特征：（1）公司

股东的单一性：国有独资公司的股东只有1个。(2) 国有独资公司不设股东会，由国有资产监督管理机构行使股东会职权。

国有独资公司特别规定主要包括：

(1) 国有独资公司章程由国有资产监督管理机构制订，或者由董事会制订报国有资产监督管理机构批准。(2) 国有独资公司不设股东会，由国有资产监督管理机构行使股东会职权。(3) 国有独资公司设立董事会，依照法律规定的有限责任公司董事会的职权和国有资产监督管理机构的授权行使职权。董事会成员中应当有公司职工代表。(4) 国有独资公司设经理，由董事会聘任或者解聘。经国有资产监督管理机构同意，董事会成员可以兼任经理。(5) 国有独资公司的董事长、副董事长、董事、高级管理人员，未经国有资产监督管理机构同意，不得在其他有限责任公司、股份有限公司或经济组织兼职。(6) 国有独资公司监事会成员不得少于5人，其中职工代表的比例不得低于1/3，具体比例由公司章程规定。

案例分析2–6

A国有企业于2019年经有关部门决定改建为国有独资公司。A公司无股东会，由董事行使股东会的部分职权。董事会成员有5人，全部是国家授权部门任命的干部。应B有限责任公司的邀请，董事长朱某还兼任B公司的负责人。自2020年起，该公司进行了一系列活动：(1) 董事会决定将公司注册资本由1亿元增加到2亿元；(2) 经董事会研究决定，与B公司合并。

思考：上述情况中哪些不符合《公司法》的规定？

第三节　股份有限公司

一、股份有限公司的设立

(一) 股份有限公司的设立方式

股份有限公司的设立可以采取发起设立或募集设立的方式。发起设立是指由发起人认购公司应发行的全部股份而设立公司。募集设立是指由发起人认购公司应发行股份的一部分，其余股份向社会公开募集或者向特定对象募集而设立公司。

(二) 股份有限公司的设立条件

设立股份有限公司，应当具备下列条件：

(1) 发起人符合法定人数。设立股份有限公司，应当有2人以上200人以下为发起人，其中须有半数以上的发起人在中国境内有住所。

提示　股份有限公司发起人承担公司筹办事务。

（2）有符合公司章程规定的全体发起人认购的股本总额或者募集的实收股本总额。发起人出资方式与有限责任公司股东出资方式基本相同。

（3）股份发行、筹办事项符合法律规定。

（4）发起人制定公司章程，采用募集方式设立的经创立大会通过。

提示　创立大会需经出席会议的认股人所持表决权的半数以上通过，方为有效。

（5）有公司名称，建立符合股份有限公司要求的组织机构。

（6）有公司住所。

（三）股份有限公司的设立程序

1. 发起设立股份有限公司的程序

（1）发起人书面认足公司章程规定其认购的股份。

（2）缴纳出资。以非货币财产出资的，应当依法办理其财产权的转移手续。发起人不按照公司章程规定缴纳出资的，应当按照发起人协议的约定承担违约责任。

（3）选举董事会和监事会。发起人首次缴纳出资后，应当选举董事会和监事会，建立公司的组织机构。

（4）申请设立登记。

2. 募集设立股份有限公司的程序

（1）发起人认购股份。发起人认购的股份不得少于公司股份总数的 35%；但是法律、行政法规另有规定的，从其规定。

（2）向社会公开募集股份。公开募集股份，必须公告招股说明书，并制作认股书。发起人向社会公开募集股份，应当由依法设立的证券公司承销，签订承销协议；应当同银行签订代收股款协议。

提示　根据规定，股份有限公司的认股人未按期缴纳所认股份的股款，经公司发起人催缴后在合理期间内仍未缴纳，公司发起人对该股份另行募集的，人民法院应当认定该募集行为有效。认股人延期缴纳股款给公司造成损失，公司请求该认股人承担赔偿责任的，人民法院应予支持。

（3）召开创立大会。发行股份的股款缴足后，必须经依法设立的验资机构验资并出具证明。发起人应当在股款缴足之日起 30 日内主持召开公司创立大会，创立大会由发起人、认股人组成。发起人应当在创立大会召开 15 日前将会议日期通知各认股人或者予以公告。创立大会应有代表股份总数过半数的发起人、认股人出席，方可举行。

创立大会行使下列职权：1）审议发起人关于公司筹办情况的报告；2）通过公司章程；3）选举董事会成员；4）选举监事会成员；5）对公司的设立费用进行审核；6）对发起人用于抵作股款的财产的作价进行审核；7）发生不可抗力或者经营条件发生重大变化直接影响公司设立的，可以作出不设立公司的决议。创立大会对上述所列事项作出决议，必须经出席会议的认股人所持表决权过半数通过。

发行的股份超过招股说明书规定的截止期限尚未募足的，或者发行股份的股款缴足后，发起人在 30 日内未召开创立大会的，或创立大会作出不设立公司决议的，认股人可以按照所缴股款并加算银行同期存款利息，要求发起人返还。发起人、认股人缴纳股款或者交付抵作股款的出资后，除上述情形外不得抽回其股本。

（4）申请设立登记。董事会应于创立大会结束后30日内向公司登记机关申请设立登记。公司登记机关依法核准登记后，应当发给公司企业法人营业执照。自公司营业执照签发之日起，公司即告成立。

股份有限公司成立后，发起人未按照公司章程的规定缴足出资的，应当补缴；其他发起人承担连带责任。股份有限公司成立后，发现作为设立公司出资的非货币财产的实际价额显著低于公司章程所定出资价额的，应当由交付该出资的发起人补足其差额；其他发起人承担连带责任。股份有限公司应当将公司章程、股东名册、公司债券存根、股东大会会议记录、董事会会议记录、监事会会议记录、财务会计报告置备于本公司，供股东查阅。

法律驿站

股份有限公司的发起人应当承担下列责任：(1) 公司不能成立时，对设立行为所产生的债务和费用负连带责任；(2) 公司不能成立时，对认股人已缴纳的股款，负返还股款并加算银行同期存款利息的连带责任；(3) 在公司设立过程中，由于发起人的过失致使公司利益受到损害的，应当对公司承担赔偿责任。

案例分析2–7

发起人秦某、尤某经批准向社会公开募集股份设立A股份有限公司，公告的招股说明书中列明本次募股的截止日期是2020年3月15日。但到期只募集到所发行股份的98%。得知情况后，认股人许某要求返还所缴股款并加算银行同期存款利息。秦某、尤某觉得已募集到绝大部分股份，剩下的股份由两人于3月16日追加认购完毕，不同意许某抽回股本。所有股款于3月17日缴足，秦某、尤某决定于4月15日召开创立大会设立公司。由于筹备工作不到位，创立大会推迟至4月25日召开。许某再次要求返还所缴股款并加算银行同期存款利息，秦某、尤某同意返还股款，但不愿意另外支付银行同期存款利息。

思考：在这次募集设立股份有限公司的过程中，哪些做法不符合规定？

二、股份有限公司的组织机构

股份有限公司的组织机构由股东大会、董事会、监事会以及经理等组成。

（一）股东大会

股份有限公司股东大会由全体股东组成。股东大会是公司的权力机构，依《公司法》规定行使职权。《公司法》中关于有限责任公司股东会职权的规定，适用于股份有限公司股东大会。

1. 股东大会的形式

股份有限公司的股东大会分为年会和临时股东大会两种。股东大会应当每年召开 1 次年会。上市公司的年度股东大会应当于上一会计年度结束后的 6 个月内举行。有下列情形之一的，应当在 2 个月内召开临时股东大会：（1）董事人数不足《公司法》规定人数或者公司章程所规定人数的 2/3 时；（2）公司未弥补的亏损达实收股本总额的 1/3 以上时；（3）单独或合计持有公司 10% 以上股份的股东请求召开时；（4）董事会认为必要时；（5）监事会提议召开时；（6）公司章程规定的其他情形。

2. 股东大会的召开

股东大会会议由董事会召集，董事长主持；董事长不能履行职务或者不履行职务的，由副董事长主持；副董事长不能履行职务或者不履行职务的，由半数以上董事共同推举 1 名董事主持。董事会不能履行或者不履行召集股东大会会议职责的，监事会应当及时召集和主持；监事会不召集和主持的，连续 90 日以上单独或者合计持有公司 10% 以上股份的股东可以自行召集和主持。

召开股东大会会议，应当将会议召开的时间、地点和审议的事项于会议召开 20 日前通知各股东；临时股东大会应当于会议召开 15 日前通知各股东；发行无记名股票的，应当于会议召开 30 日前公告会议召开的时间、地点和审议事项。

3. 股东大会的决议

股东出席股东大会会议，所持每一股份有一表决权。但是，公司持有的本公司股份没有表决权。股东可以委托代理人出席股东大会会议，代理人应当向公司提交股东授权委托书，并在授权范围内行使表决权。

股东大会作出决议，必须经出席会议的股东所持表决权过半数通过。但是，股东大会作出修改公司章程、增加或者减少注册资本的决议，以及公司合并、分立、解散或者变更公司形式的决议，必须经出席会议的股东所持表决权的 2/3 以上通过。

股东大会应当对所议事项的决定作成会议记录，主持人、出席会议的董事应当在会议记录上签名。会议记录应当与出席股东的签名册及代理出席的委托书一并保存。

案例分析2–8

某股份有限公司因经营管理不善造成亏损，公司未弥补的亏损达股本的 1/4，公司董事长何某决定在 2020 年 4 月 6 日召开临时股东大会，讨论如何解决公司面临的困境。何某在 2020 年 4 月 1 日发出召开临时股东大会会议的通知。4 月 6 日股东大会如期召开，会议议程为两项：（1）讨论解决公司经营所遇困难的措施；（2）更换公司总经理。

思考：根据公司法律制度，此案例中存在哪些问题？

（二）董事会、经理

1. 董事会的性质和组成

股份有限公司的董事会是股东大会的执行机构，对股东大会负责。股份有限公司设董事会，其成员为5~19人。董事会成员中可以有公司职工代表，董事会中的职工代表由公司职工通过职工代表大会或其他形式民主选举产生。《公司法》中关于有限责任公司董事会职权及董事任期的规定，适用于股份有限公司董事会及董事。

2. 董事会的召开

董事会设董事长1人，可以设副董事长。董事长和副董事长由董事会以全体董事的过半数选举产生。董事长召集和主持董事会会议，检查董事会决议的实施情况。副董事长协助董事长工作，董事长不能履行职务或者不履行职务的，由副董事长履行职务；副董事长不能履行职务或者不履行职务的，由半数以上董事共同推举1名董事履行职务。董事会每年度至少召开2次会议，每次会议应当于会议召开10日前通知全体董事和监事。代表1/10以上表决权的股东、1/3以上董事或者监事会，可以提议召开董事会临时会议。董事长应当自接到提议后10日内召集和主持董事会会议。董事会召开临时会议，可以另定召集董事会的通知方式和通知时限。

3. 董事会的决议

董事会会议应有过半数的董事出席方可举行。董事会作出决议，必须经全体董事的过半数通过。董事会决议的表决，实行一人一票。董事会会议，应由董事本人出席；董事因故不能出席，可以书面委托其他董事代为出席，委托书中应载明授权范围。董事会应当对会议所议事项的决定作成会议记录，出席会议的董事应当在会议记录上签名。董事应当对董事会的决议承担责任。董事会的决议违反法律法规或者公司章程、股东大会决议，致使公司遭受严重损失的，参与决议的董事对公司负赔偿责任。但经证明在表决时曾表明异议并记载于会议记录的，该董事可以免除责任。

4. 经理

股份有限公司设经理由董事会决定聘任或者解聘。公司董事会可以决定由董事会成员兼任经理。《公司法》中关于有限责任公司经理职权的规定，适用于股份有限公司经理。

案例分析2–9

某股份有限公司是一家于2019年8月在上海证券交易所上市的上市公司。该公司董事会于2020年3月28日召开会议，该次会议召开的情况以及讨论的有关问题如下：

（1）该公司董事会由7名董事组成。出席该次会议的董事有A、B、C、D四人，董事E因出国考察不能出席会议；董事F因参加人民代表大会不能出席会议，电话委托董事A代为出席并表决；董事G因病不能出席会议，委托董事会秘书H代为出席并表决。

（2）根据总经理的提名，出席本次董事会会议的董事讨论并一致同意，聘任吕某为公司财务负责人，并决定给予吕某年薪10万元。董事会会议讨论通过公司内部机构设置的方案表决时，除董事B反对外，其他人均表示同意。

(3) 该次董事会会议记录由出席董事会会议的全体董事和列席会议的监事签名后存档。

思考：(1) 出席该次董事会会议的董事人数是否符合规定？董事F和董事G委托他人出席该次董事会会议是否有效？

(2) 董事会通过的两项决议是否符合规定？

(3) 董事会会议记录是否符合《公司法》的规定？

(三) 监事会

股份有限公司应当依法设立监事会，监事会是公司的监督机构。

1. 监事会的组成

股份有限公司监事会成员不得少于3人，应当包括股东代表和适当比例的职工代表，其中，职工代表的比例不得低于1/3，具体比例由公司章程规定。监事会中的职工代表由公司职工通过职工代表大会或其他形式民主选举产生。董事、高级管理人员不得兼任监事。《公司法》中关于有限责任公司监事会职权及监事任期的规定，适用于股份有限公司监事会及监事。

2. 监事会的召开

监事会设主席1人，可以设副主席。监事会主席和副主席由全体监事过半数选举产生。监事会主席召集和主持监事会会议；监事会主席不能履行职务或者不履行职务的，由监事会副主席召集和主持监事会会议；监事会副主席不能履行职务或者不履行职务的，由半数以上监事共同推举1名监事召集和主持监事会会议。监事会每6个月至少召开1次会议。监事可以提议召开临时监事会会议。监事会的议事方式和表决程序，除《公司法》有规定外，由公司章程规定。监事会应当对所议事项的决定作成会议记录，出席会议的监事应当在会议记录上签名。

知识拓展

上市公司组织机构的特别规定：(1) 增加股东大会特别决议事项。上市公司在一年内购买、出售重大资产或者担保金额超过公司资产总额30%的，应当由股东大会作出决议，并经出席会议的股东所持表决权的2/3以上通过。(2) 设立独立董事。(3) 设立董事会秘书。(4) 增设关联关系董事的表决权排除制度。上市公司董事与董事会会议决议事项所涉及的企业有关联关系的，不得对该项决议行使表决权，也不得代理其他董事行使表决权。

三、股份有限公司的股份发行和转让

（一）股份和股票的概念

股份是指将股份有限公司的注册资本按相同的金额或比例划分为相等的份额。股票是指公司签发的证明股东所持股份的凭证，是股份的表现形式。股票具有以下性质：

（1）股票是有价证券，记载着股票种类、票面金额及代表的股份数，反映着股票的持有人对公司的权利。（2）股票是证权证券，表现的是股东的权利。（3）股票是要式证券，应当采取纸面形式或者国务院证券监督管理机构规定的其他形式，其记载的内容和事项应当符合法律的规定。（4）股票是流通证券，可以在证券交易市场依法进行交易。

（二）股票的种类

按照股东权利、义务划分，股票可分为普通股和优先股。

1. 普通股

普通股是指享有普通权利、承担普通义务的股份，是股份的最基本形式。普通股股东享有决策参与权、利润分配权、优先认股权和剩余资产分配权。

2. 优先股

优先股是指享有优先权的股份。公司对优先股的股利须按约定的股利率支付，不受公司盈利大小的影响，当年可供分配股利的利润不足以按约定的股利率支付优先股利的，由以后年度可供分配股利的利润补足。在公司进行清算时，优先股股东先于普通股股东取得公司剩余财产。但是，优先股股东不参与公司决策，不参与公司红利分配。实践中，发行优先股的很少。

提示　股票还可以按照票面上是否记载股东的姓名或名称分为记名股票和无记名股票；还可根据发行对象的不同分为A股、B股、H股等。

（三）股份发行

1. 股份的发行原则

股份的发行是指股份有限公司为了筹集公司资本而出售和分配股份的法律行为。

《公司法》规定，股份的发行，实行公平、公正的原则，同种类的每一股份应当具有同等权利。同次发行的同种类股票，每股的发行条件和价格应当相同；任何单位或者个人所认购的股份，每股应当支付相同价额。

2. 股票的发行价格

股票的发行价格是指股票发行时所使用的价格，也是投资者认购股票时所支付的价格。股票的发行价格可以分为平价发行的价格和溢价发行的价格。《公司法》规定，股票发行价格可以按票面金额，也可以超过票面金额，但不得低于票面金额。

3. 公司发行新股

发行新股是指股份有限公司成立后再向社会募集股份的法律行为，也是增加公司注册资本的行为。公司发行新股，股东大会应当对下列事项作出决议：（1）新股种类及数额；（2）新股发行价格；（3）新股发行的起止日期；（4）向原有股东发行新股的种类及数额。公司经国务院证券监督管理机构核准公开发行新股时，必须公告新股招股说明书和财务会计报告，并制作认股书。

案例分析2-10

2020年1月，升腾股份有限公司经股东大会决议通过，拟向全体股东增发股票200万股（每股面值为20元）。股东A企业以房地产作价3000万元按照90%的折股比例认购135万股，股东B公司以现金900万元认购45万股，股东施某以相关专利技术作价500万元按照80%的折股比例认购20万股。A企业和施某折股溢价的400万元计入公司的资本公积。

思考：该公司向股东增发股票有关事宜是否符合法律规定？

四、股份有限公司的股份转让

（一）股份转让的概念

股份转让，是指股份有限公司的股份持有人依法自愿将自己所拥有的股份转让给他人，使他人取得股份成为股东或增加股份数额的法律行为。股份转让具有以下特点：

（1）股份转让在公司法中特指股份有限公司的股份转让；（2）股份转让须依法进行；（3）股份转让属于相对自由的转让；（4）股份转让在特定情况下受到一定限制；（5）股份转让以股票转让的形式出现；（6）股份转让是一种法律行为。

（二）股份转让的法律规定

1. 股份转让的地点

股东持有的股份可以依法转让。股东转让其股份，应当在依法设立的证券交易所进行或者按照国务院规定的其他方式进行。

2. 股份转让的方式

记名股票，由股东以背书方式或者法律、行政法规规定的其他方式转让，转让后由公司将受让人的姓名或者名称及住所记载于股东名册。

3. 股份转让的限制

（1）对发起人转让股份的限制。发起人持有的本公司股份，自公司成立之日起1年内不得转让。公司公开发行股份前已发行的股份，自公司股票在证券交易所上市交易之日起1年内不得转让。

（2）对公司董事、监事、高级管理人员转让股份的限制。公司董事、监事、高级管理人员应当向公司申报所持有的本公司的股份及其变动情况，在任职期间每年转让的股份不得超过其所持有本公司股份总数的25%；所持本公司股份自公司股票上市交易之日起1年内不得转让。上述人员离职后半年内，不得转让其所持有的本公司股票。公司章程可以对上述人员转让其所持有的本公司股份做出其他限制性规定。

（3）公司不得收购本公司股份。但是，有下列情形之一的除外：1）减少公司注册资本；2）与持有本公司股份的其他公司合并；3）将股份奖励给本公司职工；4）股东因对股东大会做出的公司合并、分立决议持异议，要求公司收购其股份的。

（4）公司不得接受本公司的股票作为质押权的标的。

另外，记名股票被盗、遗失或者灭失，股东可以依照《民事诉讼法》规定的公示催告程序，请求人民法院宣告该股票失效。

上市公司的股票，依照有关法律、行政法规及证券交易所规则上市交易。

第四节　公司财务会计

一、公司财务会计的基本要求

（1）公司应当依法建立本公司的财务会计制度。

（2）公司应当在每一会计年度终了时编制财务会计报告，并依法经会计师事务所审计。

提示　公司财务会计报告主要包括：资产负债表、利润表、现金流量表、所有者权益（或股东权益）变动表等报表及附注。

（3）公司应当依法披露有关财务会计资料。

（4）公司应当依法建立账簿、开立账户。公司除法定的会计账簿外，不得另立会计账簿。对公司资产，不得以任何个人名义开立账户存储。

（5）公司应当依法聘用会计师事务所对财务会计报告审查验证。

提示　公司应当向聘用的会计师事务所提供真实和完整的会计凭证、会计账簿、财务会计报告及其他会计资料，不得拒绝、隐匿、谎报。

法律驿站

公司违反《公司法》规定，在法定的会计账簿以外另立会计账簿的，由县级以上人民政府财政部门责令改正，处以5万元以上50万元以下的罚款。公司在依法向有关主管部门提供的财务会计报告等材料上作虚假记载或者隐瞒重要事实的，由有关主管部门对直接负责的主管人员和其他直接责任人员处以3万元以上30万元以下的罚款。

案例分析2-11

某股份有限公司在公布的半年度财务报告中有许多地方是虚假数据，严重误导了投资者，致使大量投资者造成经济损失惨重，个别投资人经受不住打击甚至自杀。

思考：根据法律的规定，该公司哪些人应对其违法行为承担法律责任？

二、利润分配

（一）公司利润分配顺序

公司利润，按照会计概念，是指公司在一个会计年度期间生产经营收入及其他收入扣除成本、费用等后的余额。利润分配顺序如下：

（1）弥补以前年度的亏损，但不得超过税法规定的弥补期限。

提示 我国税法规定：企业某一纳税年度发生的亏损可以用下一年度的所得弥补，下一年度的所得不足以弥补的，可以逐年延续弥补，但最长不得超过5年。

（2）缴纳所得税，即公司应依我国企业所得税法规定缴纳企业所得税。

（3）弥补在税前利润弥补亏损之后仍存在的亏损。

（4）提取法定公积金。

（5）提取任意公积金。

（6）向股东分配利润。有限责任公司依股东出资比例进行分配；股份有限公司依股东持有的股份比例进行分配。

（二）公积金

公积金用于弥补公司亏损、扩大公司生产经营或者转增公司资本。股份有限公司经股东大会决议有公积金转为资本时，按股东原有股份比例派送新股或者增加每股面值。但法定公积金转为资本时，所留存的该项公积金不得少于注册资本的25%。任意公积金转增公司资本，不受限制。

第五节　公司的合并与分立、增资与减资、解散与清算

一、公司的合并与分立

（一）公司合并

公司合并是指两个以上的公司依法定程序变为一个公司的行为。其形式有吸收合并和新设合并两种。吸收合并是指一个公司吸收其他公司加入本公司，被吸收的公司解散。新

设合并是指两个以上公司合并设立一个新的公司，合并各方解散。

公司合并时，合并各方的债权、债务，应当由合并后存续的公司或者新设的公司承继。

（二）公司分立

公司分立是指一个公司依法分为两个或两个以上的公司。《公司法》未明确规定公司分立的形式，一般有两种：一是派生分立，即公司以其部分财产和业务另设一个新的公司，原公司存续；二是新设分立，即公司以其全部财产设立两个以上的新公司，原公司解散。

提示 公司分立的程序与公司合并的程序基本相同，包括：签订分立协议，编制资产负债表及财产清单，作出分立决议，通知债权人，办理工商登记等。

公司分立前的债务由分立后的公司承担连带责任。但是，公司在分立前与债权人就债务清偿达成的书面协议另有约定的除外。

案例分析2-12

A公司分立为B公司和C公司。在分立过程中，B公司和C公司对A公司所欠甲、乙、丙的债务达成协议：由B公司承担甲、乙的债务，C公司承担丙的债务。后C公司因经营不善无力承担丙的债务。于是丙向B公司进行追偿。而B公司认为，分立时已经就分立前的债务与C公司签订协议，并且其所承担的债务远远多于C公司，所以B公司拒绝承担丙的债务。

思考：B公司的做法是否符合规定？

二、公司的增资与减资

（一）公司注册资本的增加

有限责任公司增加注册资本时，股东认缴新增资本的出资，按《公司法》设立有限责任公司缴纳出资的有关规定执行。股份有限公司为增加注册资本发行新股时，股东认购新股，依《公司法》设立股份有限公司缴纳股款的有关规定执行。

（二）公司注册资本的减少

公司需要减少注册资本时，必须编制资产负债表及财产清单。公司应当自作出减少注册资本决议之日起10日内通知债权人，并于30日内在报纸上公告。债权人自接到通知书之日起30日内，未接到通知书的自公告之日起45日内，有权要求公司清偿债务或者提供相应的担保。

提示 公司减资后的注册资本不得低于法定的最低限额。

公司增加或减少注册资本，应当依法向公司登记机关办理变更登记。

三、公司的解散与清算

(一) 公司解散的原因

根据《公司法》规定，公司解散的原因有：(1) 公司章程规定的营业期限届满或公司章程规定的其他解散事由出现；(2) 股东会或股东大会决议解散；(3) 因公司合并或分立需要解散；(4) 依法被吊销营业执照、责令关闭或被撤销；(5) 人民法院依法予以解散。

(二) 公司解散时的清算

1. 成立清算组

公司因规定而解散的，应当在解散事由出现之日起 15 日内成立清算组，开始清算。有限责任公司的清算组由股东组成，股份有限公司的清算组由董事或者股东大会确定的人员组成。逾期不成立清算组进行清算的，债权人可以申请人民法院指定有关人员组成清算组进行清算。人民法院应当受理该申请，并及时组织清算组进行清算。

2. 清算组的职权

清算组在清算期间行使下列职权：(1) 清理公司财产，分别编制资产负债表和财产清单；(2) 通知、公告债权人；(3) 处理与清算有关的公司未了结的业务；(4) 清缴所欠税款以及清算过程中产生的税款；(5) 清理债权、债务；(6) 处理公司清偿债务后的剩余财产；(7) 代表公司参与民事诉讼活动。

提示 清算组成员因故意或者重大过失给公司或者债权人造成损失的，应当承担赔偿责任。

3. 清算程序

公司财产在分别支付清算费用、职工的工资、社会保险费用和法定补偿金，缴纳所欠税款，清偿公司债务后的剩余财产，有限责任公司按股东的出资比例分配，股份有限公司按股东持有的股份比例分配。清算期间，公司存续，但不得开展与清算无关的经营活动。公司财产在未按上述规定清偿前，不得分配给股东。

提示 公司未经清算即办理注销登记，导致公司无法进行清算，债权人有权要求有限责任公司的股东、股份有限公司的董事和控股股东，以及公司的实际控制人对公司债务承担清偿责任。

法律驿站

公司的发起人、股东虚假出资，未交付或者未按期交付作为出资的货币或者非货币财产的，由公司登记机关责令改正，处以虚假出资金额 5%以上 15%以下的罚款。

公司的发起人、股东在公司成立后，抽逃其出资的，由公司登记机关责令改正，处以所抽逃出资金额 5%以上 15%以下的罚款。

案例分析2-13

A 公司成立于 2015 年，该公司的章程规定：本公司连续 3 年平均利润不足 5%时，则公司解散。由于经营不善，A 公司在 2019 年年终审计时发现，公司已经连续 3 年平均利润不足 1%。2020 年 1 月 15 日，股东会会议决定解散公司。

股东会作出解散决议后，于 2020 年 2 月 10 日成立了清算组。清算组成立后，对公司财务进行了清理：公司财产总计 120 万元，欠国家税款 60 万元，欠职工工资 20 万元，欠债权人海丰公司货款 80 万元。清算组的清算方案是：先把各股东的股份退回，以剩余财产对公司债务承担有限责任。

思考：（1）股东会能否根据公司章程的规定解散公司？

（2）成立清算组的日期是否正确？以及清算组的清算方案是否合法？

知识检测

一、单项选择题

（1）（　　）是指股东以其认缴的出资额为限对公司承担责任，公司以其全部财产对公司的债务承担责任的公司。

A. 有限责任公司　　B. 股份有限公司

C. 无限公司　　D. 两合公司

（2）根据公司法律制度的规定，下列关于分公司的表述中，不正确的有（　　）。

A. 分公司没有独立的财产　　B. 分公司不独立承担责任

C. 分公司有独立的公司名称　　D. 分公司可领取营业执照

（3）下列关于有限责任公司股东出资方式的表述中，符合公司法律制度规定的是（　　）。

A. 以商誉作价出资　　B. 以劳务作价出资

C. 以特许经营权作价出资　　D. 以土地使用权作价出资

（4）根据《公司法》的规定，下列各项中，不属于有限责任公司监事会职权的是（　　）。

A. 检查公司财务　　B. 建议罢免违反公司章程的经理

C. 提议召开临时股东会会议　　D. 解聘公司财务负责人

（5）下列关于股份有限公司设立的表述中，不符合公司法律制度规定的是（　　）。

A. 股份有限公司采取募集设立方式设立的，注册资本为在公司登记机关登记的实收股本总额

B. 股份有限公司可以采取发起设立或者募集设立的方式设立

C. 股份有限公司采取发起设立方式的，发起人应当书面认足公司章程规定其认购的股份

D. 股份有限公司发起人中须有半数以上为中国公民

(6) 李元是一家（非上市）股份有限公司的董事长，依公司章程规定，其任期于2020年1月届满。由于股东间的矛盾，公司未能按期改选出新一届董事长。此后对于公司内部管理，董事间彼此推诿，李元也无心公司事务，使得公司随后的一项投资失败，损失300万元。根据公司法律制度的规定，有关本案的下列说法中，正确的是（　　）。

A. 因已届满，李元已不再是公司的董事长

B. 虽已届满，董事会成员仍需履行董事职务

C. 就公司300万元损失，李元应承担全部赔偿责任

D. 对李元的行为，公司股东有权提起股东代表诉讼

(7) 股份有限公司的股东大会对公司合并作出决议时，必须经出席会议的股东所持表决权的（　　）以上通过。

A. 1/3　　B. 2/5　　C. 2/3　　D. 1/4

(8) 根据《公司法》的规定，公司解散时，应当成立清算组对公司进行清算。下列不属于清算组在清算期间行使的职权是（　　）。

A. 吊销营业执照　　B. 清理公司财产

C. 通知债权人　　D. 代表公司参与民事诉讼活动

二、多项选择题

(1) 下列各项中，能够依照公司章程的规定担任公司法定代表人的有（　　）。

A. 董事长　　B. 监事会主席

C. 执行董事　　D. 经理

(2) 甲、乙、丙共同出资设立了一家有限责任公司，一年后，甲拟将其在公司的全部出资转让给丁，乙、丙不同意，下列解决方案中，符合《公司法》规定的有（　　）。

A. 由乙或丙购买甲拟转让给丁的出资

B. 乙和丙共同购买甲拟转让给丁的出资

C. 乙和丙均不愿意购买，甲无权将出资转让给丁

D. 乙和丙均不愿意购买，甲有权将出资转让给丁

(3) 盛鑫有限责任公司注册资本120万元，股东人数9人，董事会成员5人，监事会成员5人。股东一次交清出资，该公司章程对股东表决权行使事项未作特别规定。根据《公司法》的规定，该公司出现的下列情形中，属于应当召开临时股东会的有（　　）。

A. 出资20万元的股东提议召开

B. 公司未弥补的亏损达到40万元

C. 2名董事提议召开

D. 2名监事提议召开

(4) 根据公司法律制度的规定，下列各项中，应当在提取法定公积金之前实施的有（　　）。

A. 向股东分配利润　　B. 缴纳企业所得税

C. 提取任意公积金　　D. 弥补以前年度亏损

(5) 因公司章程所规定的营业期限届满，茂陵有限责任公司进入清算程序。根据公司法律制度的规定，下列有关该公司清算的说法中，不正确的有（　　）。

A. 在公司逾期不成立清算组时，公司股东可直接申请法院指定组成清算组

B. 公司在清算期间，由清算组代表公司参加民事诉讼

C. 债权人未在规定期限内申报债权的，则不再清偿

D. 法院指定清算的，清算方案报法院备案后，清算组即可执行

三、判断题

(1) 根据公司在控制与被控制关系中所处地位的不同，可分为总公司与分公司。（　）

(2) 有限责任公司的股东之间相互转让其全部或部分股权，应当经其他股东过半数同意。（　）

(3) 股份有限公司创立大会的召开必须有代表股份总数 2/3 以上的认股人出席。（　）

(4) 某公司的注册资本为人民币 5000 万元，法定公积金累计为 1250 万元，该公司可不再提法定公积金。（　）

(5) 公司分立前的债务由分立后的公司承担连带责任，但公司在分立前与债权人就债务清偿达成的书面协议另有约定的除外。（　）

四、实训题

实训一

某有限责任公司董事会决议拟增加注册资本，公司监事会全部 7 名成员坚决反对，但董事会坚持决议。于是，监事会中的 3 名监事联名通知全体股东召开临时股东会议。除 2 名股东因故未参加股东会以外，其余股东全部参加。股东最终以 2/3 人数通过了公司增加注册资本的董事会决议。监事会认为会议的表决未达到法定人数，因而决议无效。董事会认为，监事会越权召开股东会，会后又对会议决议横加指责，纯属无理之举。

讨论：

(1) 公司董事会是否有权作出增加注册资本的决议？

(2) 临时股东会的召集程序是否合法？

(3) 临时股东会通过的决议是否有效？

实训二

甲股份有限公司董事会于 2020 年 4 月 1 日发布公告，甲公司将于 5 月 18 日召开股东大会年会。根据董事会的公告，除例行事项提交本次股东大会年会审议外，还将就下列事项提交本次股东大会以普通决议方式通过：选举和更换 2 名独立董事，修改公司章程。2020 年 5 月 10 日，持有甲公司 4%股份的 A 企业向董事会提交了临时提案，董事会于 5 月 15 日通知了其他股东，并将该临时提案提交股东大会审议。在 2020 年 5 月 18 日召开的股东大会上，除通过了上述提案外，还根据控股股东 B 企业的提议，临时增加了一项增加注册资本的提案，并经出席股东大会的股东所持表决权的 2/3 以上通过。本次股东大会的会议记录，由出席会议的董事和列席会议的监事签名后存档。

讨论： 甲公司召开股东大会的过程中存在哪些不符合规定之处？请说明理由。

实训三

某股份有限责任公司于2017年3月10日成立，股本总额为人民币3000万元。其中2200万元是向社会公开募集的。2018年1月8日，该公司为进行技术改造项目又增发了股份1000万元。2019年，为增加实力，又与另一家股份有限公司合并，两公司于3月10日作出合并决议，4月1日通知债权人。5月6日开始在报纸上刊登公告2次，8月1日正式合并，并进行了工商登记。

讨论：该公司上述活动中有无与《公司法》规定不相符的情况？

第三章　企业法律制度

知识导航

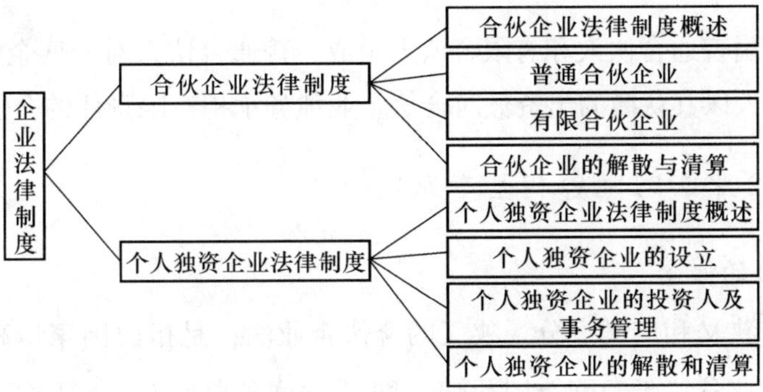

案例导入

2019 年 3 月，孔、曹、严、华以普通合伙企业形式开办一家湘菜馆。2020 年 5 月，曹某因车祸死亡，其妻张某为唯一继承人。张某想通过继承的方式取得该合伙企业的普通合伙人资格时遭到各种质疑。首先，合伙协议规定合伙人须具有国家一级厨师资格证，张某不具有；其次，严某不愿意接纳张某为合伙人。后来张某因丈夫死亡突遭打击，精神失常，经法院宣告为无民事行为能力人。

请思考　张某能否通过继承的方式取得该合伙企业的普通合伙人资格？为什么？

第一节　合伙企业法律制度

一、合伙企业法律制度概述

（一）合伙和合伙企业

合伙是指两个及以上的自然人为着共同目的，相互约定共同出资、共同经营、共享收益、共担风险的自愿联合。合伙企业是指自然人、法人和其他组织依照《中华人民共和国合伙企业法》（以下简称《合伙企业法》）在中国境内设立的普通合伙企业和有限合伙企业。

（二）合伙企业的分类

1. 普通合伙企业

普通合伙企业是指由普通合伙人组成，合伙人对合伙企业债务承担无限连带责任的企业。普通合伙企业的两大特点：普通合伙企业由普通合伙人组成；合伙人对合伙企业债务依法承担无限连带责任，法律另有规定的除外。

提示 在普通合伙企业中，《合伙企业法》还规定了一种特殊的普通合伙企业，又称有限责任合伙。

2. 有限合伙企业

有限合伙企业由普通合伙人和有限合伙人组成，普通合伙人对合伙企业债务承担连带无限责任，有限合伙人以其认缴的出资额对合伙企业债务承担有限责任的合伙企业。

（三）合伙企业法的概念和基本原则

1. 合伙企业法的概念

合伙企业法有狭义和广义之分。狭义的合伙企业法，是指由国家最高立法机关依法制定的、规范合伙企业合伙关系的专门法律，即《合伙企业法》。该法于 1997 年 2 月 23 日由第八届全国人民代表大会常务委员会第二十四次会议通过，2006 年 8 月 27 日第十届全国人民代表大会常务委员会第二十三次会议修订。广义的合伙企业法，是指国家立法机关或者其他有权机关依法制定的、调整合伙企业合伙关系的各种法律规范的总称。本节主要介绍狭义的合伙企业法。

2. 合伙企业法的基本原则

（1）协商原则。合伙协议是合伙人建立合伙关系，确定合伙人各自的权利义务，使合伙企业得以设立的前提，也是合伙企业的基础。

提示 合伙协议依法由全体合伙人协商一致、以书面形式订立。

（2）自愿、平等、公平、诚实信用原则。订立合伙协议，设立合伙企业，应当遵循自愿、平等、公平、诚实信用原则。

（3）守法原则。合伙企业及其合伙人必须遵守法律、行政法规，遵守社会公德、商业道德，承担社会责任。

（4）合法权益受法律保护原则。合伙企业及其合伙人的合法财产和权益受法律保护。

（5）依法纳税原则。合伙企业的生产经营所得和其他所得，按照国家有关税收规定，由合伙人分别缴纳所得税。合伙企业的生产经营所得和其他所得，是指合伙企业从事生产经营以及与生产经营有关的活动所取得的各项收入。

提示 合伙企业不缴纳企业所得税。

二、普通合伙企业

（一）普通合伙企业的设立

1. 设立条件

根据《合伙企业法》的规定，设立普通合伙企业，应具备下列条件：

（1）有两个以上的合伙人。合伙人是自然人的，应当具有完全民事行为能力；合伙人可以是法人或其他组织，但国有独资公司、国有企业、上市公司以及公益性的事业单位、社会团体不得成为普通合伙人。

（2）有书面合伙协议。合伙协议经全体合伙人签名、盖章后生效。修改或补充合伙协议，应经全体合伙人一致同意；但是，合伙协议另有约定的除外。

（3）有合伙人认缴或者实际缴付的出资。合伙人可以用货币、实物、知识产权、土地使用权或者其他财产权利出资，普通合伙人也可以用劳务出资。合伙人以实物、知识产权、土地使用权或者其他财产权利出资，需要评估作价的，可以由全体合伙人协商确定，也可以由全体合伙人委托法定评估机构评估；合伙人以劳务出资的，其评估办法由全体合伙人协商确定，并在合伙协议中载明。

提示　合伙人应当按照合伙协议约定的出资方式、数额和缴付期限，履行出资义务。以非货币财产出资的，依照法律、行政法规的规定，需要办理财产转移手续的，应当依法办理。

（4）有合伙企业的名称和生产经营场所。普通合伙企业应当在名称中标明“普通合伙”字样；特殊的普通合伙企业应当在名称中标明“特殊普通合伙”字样；有限合伙企业名称中应当标明“有限合伙”字样。

（5）法律、行政法规规定的其他条件。

2. 设立登记

（1）申请人提交相关资料。1）全体合伙人签署的设立登记申请书；2）合伙协议书；3）全体合伙人身份证明；4）全体合伙人指定的代表或共同委托代理人的委托书；5）全体合伙人对各合伙人认缴或者实际缴付出资的确认书；6）经营场所证明；7）其他法定的证明文件。

此外，法律、行政法规规定设立合伙企业须经批准的，还应当提交有关批准文件。合伙协议约定或者全体合伙人决定，委托一个或者数个合伙人执行合伙事务的，还应当提交全体合伙人的委托书。

（2）企业登记机关核发营业执照。合伙企业的营业执照签发日期，为合伙企业的成立日期。合伙企业领取营业执照前，合伙人不得以合伙企业名义从事合伙业务。

合伙企业设立分支机构，应当向分支机构所在地的企业登记机关申请登记，领取营业执照。合伙企业登记事项发生变更的，执行合伙事务的合伙人应当自作出变更决定或者发生变更事由之日起15日内，向企业登记机关申请办理变更登记。

案例分析3-1

金某、陶某、姜某拟设立一家普通合伙企业，并订立了一份合伙协议，部分内容如下：(1) 金某出资现金2万元和劳务作价5万元；(2) 陶某出资现金6万元，于合伙企业成立后半年内缴付；(3) 姜某出资作价为10万元的房屋一栋，不办理财产转移手续，且保留对该房屋的处分权；(4) 合伙企业的经营期限，于合伙企业成立满一年后再协商确定。

思考：该协议的上述四项内容是否符合规定？

（二）合伙企业的财产

1. 合伙企业财产的构成

（1）合伙人的出资。合伙人的出资形成合伙企业的原始财产。需要注意的是，合伙企业的原始财产是全体合伙人“认缴”而非“实际缴纳”的财产。

（2）以合伙企业名义取得的收益。主要包括合伙企业的公共积累资金、未分配的盈余、合伙企业债权、合伙企业取得的工业产权和非专利技术等财产权利。

（3）依法取得的其他财产。如合法接受的赠予财产等。

2. 合伙企业财产的性质

合伙企业财产具有独立性和完整性。即合伙企业的财产独立于合伙人，且作为一个完整的统一体而存在。合伙人在合伙企业清算前，不得请求分割合伙企业的财产。但是，法律另有规定的除外。合伙人在合伙企业清算前私自转移或者处分合伙企业财产的，合伙企业不得以此对抗善意第三人。

知识拓展

善意第三人是指在交易过程中，不知也不应知道交易对方存在权利瑕疵，基于对对方的合理信任，而与对方发生法律行为的人。为保护交易安全，法律确认善意第三人与交易对方所发生法律行为的效力。

3. 合伙人财产份额的转让

（1）对内转让。合伙人之间转让在合伙企业中的全部或者部分财产份额时，应当通知其他合伙人。

（2）对外转让。合伙人向合伙人以外的人转让其在合伙企业中的全部或者部分财产份额时，须经其他合伙人一致同意，合伙协议另有约定的除外。

（3）优先权。合伙人向合伙人以外的人转让其在合伙企业中的财产份额的，在同等条件下，其他合伙人有优先购买权。但是，合伙协议另有约定的除外。

（4）出质。合伙人以其在合伙企业中的财产份额出质的，须经其他合伙人一致同意；未经其他合伙人一致同意，其行为无效，由此给善意第三人造成损失的，由行为人依法承担赔偿责任。

案例分析3-2

赵、钱、孙、李四人合伙开办一家普通合伙企业，合伙人赵某未经其他合伙人同意，擅自将合伙企业的一台机器设备作价 8 万元卖给了善意第三人艾某。钱某因急事用钱，要将自己的 6 万元份额转让，孙某和第三人周某均欲以统一价格购买。李某向吴某借款 10 万元，未经其他合伙人同意，将其在合伙企业中的财产份额质押给吴某。

思考：根据相关法律法规，上述合伙企业财产出售、转让及质押的行为是否合理合法？

（三）合伙事务的执行

1. 合伙事务执行的形式

根据规定，合伙事务可以由全体合伙人共同执行。（1）各合伙人无论出资多少，都平等享有执行合伙企业事务的权利；也可以委托一个或数个合伙人执行。（2）受托执行合伙事务的合伙人对外代表合伙企业，其他合伙人不再执行合伙事务。合伙协议或全体合伙人作出的决定以外的某些事项，如果没有委托一个或数个合伙人执行时，可以由全体合伙人共同执行或者由全体合伙人决定委托给某一个特定的合伙人办理。但并非所有的合伙事务都可以委托给部分合伙人决定。

知识拓展

下列事项须经全体合伙人一致同意：（1）以其在合伙企业中的财产份额出质；（2）修改或者补充合伙协议；（3）转让其在合伙企业中的全部或部分财产份额；（4）改变合伙企业的名称；（5）改变合伙企业的经营范围、主要经营场所的地点；（6）处分合伙企业的不动产；（7）转让或者处分合伙企业的知识产权和其他财产权利；（8）以合伙企业名义为他人提供担保；（9）聘任合伙人以外的人担任合伙企业的经营管理人员；（10）同本合伙企业进行交易；（11）新合伙人入伙。其中，（2）~（11）项，合伙协议另有约定的除外。

2. 合伙人在执行合伙事务中的权利和义务

（1）合伙人在执行合伙事务中的权利：1）合伙人对执行合伙事务享有同等权利。2）执行合伙事务的合伙人对外代表合伙企业，不执行合伙事务的合伙人有监督权利。3）合伙人有查阅合伙企业会计账簿等财务资料的权利。4）合伙人有提出异议和撤销委托的权利。

（2）合伙人在执行合伙事务中的义务：1）合伙事务执行人向不参加执行事务的合伙人报告企业经营状况和财务状况。2）合伙人不得自营或者同他人合作经营与本合伙企业相竞争的业务。3）合伙人不得同本合伙企业进行交易，除合伙协议另有约定或者经全体合伙人一致同意外。4）合伙人不得从事损害本合伙企业利益的活动。

3. 合伙事务执行的决议办法

根据《合伙企业法》第三十条的规定，合伙人对合伙企业有关事项作出决议，按照合伙协议约定的办法处理。合伙协议未作约定的，合伙人一人一票并经全体合伙人过半数的表决通过。《合伙企业法》另有规定的，从其规定。

4. 合伙企业的损益分配

合伙企业的利润分配、亏损分担，按照合伙协议的约定办理。合伙协议未约定或约定不明的，由合伙人协商决定；协商不成的，由合伙人按照实缴出资比例分配、分担；无法确定比例的，由合伙人平均分配、分担。

提示　合伙协议不得约定将全部利润分配给部分合伙人或者由部分合伙人承担全部亏损。

5. 非合伙人参与经营管理

除合伙协议另有约定外，经全体合伙人一致同意，可以聘任合伙人以外的人担任合伙企业的经营管理人员。被聘任的经营管理人员应当在合伙企业授权范围内履行职务，超越授权范围或者在履行职务过程中因故意或重大过失给合伙人造成损失的，依法承担赔偿责任。

知识拓展

企业损益分配的相关规定：(1) 普通合伙企业：合伙协议不得约定将全部利润分配给部分合伙人或者由部分合伙人承担全部亏损。(2) 有限合伙企业：不得将全部利润分配给部分合伙人，但合伙协议另有约定的除外。(3) 有限责任公司：按照出资比例分配，但有限责任公司全体股东约定不按照出资比例分配的除外。

案例分析3-3

甲、乙、丙三人成立一家普通合伙企业，合伙企业成立协议中约定：由甲执行合伙企业事务，乙、丙不得过问也不承担任何合伙亏损。后来乙越权代表合伙企业与某贸易公司签订了买卖合同，甲、丙主张合同无效。

思考：案例中的约定是否违法？甲、丙主张是否合法？

（四）合伙企业与第三人的关系

合伙企业与第三人关系，实际是指有关合伙企业的对外关系，涉及合伙企业对外代表权的效力、合伙企业和合伙人的债务清偿等问题。

1. 合伙企业对外代表权的效力

执行合伙企业事务的合伙人在取得对外代表权后，即可以合伙企业的名义进行经营活动，在其授权范围内作出法律行为。合伙企业对合伙人执行合伙事务以及对外代表合伙企业权利的限制，不得对抗善意第三人。

2. 合伙企业和合伙人的债务清偿

（1）合伙企业的债务清偿与合伙人的关系：1）合伙企业对其债务，应先以其全部财产进行清偿。2）合伙企业不能清偿到期债务的，合伙人承担无限连带责任。合伙人清偿数额超过规定的亏损分担比例的，有权向其他合伙人追偿。

（2）合伙人的债务清偿与合伙企业的关系：1）合伙人发生与合伙企业无关的债务，相关债权人不得以其债权抵销其对合伙企业的债务；也不得代位行使合伙人在合伙企业中的权利。2）合伙人的自有财产不足清偿其与合伙企业无关的债务的，该合伙人可以以其从合伙企业中分取的收益用于清偿；债权人也可以依法请求人民法院强制执行该合伙人在合伙企业中的财产份额用于清偿。3）人民法院强制执行合伙人的财产份额时，应当通知全体合伙人，其他合伙人有优先购买权；其他合伙人未购买，又不同意将该财产份额转让给他人的，依照规定为该合伙人办理退伙结算，或者办理削减该合伙人相应财产份额的结算。

案例分析3–4

甲、乙、丙共同设立A普通合伙企业，负责人为甲，甲、乙、丙三人按3∶4∶3的比例分配和分担合伙损益。2020年4月的一天，丙出差外地，甲、乙两人商议决定与B公司签订了一份购货合同。因A企业流动资金不足，甲决定向银行贷款8万元，银行要求提供抵押担保，甲以A企业的一辆货车作抵押并办理了登记手续。后因A企业无力偿还银行债款，银行欲行使抵押权。经查：（1）合伙协议约定，凡5万元以上的业务须经甲、乙、丙三人一致同意；（2）甲曾在一次诉讼中免除了王某对A企业的两万元债务；（3）A企业除欠银行8万元以外，还欠周某和陈某各2万元债务。A企业除抵押的货车外，还有财产2万元。

思考：（1）乙、丙可否以甲免除王某的债务未经其同意为由主张该免除行为无效？

（2）银行与A企业的贷款合同是否有效？

（3）假设银行、周某、陈某同时向法院起诉，应如何清偿银行、周某、陈某的债权？

（4）在周某和陈某的债权未得到清偿的情况下，可否对丙的个人财产进行追偿？

（五）入伙与退伙

1. 入伙

新合伙人入伙，除合伙协议另有约定外，应当经全体合伙人一致同意，并依法订立书面入伙协议。订立入伙协议时，原合伙人应当向新合伙人如实告知原合伙企业的经营状况和财务状况。入伙的新合伙人与原合伙人享有同等权利，承担同等责任；但是，入伙协议另行约定的，从其约定。

提示　新入伙的普通合伙人对入伙前合伙企业的债务承担无限连带责任。

2. 退伙

（1）退伙原因。合伙人退伙，一般有两种原因：一是自愿退伙；二是法定退伙。

1）自愿退伙是合伙人基于自愿的意思表示的退伙。又分为协议退伙和通知退伙。

关于协议退伙。《合伙企业法》规定，合伙协议约定合伙期限的，在合伙企业存续期间，有下列四种情形之一的，合伙人可以退伙：合伙协议约定的退伙事由出现；经全体合伙人一致同意；发生合伙人难以继续参加合伙的事由；其他合伙人严重违反合伙协议约定的义务。

关于通知退伙。《合伙企业法》规定，合伙协议未约定合伙期限的，合伙人在不给合伙企业事务执行造成不利影响的情况下，可以退伙，但应当提前30日通知其他合伙人。

合伙人违反上述规定退伙的，应当赔偿由此给合伙企业造成的损失。

2）法定退伙是指合伙人因出现法律规定的事由而退伙。包括当然退伙和除名两种。

关于当然退伙。《合伙企业法》规定，合伙人有下列五种情形之一的，可以当然退伙：作为合伙人的自然人死亡或者被依法宣告死亡；个人丧失偿债能力；作为合伙人的法人或者其他组织依法被吊销营业执照、责令关闭、撤销，或者被宣告破产；法律规定或者合伙协议约定合伙人必须具有相关资格而丧失该资格；合伙人在合伙企业中的全部财产份额被人民法院强制执行。

提示　当然退伙以退伙事由实际发生之日为退伙生效日。

关于除名。《合伙企业法》规定，合伙人有下列四种情形之一的，经其他合伙人一致同意，可以决议将其除名：未履行出资义务；因故意或者重大过失给合伙企业造成损失；执行合伙事务时有不正当行为；发生合伙协议约定的事由。

（2）退伙的效果是指退伙时退伙人在合伙企业中的财产份额和民事责任的归属变动，分为两类情况：一是财产继承；二是退伙结算。

1）财产继承。合伙人死亡或者被依法宣告死亡的，对该合伙人在合伙企业中的财产份额享有合法继承权的继承人，按照合伙协议的约定或者经全体合伙人一致同意，从继承开始之日起，取得该合伙企业的合伙人资格。

2）退伙结算。除合伙人死亡或者被依法宣告死亡的情形外，退伙人在合伙企业中财产份额的退还办法，由合伙协议约定或者由全体合伙人决定，可以退还货币，也可以退还实物。合伙人退伙时，合伙企业财产少于合伙企业债务的，退伙人应当依照法律规定分担亏损。退伙人对基于其退伙前的原因发生的合伙企业债务，承担无限连带责任。

案例分析3–5

甲、乙、丙三人合伙成立一家普通合伙企业，2020年4月15日，甲因车祸进入重症监护室，3日后不治身亡，其子小明13岁。

思考： 该合伙企业是否发生了退伙的事项？退伙生效日又是哪天？小明能否继承其父甲在该普通合伙企业中的份额？

（六）特殊的普通合伙企业

特殊的普通合伙企业是指以专业知识和专门技能为客户提供有偿服务的专业服务机构（如会计师事务所、律师事务所等），其名称中应当标明“特殊普通合伙”字样。特殊的普通合伙企业适用普通合伙企业的一般规定，其特殊性主要体现在债务责任的承担上。

1. 特定债务

（1）对外：无限连带责任与有限责任相结合。一个合伙人或者数个合伙人在执业活动中因故意或者重大过失造成合伙企业债务的，应当承担无限责任或者无限连带责任，其他合伙人以其在合伙企业中的财产份额为限承担责任。

（2）对内：责任追偿。合伙人执业活动中因故意或者重大过失造成的合伙企业债务，以合伙企业财产对外承担责任后，该合伙人应当按照合伙协议的约定对给合伙企业造成的损失承担赔偿责任。

2. 普通债务

无限连带责任：合伙人在执业活动中非因故意或者重大过失造成的合伙企业债务以及合伙企业的其他债务，由全体合伙人承担无限连带责任。

三、有限合伙企业

有限合伙企业与普通合伙企业和有限责任公司相比较，具有以下显著特征：

（1）在经营管理上，有限合伙企业的有限合伙人不执行合伙事务，由普通合伙人从事具体的经营管理。

（2）在风险承担上，有限合伙企业中的有限合伙人以其各自的出资额为限承担有限责任，普通合伙人之间承担无限连带责任。

《合伙企业法》规定了两种类型的企业，即普通合伙企业和有限合伙企业。两者之间的差别主要表现在合伙企业的内部构造上。普通合伙企业的成员均为普通合伙人（特殊的普通合伙企业除外），而有限合伙企业的成员则被划分为两部分，即有限合伙人和普通合伙人。这两部分合伙人在主体资格、权利享有、义务承受与责任承担等方面存在着明显的差异。在法律适用中，凡是《合伙企业法》中对有限合伙企业有特殊规定的，应当适用其特殊规定；无特殊规定的，适用有关普通合伙企业及其合伙人的一般规定。以下主要介绍有限合伙企业的有关特殊规定。

（一）设立的特殊规定

1. 有限合伙企业人数

有限合伙企业由2个以上50个以下合伙人设立，法律另有规定的除外。有限合伙企业至少应当有1个普通合伙人。按照规定，自然人、法人和其他组织可以依照法律规定设立有限合伙企业，但国有独资公司、国有企业、上市公司以及公益性的事业单位、社会团体不得成为有限合伙企业的普通合伙人。

提示 《合伙企业法》规定，有限合伙企业仅剩有限合伙人的，应当解散；有限合伙企业仅剩普通合伙人的，应当转为普通合伙企业。

2. 有限合伙企业名称

《合伙企业法》规定，有限合伙企业名称中应当标明“有限合伙”字样，而不能标明“普通合伙”“特殊普通合伙”“有限公司”“有限责任公司”等字样。

3. 有限合伙企业协议

有限合伙企业协议是有限合伙企业生产经营的重要法律文件。有限合伙企业协议除符合普通合伙企业合伙协议的规定外，还应当载明下列事项：(1) 普通合伙人和有限合伙人的姓名或者名称、住所；(2) 执行事务合伙人应具备的条件和选择程序；(3) 执行事务合伙人权限与违约处理办法；(4) 执行事务合伙人的除名条件和更换程序；(5) 有限合伙人入伙、退伙的条件、程序以及相关责任；(6) 有限合伙人和普通合伙人相互转变程序。

4. 有限合伙人出资

《合伙企业法》规定，有限合伙人可以用货币、实物、知识产权、土地使用权或者其他财产权利作价出资。有限合伙人不得以劳务出资，否则将不利于保护债权人的利益。

《合伙企业法》规定，有限合伙人应当按照合伙协议的约定按期足额缴纳出资；未按期足额缴纳的，应当承担补缴义务，并对其他合伙人承担违约责任。

提示　有限合伙企业登记事项中应当载明有限合伙人的姓名或者名称以及认缴的出资数额。

案例分析3-6

甲、乙（某国有企业）、丙、丁拟设立一家有限合伙企业。约定：甲、乙为普通合伙人，丙、丁为有限合伙人。甲以劳务作价 2 万元出资；丙以 5 万元现金出资，自企业成立之日起 2 年内缴纳；丁以厂房作价 10 万元出资。

思考：上述有关有限合伙企业的约定是否符合规定？

（二）事务执行的特殊规定

1. 有限合伙企业事务执行人

有限合伙企业由普通合伙人执行合伙事务，执行事务合伙人可以要求在合伙协议中确定执行事务的报酬及报酬提取方式。对于报酬的支付方式及其数额，应由合伙协议规定或全体合伙人讨论决定。

2. 禁止有限合伙人执行合伙事务

有限合伙人不执行合伙事务，不得对外代表有限合伙企业。有限合伙人的下列行为，不视为执行合伙事务：

(1) 参与决定普通合伙人入伙、退伙；(2) 对企业的经营管理提出建议；(3) 参与选择承办有限合伙企业审计业务的会计师事务所；(4) 获取经审计的有限合伙企业财务会计报告；(5) 对涉及自身利益的情况，查阅有限合伙企业财务会计账簿等财务资料；

(6) 在有限合伙企业中的利益受到侵害时，向有责任的合伙人主张权利或者提起诉讼；(7) 执行事务合伙人怠于行使权利时，督促其行使权利或者为了本企业的利益以自己的名义提起诉讼；(8) 依法为本企业提供担保。

提示 第三人有理由相信有限合伙人为普通合伙人并与其交易的，该有限合伙人对该笔交易承担与普通合伙人同样的责任。有限合伙人未经授权以有限合伙企业名义与他人进行交易，给有限合伙企业或者其他合伙人造成损失的，该有限合伙人应当承担赔偿责任。

3. 有限合伙企业利润分配

有限合伙企业不得将全部利润分配给部分合伙人，合伙协议另有约定的除外。

4. 有限合伙人权利

(1) 有限合伙人可以同本有限合伙企业进行交易，合伙协议另有约定的除外。

(2) 有限合伙人可以经营与本企业相竞争的业务，与普通合伙人不同，有限合伙人一般不承担竞业禁止义务。

案例分析3–7

甲、乙、丙投资设立A有限合伙企业，其中甲为普通合伙人，乙、丙为有限合伙人。企业部分协议约定如下：甲执行A企业事务，并由A企业支付报酬3000元/月。A企业定期接受审计，由甲和乙共同选定承办审计业务的会计师事务所。A企业的盈利在丙并未缴纳4万元出资前全部分配给甲和乙。

思考：(1) 上述有关有限合伙企业事务执行的约定是否符合规定？

(2) 2020年4月，乙代表A企业与B公司签订了20万元的买卖合同（假设B公司有理由相信乙为普通合伙人），B公司按约定发货后，A企业无力付款。经法院强制执行，A企业的全部财产只有12万元，对于不足的8万元，责任应如何承担？

(三) 财产出质与转让的特殊规定

《合伙企业法》规定，有限合伙人可以将其在有限合伙企业中的财产份额出质；但是合伙协议另有约定的除外。

有限合伙人可以按照合伙协议的约定向合伙人以外的人转让其在有限合伙企业中的财产份额，但应当提前30日通知其他合伙人。有限合伙人对外转让其在有限合伙企业的财产份额时，有限合伙企业的其他合伙人有优先购买权。

案例分析3–8

甲、乙、丙、丁拟共同投资设立有限合伙企业，其中，甲、乙为普通合伙人，丙、丁为有限合伙人。在订立合伙协议时约定下列事项：(1) 甲、乙可以同本合伙企业交易，丙、丁不得同本合伙企业进行交易；(2) 4人均不得从事同本合伙企业相竞争的业务；(3) 经2个以上合伙人同意，乙、丙可以其在合伙企业中的财产份额出质；(4) 4人向合伙人以外的人转让其在合伙企业中的财产份额时，提前30日通知其他合伙人即可。

思考：上述有关有限合伙协议约定是否符合规定？

(四) 有限合伙人债务清偿的特殊规定

《合伙企业法》规定，有限合伙人的自有财产不足以清偿其与合伙企业无关的债务的，该合伙人可以以其从有限合伙企业中分取的收益用于清偿；债权人也可以依法请求人民法院强制执行该合伙人在有限合伙企业中的财产份额用于清偿。

(五) 入伙和退伙的特殊规定

1. 入伙

新入伙的有限合伙人对入伙前有限合伙企业的债务，以其认缴的出资额为限承担责任，而新入伙的普通合伙人对入伙前的企业债务承担无限连带责任。

2. 退伙

(1) 有限合伙人出现下列情形之一时当然退伙：1) 作为合伙人的自然人死亡或者被依法宣告死亡；2) 作为合伙人的法人或者其他组织依法被吊销营业执照、责令关闭、撤销，或者被宣告破产；3) 法律规定或者合伙协议约定合伙人必须具有相关资格而丧失该资格；4) 合伙人在合伙企业中的全部财产份额被人民法院强制执行。

(2) 作为有限合伙人的自然人在有限合伙企业存续期间丧失民事行为能力的，其他合伙人不得因此要求其退伙。

(3) 作为有限合伙人的自然人死亡、被依法宣告死亡或者作为有限合伙人的法人及其他组织终止时，其继承人或者权利承受人可以依法取得该有限合伙人在有限合伙企业中的资格。

(4) 有限合伙人退伙后，对基于其退伙前的原因发生的有限合伙企业债务，以其退伙时从有限合伙企业中取回的财产承担责任。

(六) 合伙人性质转变的特殊规定

《合伙企业法》规定，除合伙协议另有约定外，普通合伙人转变为有限合伙人，或者有限合伙人转变为普通合伙人，应当经全体合伙人一致同意。有限合伙人转变为普通合伙人的，对其作为有限合伙人期间有限合伙企业发生的债务承担无限连带责任。普通合伙人转变为有限合伙人的，对其作为普通合伙人期间合伙企业发生的债务承担无限连带责任。

四、合伙企业的解散与清算

(一) 合伙企业的解散

合伙企业有下列情形之一的，应当解散：

(1) 合伙期限届满，合伙人决定不再经营；(2) 合伙协议约定的解散事由出现；

(3) 全体合伙人决定解散；(4) 合伙人已不具备法定人数满 30 天；(5) 合伙协议约定的合伙目的已经实现或者无法实现；(6) 依法被吊销营业执照、责令关闭或者被撤销；(7) 法律、行政法规规定的其他原因。

(二) 合伙企业的清算

合伙企业解散，应当由清算人进行清算。合伙企业财产在支付清算费用和职工工资、社会保险费用、法定补偿金以及缴纳所欠税款、清偿债务后的剩余财产，依照《合伙企业法》关于利润分配和亏损分担的规定进行分配。

合伙企业不能清偿到期债务的，债权人可以依法向人民法院提出破产清算申请，也可以要求普通合伙人清偿。合伙企业依法被宣告破产及合伙企业注销后，普通合伙人对合伙企业债务仍应承担无限连带责任。

法律驿站

外商投资法规定，国家对外商投资实行准入前国民待遇加负面清单管理制度。前款所称准入前国民待遇，是指在投资准入阶段给予外国投资者及其投资不低于本国投资者及其投资的待遇；所称负面清单，是指国家规定在特定领域对外商投资实施的准入特别管理措施。国家对负面清单之外的外商投资，给予国民待遇。负面清单由国务院发布或者批准发布。

国家依法保护外国投资者在中国境内的投资、收益和其他合法权益。国家根据国民经济和社会发展需要，鼓励和引导外国投资者在特定行业、领域、地区投资。外国投资者、外商投资企业可以依照法律、行政法规或者国务院的规定享受优惠待遇。

案例分析3-9

甲、乙、丙、丁成立一个有限合伙企业，其中，甲、乙为普通合伙人，丙、丁为有限合伙人。1 年后甲转为有限合伙人，丙转为普通合伙人，丁退伙并从合伙企业取回 6 万元，戊以有限合伙人身份出资 8 万元入伙。戊入伙前，合伙企业欠银行 30 万元，该债务直至合伙企业被宣告破产仍未偿还。

思考：对于所欠银行的 30 万元债务，应如何清偿？

第二节　个人独资企业法律制度

一、个人独资企业法律制度概述

(一) 个人独资企业的概念和特征

个人独资企业，是指依照《中华人民共和国个人独资企业法》(以下简称《个人独资企业法》）在中国境内设立，由一个自然人投资，财产为投资人个人所有，投资人以其个人财产对企业债务承担无限责任的经营实体。个人独资企业具有以下特征：

（1）由一个自然人投资。设立个人独资企业只能是一个自然人，国家机关、国家授权投资的机构或者国家授权的部门、企业、事业单位等都不能作为个人独资企业的设立人。

提示　自然人本无国籍的含义，但是《个人独资企业法》规定，“外商独资企业不适用本法”。因此，《个人独资企业法》所指的自然人只指中国公民。

（2）投资人对企业的债务承担无限责任。当企业的财产不足以清偿到期债务时，投资人应以自己个人的全部财产用于清偿企业债务。

（3）企业内部机构设置简单，经营管理方式灵活。

（4）是非法人企业。个人独资企业不具有法人资格，也无独立承担民事责任的能力。但个人独资企业是独立的民事主体，可以以自己的名义从事民事活动。

（二）个人独资企业法的概念和基本原则

1. 个人独资企业法的概念

个人独资企业法有广义和狭义之分。广义的个人独资企业法是指国家关于个人独资企业的各种法律规范的总称；狭义的个人独资企业法是指1999年8月30日第九届全国人民代表大会常务委员会第十一次会议通过的《中华人民共和国个人独资企业法》（以下简称《个人独资企业法》）。

2. 个人独资企业法的基本原则

（1）依法保护个人独资企业的财产和其他合法权益。

（2）个人独资企业从事经营活动必须遵守法律、行政法规，遵守诚实信用原则，不得损害社会公共利益。

（3）个人独资企业应当依法履行纳税义务。个人独资企业在经营活动中应当依法缴纳国家税收和法律、法规及规章规定的各项税款。

（4）个人独资企业应当依法招用职工。

（5）个人独资企业职工的合法权益受法律保护。

二、个人独资企业的设立

（一）设立条件

根据《个人独资企业法》，设立个人独资企业应当具备下列条件。

（1）投资人为一个自然人，且只能是中国公民。

（2）有合法的企业名称。名称中不得出现“有限”“有限责任”或者“公司”字样，可以叫厂、店、部、中心、工作室等。

（3）有投资人申报的出资。投资人可以用货币、实物、土地使用权、知识产权或者其他财产权利出资。

（4）有固定的生产经营场所和必要的生产经营条件。

（5）有必要的从业人员。

（二）设立程序

1. 提出申请

申请设立个人独资企业，应当由投资人或者其委托的代理人向个人独资企业所在地的登记机关提出设立申请并提交下列文件。

（1）投资人签署的个人独资企业设立申请书。申请书应载明：1）企业的名称和住所；2）投资人的姓名和居所；3）投资人的出资额和出资方式；4）经营范围及方式。

（2）投资人身份证明。主要是身份证和其他相关证明。

（3）企业住所证明和生产经营场所使用证明等文件。

（4）委托代理人申请设立登记的，应当提交投资人的委托书和代理人的合法证明。

（5）国家工商行政管理局规定的其他文件。

2. 工商登记

登记机关应当在收到设立申请文件之日起15日内，对符合《个人独资企业法》规定条件的予以登记，发给营业执照；对不符合规定条件的不予登记，并发给企业登记驳回通知书。

提示　个人独资企业的营业执照签发日期，为个人独资企业成立日期。在领取营业执照前，投资人不得以个人独资企业名义从事经营活动。

案例分析3-10

甲预备自己开设一家个人独资的奶茶店，所做前期工作如下：（1）甲担心自己的资金不足，找来乙商量决定共同出资开设；（2）甲了解到个人独资企业的出资由投资人自愿申报，为了减少责任风险，甲打算不予申报；（3）甲、乙两人打算好好挑选经营场所，想在进行工商登记获得营业执照之后再行确定奶茶店的营业地点。接着，甲拿着两人的身份证明及填好的个人独资企业设立申请书，到当地工商局办理设立登记，结果甲的申请被退回。

思考：对照个人独资企业的设立条件，说说甲的申请被退回的理由。

三、个人独资企业的投资人及事务管理

（一）个人独资企业的投资人

个人独资企业的投资人为具有中国国籍的自然人，但法律、行政法规禁止从事营利性活动的人除外。根据我国有关法律、行政法规规定：国家公务员、党政机关领导干部、警官、法官、检察官、商业银行工作人员等，不得投资设立个人独资企业。

个人独资企业投资人对本企业的财产依法享有所有权，又以其个人财产对企业债务承担无限责任。

提示 如果在申请企业设立登记时明确以其家庭共有财产作为个人出资，应当依法以家庭共有财产对企业债务承担无限责任。

（二）个人独资企业的事务管理

个人独资企业投资人可以自行管理企业事务，也可以委托或者聘用其他具有民事行为能力的人管理。

投资人委托或聘用他人管理企业事务的，应当与受托人或者被聘用人签订书面合同，明确职权范围；投资人对受托人或者被聘用人职权的限制，不得对抗善意第三人。受托人或者被聘用人在管理个人独资企业事务时，不得有下列行为：

（1）利用职务上的便利，索取或者收受贿赂；（2）利用职务或者工作上的便利侵占企业财产；（3）挪用企业的资金归个人使用或者借贷给他人；（4）擅自将企业资金以个人名义或者以他人名义开立账户储存；（5）擅自以企业财产提供担保；（6）未经投资人同意，从事与本企业相竞争的业务；（7）未经投资人同意，同本企业订立合同或者进行交易；（8）未经投资人同意，擅自将企业商标或者其他知识产权转让给他人使用；（9）泄露本企业的商业秘密；（10）法律、行政法规禁止的其他行为。

案例分析3-11

赵某出资5万元设立一家经营家具产品的A个人独资企业，委托钱某管理A企业事务并书面约定：凡金额在1万元以上的事务均须取得赵某的同意后执行。B企业明知该约定，仍与代表A企业的钱某签订了2万元的买卖合同。赵某知道后以钱某超出授权范围为由主张合同无效。另外，钱某因为看到了家具市场需求大的商机，不久之后与孙某也注册了一家经营家具产品的合伙企业，赵某并不知情。

思考： B企业主张合同有效的理由是否成立？钱某另外注册一家合伙企业的做法是否违反规定？

四、个人独资企业的解散和清算

（一）个人独资企业的解散

个人独资企业的解散是指个人独资企业终止活动使其民事主体资格消灭的行为。有以下情形之一时，个人独资企业应当解散：

（1）投资人决定解散；（2）投资人死亡或者被宣告死亡，无继承人或者继承人决定放弃承；（3）被依法吊销营业执照；（4）法律、行政法规规定的其他情形。

知识拓展

个人独资企业被依法吊销营业执照的情形有：（1）提交虚假文件，或采取其他欺骗手段取得登记，情节严重的；(2) 涂改、出租、转让营业执照，情节严重的；(3) 成立后无正当理由超过6个月未开业的，或者开业后自行停业连续6个月以上的。

（二）个人独资企业的清算

个人独资企业解散时，应当进行清算。

1. 通知与公告债权人

个人独资企业解散，由投资人自行清算或者由债权人申请人民法院指定清算人进行清算。投资人自行清算的，应当在清算前15日内书面通知债权人；无法通知的，应当予以公告。债权人应当在接到通知之日起30日内，未接到通知的应当在公告之日起60日内，向投资人申报其债权。

2. 财产清偿顺序

个人独资企业解散的，财产应当按照下列顺序清偿：

(1) 所欠职工工资和社会保险费用；(2) 所欠税款；(3) 其他债务。

提示 清算期间，个人独资企业不得开展与清算目的无关的经营活动。在按前述财产清偿顺序清偿债务前，投资人不得转移、隐匿财产。个人独资企业财产不足以清偿债务的，投资人应当以其个人的其他财产予以清偿。

3. 投资人的持续清偿责任

个人独资企业解散后，原投资人对个人独资企业存续期间的债务仍应承担偿还责任，但债权人在5年内未向债务人提出偿债请求的，该责任消灭。

4. 注销登记

个人独资企业清算结束后，清算人应当编制清算报告，并于清算结束之日起15日内到原登记机关办理注销登记。个人独资企业办理注销登记时，应当交回营业执照。

法律驿站

根据《个人独资企业法》的规定，个人独资企业及其投资人在清算前或清算期间隐匿或转移财产，逃避债务的，依法追回其财产，并按照有关规定予以处罚；构成犯罪的，依法追究刑事责任。

投资人违反规定，应当承担民事赔偿责任和缴纳罚款、罚金时，其财产不足以支付的，或者被判处没收财产的，应当先承担民事赔偿责任。

案例分析3–12

李某投资设立A个人独资企业。两年来，A企业经营状况一直不佳，不能偿还到期的王某的债务，于2020年4月，A企业因故解散。经查证，A企业和李某个人财产及债权债务如下：(1) A企业的银行存款2万元，向客户收回债权1万元，厂房等实物折价8万元；(2) 李某个人可执行的财产价值3万元；(3) A企业欠员工工资3万元，社保2万元，缴税款2万元，欠王某货款5万元，欠B公司货款7万元。

思考： A企业债务应如何清偿？对于未清偿完的货款，债权人B公司最迟应在什么时间提出偿债请求？

知识检测

一、单项选择题

(1) 下列关于个人独资企业投资人的表述正确的有（　　）。

A. 投资人只能以个人财产出资

B. 投资人可以是自然人、法人或其他组织

C. 投资人对企业债务承担无限责任

D. 投资人不得以土地使用权出资

(2) 张某设立甲个人独资企业（以下简称“甲企业”）。聘用王某为经营管理人员，约定王某有权自主决定20万元以下的交易，超过20万元的交易，应取得张某许可后方可从事。某日，王某以甲企业名义向不知情的乙企业购买了24万元的原材料，乙企业依约供货，但甲企业未如期付款，由此发生争议。下列表述中，正确的是（　　）。

A. 甲企业可以王某越权为由，拒绝履行该买卖合同

B. 甲企业可以王某越权为由，撤销该买卖合同

C. 该买卖合同经甲企业追认后，对甲企业产生约束力

D. 甲企业应当依约履行该买卖合同

(3) 普通合伙企业的财产不足以清偿其债务的，债权人（　　）。

A. 应当按照合伙企业协议约定的比例分别向各合伙人索要

B. 无权索要

C. 只能向合伙企业的负责人要求偿还

D. 可以向任一合伙人要求全部清偿

(4) 下列有关有限合伙企业设立条件的表述中，不符合规定的是（　　）。

A. 至少有一个是普通合伙人

B. 企业名称中应标明“特殊普通合伙”字样

C. 有限合伙人可以用知识产权出资

D. 登记事项中应载明有限合伙人的姓名或名称

(5) 杨某是一家有限合伙企业的有限合伙人，则下列行为不符合法律规定的是（　　）。

A. 对外代表有限合伙企业

B. 依法为本企业提供担保

C. 参与决定普通合伙人入伙

D. 对企业的经营管理提出建议

(6) 根据合伙企业法律制度规定，除合伙协议另有约定之外，合伙人向合伙人以外的人转让其在合伙企业中的全部或者部分财产份额时，须经（　　）同意。

A. 所有其他合伙人　　B. 1/3以上合伙人

C. 2/3以上合伙人　　D. 半数以上合伙人

二、多项选择题

(1) 根据规定，下列可以用作个人独资企业名称的有（　　）。

A. 云滇针织品有限公司　　B. 昆海化妆品经销公司

C. 樱园服装设计中心　　D. 霞光婚纱摄影工作室

(2) 甲欲开饭店，与高级厨师乙商量请其加盟，并说："你无须投资，店面餐具和资金由我负责，你只负责炒菜，利润三七分成，你三我七。"乙应允。此后，甲以投资人的名义开了饭店，饭店的营业执照上登记为个人独资企业丙。第一年，饭店获利颇丰，甲获利21万元，乙获利9万元。第二年，饭店经营期间发生中毒事件，顾客丁索赔70万元。下列说法正确的有（　　）。

A. 丁应向丙索赔

B. 丁应向甲、乙共同索赔70万元

C. 丁应首先向丙索赔，不足部分向乙索赔

D. 丁不能向乙索赔，因为乙与丁之间不存在直接法律关系

(3) 根据合伙企业法律制度的规定，下列合伙企业事务中，必须经全体合伙人一致同意方可执行的有（　　）。

A. 处分合伙企业不动产　　B. 改变合伙企业名称

C. 处分合伙企业知识产权　　D. 以合伙企业名义为他人担保

(4) 根据《合伙企业法》的规定，合伙人发生的下列情形中，当然退伙的有（　　）。

A. 合伙人未履行出资义务

B. 合伙人个人丧失偿债能力

C. 合伙人故意给合伙企业造成损失

D. 合伙人被依法宣告死亡

(5) 下列有关合伙企业清算的说法，正确的有（　　）。

A. 合伙企业解散，经全体合伙人过半数同意，可以在法定期限内委托第三人担任清算人

B. 合伙企业解散后不能在规定时间内确定清算人的，其他利害关系人可以申请人民法院指定清算人

C. 合伙企业进入清算后，应由清算人代表合伙企业参加诉讼活动

D. 清算人应自被确定之日起15日内将合伙企业解散事项通知债权人

三、判断题

(1) 投资人在设立个人独资企业登记申请书上没有注明是以个人财产还是家庭共有财产出资的，应以家庭共有财产对企业债务承担无限责任。（　　）

(2) 个人独资企业解散，投资人自行清算的，应当在清算前15日内通知债权人，无法通知的，应当予以公告。（　　）

(3) 甲是某普通合伙企业的合伙人，该合伙企业需要购买一批生产用原材料，甲正好有同

样一批原材料想出售，甲在其他合伙人一致同意的情况下，可以进行此笔交易。（　　）

（4）合伙人的债权人不得以其债权抵销其对合伙企业无关的债务。（　　）

（5）有限合伙人可以按照合伙协议的约定向合伙人以外的人转让其在有限合伙企业中的财产份额，但应提前30日通知其他合伙人。（　　）

四、实训题

实训一

2018年1月，甲、乙、丙、丁4人决定设立合伙企业，并签订书面协议，内容如下：（1）甲出资10万元，乙以实物折价出资8万元，经其他人同意丙以劳务出资6万元，丁以货币出资4万元。（2）甲、乙、丙、丁4人按2∶2∶1∶1的比例分配利润和承担风险；（3）由甲执行合伙企业事务，对外代表企业，但规定大于1万元的销售合同应经其他人同意。协议未约定经营期限。

现发生以下事实：

（1）2018年5月，甲擅自以合伙企业名义与A公司签订合同，A公司不知道其内部限制。乙获知后，向A公司表示不承认。

（2）2019年1月，丁提出退伙，并不给企业造成任何不利影响。2019年3月，丁经清算退伙。4月，新合伙人戊出资4万元入伙。2019年5月，合伙企业的债权人B公司就合伙人丁退伙前的24万元债务要求与新合伙人戊共同承担连带责任。丁以自己退伙为由、戊以自己新入伙为由拒绝承担。

（3）甲为了改善企业的经营管理，于2019年4月独自聘任田某为合伙企业的经营管理人，并以合伙企业的名义对C公司提供担保。

（4）2020年2月，合伙人乙在与D公司的买卖合同中，无法偿还到期债务8万元。D公司于2020年4月向人民法院提起诉讼。D公司胜诉，于2020年5月申请强制执行乙在合伙企业中的财产份额。

讨论：

（1）甲跟A公司的合同是否有效？为什么？

（2）丁的主张是否成立？为什么？如果丁向B公司偿还24万元债务，可以向哪些当事人追偿，金额是多少？

（3）戊的主张是否成立？为什么？

（4）甲聘用田某及为C公司担保是否合法？为什么？

（5）合伙人钱被人民法院强制执行其份额后，合伙企业决定对其除名是否符合法律规定？为什么？

（6）丁的退伙属于何种情况？其退伙应符合哪些条件？

实训二

A有限合伙企业（以下简称A企业）有5名合伙人，其中甲、乙、丙为普通合伙人，丁、戊为有限合伙人。发生以下事务：（1）A企业拟聘请一家会计师事务所承办审计业务，丁为B会计师事务所的合伙人，遂提出聘任B会计师事务所；甲、乙以“丁为有限合伙人，不得参与合伙事务执行”为由反对，其他合伙人均同意该提议。（2）戊成立了一家与A企业相竞争的C合伙企业，并担任该企业的普通合伙人。甲、乙以戊从事了与A

企业相竞争的业务为由，要求戊退出 A 企业。

经查，A 企业的合伙协议中对“聘请会计师事务所的决议方式”“合伙人能否从事与 A 企业相竞争的业务”等事项未作出明确规定。

讨论：

(1) 甲、乙反对丁聘任 B 会计师事务所的提议的理由是否成立，为什么？

(2) A 企业能否聘任 B 会计师事务所，为什么？

(3) 甲、乙主张戊退出 A 企业的理由是否成立，为什么？

第四章　合同法律制度

知识导航

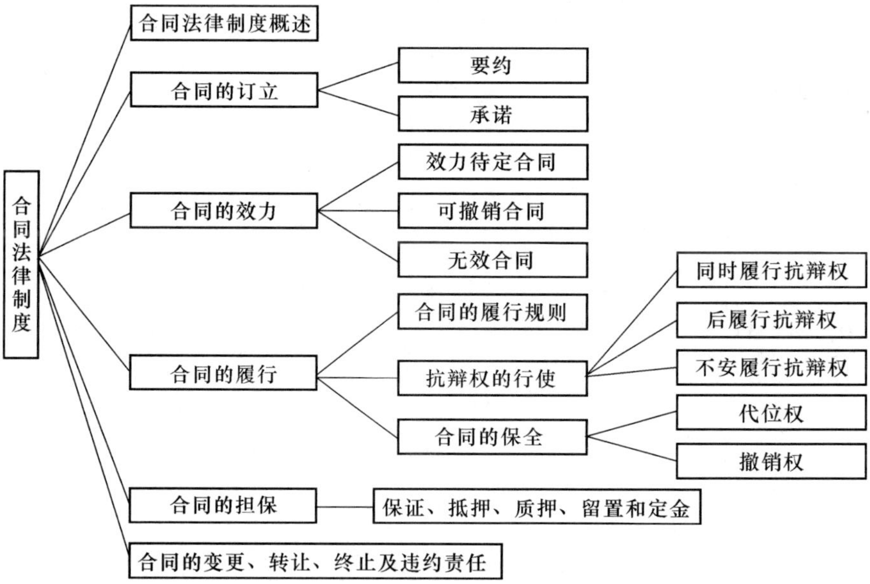

案例导入

周某承租吴某私房两间。租期届满前，周向吴提出愿以 5 万元购买该房，吴表示同意。周当即交给吴 4 万元，讲好另 1 万元于 1 个月内清偿，双方约定 3 天后共同到房管部门办理房屋过户手续。第二天，周某雇请个体户郑某将事先托其制作的家具搬到家中，并答应两天后办理房屋过户手续时一并给付加工定作费和搬运费用。不料，当天夜里，该房因受雷电袭击而起火，房屋和家具均因此毁损。事故发生后，周某向吴某索还自己已交付的 4 万元房款；但吴某不仅不返还已收的 4 万元，而且要求周某给付所欠的另 1 万元；郑某闻讯也前来追索其加工费和搬运费用，遭到周某拒绝。3 人争执不下，诉至法院。

请思考　(1) 本案中房屋灭失的损失由谁承担？

(2) 周、吴两人的房款纠纷应如何解决？

(3) 本案中所述的家具灭失的损失应由谁承担，为什么？

第一节　合同法律制度概述

一、合同的概念和分类

（一）合同的概念

合同是指平等主体的自然人、法人、其他组织之间设立、变更、终止民事权利义务关系的协议。合同具有以下法律性质：（1）合同是一种民事法律行为。合同以意思表示为要素，并且按意思表示的内容赋予法律效果；（2）合同是两方以上当事人的意思表示一致的民事法律行为；（3）合同是以设立、变更、终止民事权利义务关系为目的的民事法律行为；（4）合同是当事人各方在平等、自愿的基础上产生的民事法律行为。

（二）合同的分类

按照不同的标准可以将合同划分成不同的类型，主要有以下几种分类：

（1）按照除双方意思表示一致外，是否尚需交付标的物才能成立为标准，分为诺成合同与实践合同。诺成合同是指当事人的意思表示一致即成立的合同，如买卖合同；实践合同是指除当事人的意思表示一致以外，尚须交付标的物或完成其他给付才能成立的合同。

（2）以法律、法规是否对其名称做出明确规定为标准，分为有名合同和无名合同。有名合同是指法律设有规范，并赋予一定名称的合同；无名合同是指法律尚未特别规定，也未赋予一定名称的合同。

（3）按照法律、法规是否要求具备特定形式和手续为标准，分为要式合同和不要式合同。

（4）按照双方是否互负给付义务为标准，分为双务合同和单务合同。双务合同是指双方当事人互负给付义务的合同，如买卖、租赁、承揽等合同；单务合同是指只有一方当事人负给付义务的合同，如赠予合同。

（5）按照当事人权利的获得是否支付代价为标准，分为有偿合同与无偿合同。

（6）以合同相互间的主从关系为标准，分为主合同与从合同。

《民法典》按照合同业务性质和权利义务内容的不同，将合同分为：买卖合同，供用电、水、气、热力合同，赠予合同，借款合同，保证合同，租赁合同，融资租赁合同，保理合同，承揽合同，建设工程合同，运输合同，技术合同，保管合同，仓储合同，委托合同，物业服务合同，行纪合同，中介合同，合伙合同。

二、民法典的调整范围和基本原则

（一）民法典的调整范围

2020 年 5 月 28 日，十三届全国人大三次会议表决通过了《中华人民共和国民法典》，并于 2021 年 1 月 1 日起开始施行。《中华人民共和国婚姻法》《中华人民共和国继承法》《中华人民共和国民法通则》《中华人民共和国收养法》《中华人民共和国担保法》《中华人民共和国合同法》《中华人民共和国物权法》《中华人民共和国侵权责任法》《中华人民共和国民法总则》同时废此。

《民法典》第三编合同编调整因合同产生的民事关系。

其调整的范围包括：(1) 平等主体之间的民事关系。(2) 法人、其他组织之间的经济合同关系，同时还包括自然人之间的买卖、租赁、借贷、赠予等合同关系。(3) 在政府机关参与的合同中，政府机关作为平等的主体与对方签订合同时适用《合同法》的规定。(4) 其他法律对合同另有规定的，依照其规定；其他法律没有明文规定的合同，适用《合同法》总则的规定。

婚姻、收养、监护等有关身份关系的协议，适用有关该身份关系的法律规定；没有规定的，可以根据其性质参照适用《民法典》第三编规定。

(二) 合同法律制度的基本原则

(1) 平等原则。合同当事人的法律地位平等，一方不得将自己的意志强加给另一方。平等的当事人之间的权利义务是对等的，也是相应的。

(2) 自愿原则。自愿原则是指合同当事人通过协商，自愿决定和调整相互的权利义务关系，任何单位和个人不得非法干涉。自愿原则体现了民事活动的基本特征，是民事法律关系区别于行政、刑事法律关系的特有原则。

(3) 公平原则。公平原则要求当事人之间的权利、义务要对等，要公平合理，要以利益均衡作为价值判断标准来调整合同主体之间的关系，强调双方负担和风险的合理分配。

(4) 诚实信用原则。诚实信用是指恪守信用，诚实不欺，遵循诺言，不得弄虚作假，欺诈蒙骗。当事人行使权利、履行义务应当遵循诚实信用原则。

(5) 合法原则。当事人订立、履行合同，应当遵守法律、行政法规，遵守社会公德，不得扰乱社会经济秩序，损害社会公共利益。

第二节　合同的订立

合同的订立是指两个或两个以上的当事人，依法就合同的主要条款经过协商一致达成协议的法律行为。合同当事人应当具有与订立合同相应的民事权利能力和民事行为能力。当事人也可以依法委托代理人订立合同。

一、合同的形式与内容

(一) 合同的形式

《民法典》第四百六十九条规定，当事人订立合同，可以采用书面形式、口头形式或者其他形式。书面形式是合同书、信件、电报、电传、传真等可以有形地表现所载内容的形式。口头形式是指双方就合同内容面对面或以通信设备交谈达成的协议。其他形式是指当事人未以书面或口头形式订立合同，但从双方从事的民事行为能够推定双方有订立合同的意愿形式。

（二）合同的内容

1. 主要条款

合同的内容由当事人约定，一般包括以下条款：（1）当事人的姓名或者名称和住所；（2）标的；（3）数量；（4）质量；（5）价款或报酬；（6）履行的期限、地点和方式；（7）违约责任；（8）解决争议的方法。

2. 格式条款

格式条款是指当事人为重复使用而预先拟定，并在订立合同时未与对方协商的条款。《民法典》规定：采用格式条款订立合同的，提供格式条款的一方应当遵循公平原则确定当事人之间的权利和义务，并采取合理的方式提示对方注意免除或者减轻其责任等与对方有重大利害关系的条款，按照对方的要求，对该条款予以说明。提供格式条款一方未履行提示或者说明义务，致使对方没有注意或者理解与其有重大利害关系的条款的，对方可以主张该条款不成为合同的内容。对格式条款的理解发生争议的，应当按照通常理解予以解释。对格式条款有两种以上解释的，应当作出不利于提供格式条款一方的解释。格式条款和非格式条款不一致的，应当采用非格式条款。此外，我国《民法典》还规定合同中约定对下列情况免责的条款无效：（1）造成对方人身伤害的；（2）因故意或者重大过失造成对方财产损失的。

二、合同订立的方式

（一）要约

要约是希望和他人订立合同的意思表示。发出要约的当事人称为要约人，要约所指向的对方当事人则称为受要约人。

1. 要约应具备的条件

（1）要约必须是向相对人发出的意思表示。相对人一般是特定的人，特殊情况下也可以是不特定的人。如商业广告的内容符合要约规定的，视为要约。

（2）内容具体确定。要约的内容必须有足以使合同成立的主要条件。一经受要约人承诺，合同即可成立。

（3）表明经受要约人承诺，要约人即受该意思表示约束。要约是一种法律行为，要约人发出的要约内容必须能够表明如果对方接受要约，合同即告成立。

案例分析4-1

甲公司因建楼急需水泥，遂向乙公司发函，称其欲购乙公司50t水泥，单价每吨300元，货到付款。第二天乙公司向甲公司发出货物。

思考：甲公司的发函行为是否构成要约？

2. 要约邀请

要约邀请是希望他人向自己发出要约的意思表示。要约邀请与要约不同，要约是一个一经承诺就成立合同的意思表示；而要约邀请的目的则是邀请他人向自己发出要约，自己如果承诺才成立合同。要约邀请处于合同的准备阶段，没有法律约束力。

提示 实践中要约与要约邀请往往很难区别，寄送的价目表、拍卖公告、招标公告、招股说明书等都属于要约邀请，商业广告的内容符合要约规定的，视为要约。

3. 要约生效时间

要约到达受要约人时生效。采用数据电文形式订立合同，收件人指定特定系统接收数据电文的，该数据电文进入该特定系统的时间，视为到达时间；未指定特定系统的，该数据电文进入收件人的任何系统的首次时间，视为到达时间。

需要注意的是，要约的到达，并不是指要约一定实际送达到受要约人或其代理人手中，要约只要送达到受要约人通常的地址、住所或者能够控制的地方（如信箱或邮箱等）即为送达；反之，即使受要约人在要约送达之前已经知道其内容，要约也不生效。

4. 要约的效力

要约一经生效，要约人即受到要约的约束，不得随意撤销或对要约加以限制、变更和扩张。受要约人在要约生效时即取得承诺的权利，取得了依其承诺而成立合同的法律地位，所以受要约人可以承诺，也可以不承诺。

5. 要约的撤回、撤销与失效

（1）要约撤回是指要约在发出后、生效前，要约人使要约不发生法律效力的意思表示。撤回要约的通知应当在要约到达受要约人之前或者与要约同时到达受要约人。

（2）要约撤销是指要约生效后、受要约人承诺前，使要约丧失法律效力的意思表示。不得撤销的情形有：1）要约人确定了承诺期限或以其他形式明示要约不可撤销；2）受要约人有理由认为要约是不可撤销的，并已经为履行合同做了准备工作。

（3）要约失效是指要约丧失法律效力，即要约人与受要约人均不再受其约束，要约人不再承担接受承诺的义务，受要约人也不再享有通过承诺使合同得以成立的权利。有下列情形之一的，要约失效：1）拒绝要约的通知到达要约人。2）要约人依法撤销要约。3）承诺期限届满，受要约人未作出承诺。4）受要约人对要约的内容作出实质性变更。

提示 有关合同标的、数量、质量、价款或者报酬、履行期限、履行地点和方式、违约责任和解决争议方法等的变更，是对要约内容的实质性变更。

案例分析4-2

2020 年 4 月 2 日，甲公司向乙公司发出要约订购一批楠木，要求乙公司在 4 月 8 日前答复。4 月 6 日，甲公司欲改向丙公司订购楠木，遂向乙公司发出撤销要约的信件，于4 月 7 日到达乙公司。而在4 月 6 日，甲公司收到乙公司的回复，乙公司表示楠木缺货，问甲公司能否用红木代替。

思考：甲公司撤销要约的做法是否成立，甲公司的要约失效是什么时间？

（二）承诺

承诺是受要约人同意要约的意思表示。

1. 承诺应具备的条件

（1）承诺必须由受要约人作出。如由代理人作出承诺，代理人须有合法的委托手续。

（2）承诺必须向要约人作出。

（3）承诺的内容必须与要约的内容一致，否则视为新要约。

（4）承诺必须在有效期限内作出。

2. 承诺的方式

承诺应当以通知的方式作出。通知可以是口头的，也可以是书面的。但根据交易习惯或当事人之间的约定，承诺也可以通过实施一定的行为或以其他方式作出。

3. 承诺的生效

承诺自通知到达要约人时生效。承诺不需要通知的，根据交易习惯或要约的要求作出承诺的行为时生效。采用数据电文形式订立合同的，承诺到达时间同要约到达的时间规定相同。

提示　承诺的撤回。承诺人发出承诺后反悔的，可以撤回承诺。撤回承诺的通知应在承诺通知到达要约人之前或与承诺通知同时到达要约人。受要约人超过承诺期限发出承诺的，为迟延承诺。除要约人及时通知受要约人该承诺有效外，迟延的承诺应视为新要约。

案例分析4-3

某百货公司因建造一栋大楼急需钢材，遂向本省的甲、乙、丙钢材厂发出传真，传真中称："我公司急需标号为01型号的钢材200t，如贵厂有货，请速来传真，我公司愿派人前往购买。"3家钢材厂在收到传真以后，都先后向百货公司回复了传真，在传真中告知它们备有现货，自告知了钢材的价格。而甲钢材厂在发出传真的同时，便派车给百货公司送去了100t钢材。在该批钢材送达之前，百货公司得知丙钢材厂所生产的钢材质量较好，且价格合理，因此，向丙钢材厂发去传真，称："我公司愿购买贵厂200t 01型号钢材，盼速送货，运费由我公司负担。"在发出传真后第二天上午，丙钢材厂发函称已准备发货。下午，甲钢材厂将100t钢材送到百货公司，被告知，他们已决定购买丙钢材厂的钢材，因此不能接受其送来的钢材。甲钢材厂认为，百货公司拒收货物已构成违约，双方因协商不成，甲钢材厂遂向法院提起诉讼。

思考：百货公司拒收货物是否构成违约？

三、合同成立的地点

合同成立的地点关系到合同的管辖权，直接影响到当事人的权利义务。一般来说，承诺生效的地点为合同的成立地点，但在特殊情况下，合同可以有不同的成立地点：(1) 采用数据电文形式订立合同的，收件人的主营业地为合同成立的地点，没有主营业地的，其经常居住地为合同成立的地点。(2) 当事人采用合同书、确认书形式订立合同的，双方当事人签字或者盖章的地点为合同成立的地点。(3) 合同需要完成特殊的约定或法律形式才能成立的，以完成合同的约定形式或法定形式的地点为合同的成立地点。(4) 当事人对合同的成立地点另有约定的，按照其约定。

四、缔约过失责任

缔约过失责任是指当事人在订立合同过程中，因违背诚实信用原则给对方造成损失时所应承担的法律责任。根据规定，当事人在订立合同过程中有下列情形之一，给对方造成损失的，应当承担损害赔偿责任：

(1) 假借订立合同，恶意进行磋商；

(2) 故意隐瞒与订立合同有关的重要事实或者提供虚假情况；

(3) 当事人泄露或不正当地使用在订立合同过程中知悉的商业秘密；

(4) 有其他违背诚实信用原则的行为。

与违约责任不同的是，缔约过失责任发生在合同成立前，适用于合同未成立、未生效、无效等情况，赔偿的是信赖利益的损失。信赖利益损失，一般以实际损失为限，包括所受损害与所失利益。而违约责任则产生于合同生效后，适用于生效合同，赔偿的是可期待利益的损害。

提示　当事人在订立合同过程中知悉的商业秘密，无论合同是否成立，不得泄露或者不正当地使用。否则因此给对方造成缺失的，应当承担损害赔偿责任。

案例分析4-4

甲登寻租广告出租闲置房屋，乙有租赁意向跟甲联系并约定第二天签订租赁合同。丙跟乙关系不好，知道乙要租房子，就找到甲说，他也想租甲的这个房子且出价比乙高，但要后天才签合同。于是甲就推掉乙的请求，等第三天与丙签合同。丙看到自己的目的已达到，于是在第三天跟甲说又不租房子了。

思考：丙是否应承担缔约过失责任？

第三节　合同的效力

合同的效力即是合同的法律效力，是指已经成立的合同在当事人之间产生一定的法律约束力。根据合同效力层次可分为有效合同、效力待定合同、可撤销合同及无效合同。

一、合同的生效

合同生效是指已依法成立的合同，发生相应的法律效力。具体分为三种情况：

（1）合同原则上自成立时生效。

（2）合同自批准登记时生效。法律、行政法规规定合同应当办理批准、登记等手续生效的，自批准、登记时生效；法律、行政法规规定合同应当办理登记手续，但未规定登记后生效的，当事人未办理登记手续不影响合同的效力，但合同的标的所有权及其他物权不能转移。

（3）合同自条件成就或期限届至时生效（或失效）。当事人对合同的效力可以约定附条件或附期限。

案例分析4–5

2019年5月29日，王某为其摩托车在保险公司投保“交强险”，保险公司于当日8时6分向他签发了“交强险”保单正本一份，保险期限自2019年5月30日0时至2020年5月29日24时。2019年5月29日20时，投保车辆发生交通事故，车主赔偿他13万元。随后，王某来到保险公司理赔，但保险公司以合同生效时间为2019年5月30日0时起，事故发生时合同还未生效为由拒绝理赔。无奈之下，王某将保险公司诉至法院。

思考：保险公司的理由成立吗，法院应如何判决？

二、有效合同

有效合同是法律承认其效力的合同。合同具有法律效力必须具备3个条件：

（1）当事人具有相应的民事行为能力。

（2）当事人意思表示真实，即当事人的行为应当真实地反映其内心的想法。

（3）不违反法律或社会公共利益。

案例分析4–6

小明今年15周岁。他有一远房表舅在美国，非常富有，但是没有子女。这个表舅自从见过小明后，就非常喜欢他，于是表舅决定将自己的财产拿出500万美元赠送给小明，作为小明将来的就学费用和创业费用。小明与表舅就此签订了一份赠予合同。

思考：小明有没有资格亲自签订一份赠予合同，为什么？

三、效力待定合同

效力待定合同是指虽已成立，但因缔约一方当事人欠缺相应的缔约能力，其是否发生效力尚不能确定，有待于其他行为使之确定的合同。

效力待定合同有以下三种：

（1）限制民事行为能力人订立的合同。这种合同经限制民事行为能力人的法定代理人追认的，合同有效。单纯获利益的合同或者与其年龄、智力、精神健康状况相适应而订立的合同，不必经法定代理人追认，合同当然有效。

（2）行为人没有代理权、超越代理权或者代理权终止后以被代理人名义订立的合同。这种合同又被称为无权代理合同，该合同经被代理人追认，代理行为有效，合同对被代理人发生效力。若未经被代理人追认，则由行为人承担责任。

提示　相对人可以催告被代理人在1个月内予以追认。被代理人未作表示的，视为拒绝追认。合同被追认之前，善意相对人有撤销的权利。

（3）无处分权的人处分他人财产的合同。这种合同经权利人追认或者无处分权的人订立合同后取得处分权的，该合同有效，否则该合同无效。但权利人的拒绝追认不得对抗善意的第三人。

提示　甲在未获得授权的情况下，出卖乙的物品给丙，如果甲是以乙的名义出卖的，构成无权代理行为；如果甲是以自己的名义出卖的，则构成无权处分行为。

法律驿站

法人或者其他组织的法定代表人、负责人超越权限订立的合同，除相对人知道或者应当知道其超越权限的以外，该代表行为有效。

案例分析4-7

甲将机器出租给乙，租赁期间为4月1日~7月1日。6月1日，乙在未获得甲授权的情况下，以甲的名义与丙签订买卖合同，将该机器作价50万元卖给丙。双方约定，乙在7月10日交付机器，丙于当日付款。

思考：机器买卖合同的效力如何，如果是乙以自己的名义与不知情的丙签订的合同呢？

四、可撤销合同

（一）可撤销合同的特征

可撤销合同是指因合同当事人订立合同时意思表示不真实，经有撤销权的当事人行使撤销权，使已经生效的合同归于无效的合同。其一般具有如下特征：

（1）可撤销合同自始没有法律约束力；

（2）可撤销合同一般是意思表示不真实的合同；

（3）可撤销合同的变更或撤销要由有撤销权的当事人通过行使撤销权来实现；

（4）可撤销合同的变更或撤销须由人民法院或仲裁机构做出。

（二）可撤销合同的类型

（1）因重大误解订立的合同。重大误解是指行为人因对行为的性质、对方当事人以及标的物的品种、质量、规格和数量等的错误认识，使行为的后果与自己的意思相悖，并造成较大损失的情形。

（2）显失公平的合同。显失公平是指一方当事人利用优势或者利用对方没有经验，致使双方的权利与义务明显违反公平、等价有偿原则的情形。

（3）一方以欺诈、胁迫的手段或者乘人之危，使对方在违背真实意思的情况下订立的合同。欺诈是指一方当事人故意告知对方虚假情况，或者故意隐瞒真实情况，诱使对方当事人做出错误意思表示的情形；胁迫是指以非法的损害威胁他人，使其产生恐惧的心理而做出意思表示行为的情形；乘人之危是指一方当事人乘对方处于危难之机，为牟取不正当利益，迫使对方做出不真实的意思表示，严重损害对方利益的情形。

提示 以欺诈、胁迫手段订立的无效合同与以欺诈、胁迫手段订立的可撤销合同相比较，二者的区别在于是否损害了国家利益。无效合同损害国家利益，可撤销合同未损害国家利益，受欺诈、胁迫的一方可以自主决定该合同有效或撤销，即只有受损害方当事人才可以行使撤销请求权。

（三）撤销权的行使

由于撤销权的行使具有溯及力，被撤销的合同与无效合同一样，自始没有法律约束力。合同被撤销的，不影响合同中独立存在的有关解决争议方法的条款的效力。对因该合同取得的财产，应当予以返还。有过错的一方应当赔偿对方因此所受到的损失。双方都有过错的，应当各自承担相应的责任。

需要注意的是，撤销权的行使是有时效和限制的。《民法典》规定，有下列情形之一的，撤销权消灭：（1）当事人自知道或者应当知道撤销事由之日起九十日内没有行使撤销权；（2）当事人受胁迫，自胁迫行为终止之日起一年内没有行使撤销权；（3）当事人知道撤销事由后明确表示或者以自己的行为表明放弃撤销权。

案例分析4-8

王女士到商场购物，见一大筐中有许多衬衫，筐上标价每件50元，王女士见价格便宜则从筐中挑了一件买回家。到家整理发票时发现那件衬衫的价格成了150元，王女士立即持发票及衬衫返回商场询问。工作人员调查后发现原来是其他顾客将价值150元的衬衫随手放到了大筐中，然后被王女士买走。

思考：本案应如何处理，为什么？

五、无效合同

无效合同是不具有法律约束力和不发生履行效力的合同。无效合同自始没有法律约束力，国家不予承认和保护。

有下列情形之一的，合同无效：

（1）一方以欺诈、胁迫的手段订立合同，损害国家利益。（2）恶意串通，损害国家、集体或者第三人利益。（3）以合法形式掩盖非法目的。（4）损害社会公共利益。（5）违反法律、行政法规的强制性规定。（6）无行为能力人订立的合同。

此外，当事人超越经营范围订立合同，人民法院不因此认定合同无效。但违反国家限制经营、特许经营以及法律、行政法规禁止经营规定的除外。

因无效合同取得财产，应当予以返还；不能返还或者没有必要返还的，应当折价补偿。有过错的一方应当赔偿对方因此所受到的损失；双方都有过错的，应当各自承担相应的责任。当事人恶意串通订立合同，损害国家、集体或者第三人利益的，因此取得的财产收归国家、集体所有或者返还第三人。

提示　合同部分无效，不影响其他部分效力的，其他部分仍然有效。部分无效的合同是指由于其部分条款违反法律规定或者损害他人利益，并不影响合同的本质成立的合同。

第四节　合同的履行

合同的履行是指合同生效后，双方当事人完成合同中规定的各项义务的行为。合同的履行具有以下法律特征：

（1）履行是当事人的履约行为。履约行为可以是作为，也可以是不作为。

（2）履行是当事人全面、正确完成合同义务的行为。

一、合同履行的规则

（一）约定不明的履行规则

1. 总原则

合同生效后，当事人就质量、价款或报酬、履行地点等内容没有约定或者约定不明确的，可协议补充；不能达成补充协议的，按照合同有关条款或交易习惯确定。

2. 具体规则

依照上述规定仍不能确定的，适用下列规定：

（1）质量要求不明确的，按照国家标准、行业标准履行；没有国家标准、行业标准的，按照通常标准或符合合同目的的特定标准履行。

（2）价款或报酬不明确的，按照订立合同时履行地的市场价格履行；依法应当执行政府定价或政府指导价的，按规定履行。

（3）履行地点不明确，给付货币的，在接受货币一方所在地履行；交付不动产的，在不动产所在地履行；其他标的，在履行义务一方所在地履行。

（4）履行期限不明确的，债务人可随时履行，债权人也可随时要求履行，但应当给对方必要的准备时间。

（5）履行方式不明确的，按照有利于实现合同目的的方式履行。

（6）履行费用的负担不明确的，由履行义务一方负担。

（二）涉及第三人的合同履行

1. 向第三人履行的合同

向第三人履行的合同又称利他合同，是指双方当事人约定，由债务人向第三人履行债务，第三人直接取得债权的合同。债务人对第三人负有合同义务，债务人未履行债务或履行债务不符合约定的，应由债务人向债权人承担违约责任。

2. 由第三人履行的合同

由第三人履行的合同又称第三人负担的合同，是指双方当事人约定债务人由第三人履行的合同，该合同必须征得第三人同意。如果第三人不履行或履行不符合约定的，应由债务人向债权人承担违约责任。

提示　不管是“向第三人”履行合同，还是“由第三人”履行合同，第三人并不是合同的当事人，应当由“债务人向债权人”承担违约责任，与第三人无关。

案例分析4-9

河北某县的马某系养牛专业户，为了引进良种乳牛，与该县的畜牧站签订了良种乳牛引进合同。合同约定，良种乳牛款共10万元，马某预付定金2万元，违约金按照合同总额的10%计算。合同没有明确约定合同的履行地点。后马某从畜牧站将良种乳牛拉回，为此支付运费1000元。马某拉回乳牛后，在饲养中发生了一些无法预料的事情，导致乳牛无法产奶，马某预计的收入落空，无法及时偿还购牛款。畜牧站遂诉至法院，要求马某偿还购牛款，马某也提出自己的主张，即因发生了不可抗力，致使自己无法偿还购牛款，应予免责，并要求畜牧站支付运输乳牛的运费。

思考：（1）马某要求畜牧站支付运费，该请求能否得到法院支持，为什么？
（2）针对畜牧站要求付款的请求，马某以不可抗力要求免责的主张能否成立，为什么？

二、抗辩权的行使

抗辩权是指在双务合同中，一方当事人在对方不履行或履行不符合约定时，依法对抗对方要求或否认对方权利主张的权利。

（一）同时履行抗辩权

同时履行抗辩权是指双务合同的当事人应同时履行义务的，一方在对方未履行前，有拒绝对方请求自己履行合同的权利。同时履行抗辩权只是暂时阻止对方当事人请求权的行使，而不是永久地终止合同。当对方当事人完全履行了合同义务，同时履行抗辩权即告消灭，主张抗辩权的当事人就应当履行自己的义务。

提示　当事人因行使同时履行抗辩权致使合同迟延履行的，责任由对方当事人承担。

（二）后履行抗辩权

后履行抗辩权是指合同当事人互负债务，有先后履行顺序，先履行的一方未履行的，后履行一方有权拒绝其履行要求；先履行一方履行债务不符合约定的，后履行一方有权拒绝其相应的履行要求。

（三）不安抗辩权

不安抗辩权是指当事人互负债务，有先后履行顺序的，先履行的一方有确切证据证明另一方丧失履行债务能力时，在对方没有履行或没有提供担保之前，有拒绝自己履行的权利。

1. 不安抗辩权适用的情形

应当先履行债务的当事人，有确切证据证明对方有下列情形之一的，可以行使不安抗辩权，中止合同履行：

（1）对方经营状况严重恶化；（2）对方有转移财产、抽逃资金以逃避债务的情形；（3）对方丧失商业信誉；（4）对方有丧失或者可能丧失履行债务能力的其他情形。

提示　先履行合同义务的当事人应当有证据证明对方不能履行合同或有不能履行合同的可能性，没有确切证据而行使不安抗辩权，造成对方损失的，应当承担违约责任。

2. 不安抗辩权的效力

（1）中止履行。应当先履行债务的当事人行使中止权时，应当及时通知对方，以免给对方造成损害，也便于对方在接到通知后，提供相应的担保，使合同得以履行。

（2）解除合同。中止履行合同后，如果对方在合理期限内未恢复履行能力并且未提供适当担保的，可以解除合同。

案例分析4–10

甲与乙订立合同，双方约定，甲应于2020年5月1日向乙交付货物，乙则应于同年5月8日向甲支付货款。3月底，甲发现乙经营状况严重恶化，并有确切证据可以证明。

思考：在5月1日到来前甲可以如何应对？

三、合同的保全

合同的保全是指法律为防止因债务人的财产不当减少或不增加而给债权人的债权带来损害，允许债权人行使代位权或撤销权，以保护其债权。

（一）代位权

因债务人怠于行使其到期债权，对债权人造成损害的，债权人可以向人民法院请求以自己的名义代位行使债务人的债权。代位权的行使需满足以下条件：

（1）债务人对第三人享有合法债权，且是非专属于债务人自身的权利；

（2）债务人怠于行使其对第三人的债权，对债权人造成损害；

（3）债务人对第三人的债权已到期。

代位权的行使范围以债权人的债权为限，否则，对超出部分人民法院不予支持。债权人行使代位权的必要费用，由债务人负担。债权人向次债务人（即债务人的债务人）提起代位诉讼，经法院审理后认定代位权成立的，由次债务人向债权人履行清偿义务；债权人胜诉的，诉讼费由次债务人负担，从实现的债权中优先支付。

知识拓展

专属于债务人自身的债权，是指基于扶养、抚养、赡养、继承关系产生的给付请求权和劳动报酬、退休金、养老金、抚恤金、安置费、人寿保险、人身伤害赔偿请求权等权利。

案例分析4–11

乙厂欠甲公司10万元货款，丙单位欠乙厂8万元货款，两笔欠款均已到期，乙厂无力偿还甲公司，又不向丙单位讨还欠款。此时，甲公司向人民法院申请代位乙厂向丙单位讨还欠款。

思考：甲公司可以向丙单位讨还欠款吗，为什么？

（二）撤销权

因债务人放弃到期债权、无偿转让财产或以明显不合理的低价转让财产（受让人知道该情形的），对债权人造成损害的，债权人可以请求人民法院撤销债务人的行为。

1. 可撤销的行为

（1）无偿行为。如放弃到期债权、无偿转让财产。不论第三人是善意还是恶意取得，均可撤销。

（2）有偿行为。如以明显不合理的低价转让财产或高价收购他人财产且第三人是恶意的，可以撤销。

2. 撤销权的消灭

撤销权自债权人知道或应当知道撤销事由之日起 1 年内行使。自债务人的行为发生之日起 5 年内没有行使撤销权的，该撤销权消灭。

3. 撤销权诉讼

债权人行使撤销权应以自己的名义，向被告住所地人民法院提起诉讼，请求法院撤销债务人因处分财产而危害债权的行为。撤销权的行使范围以债权人的债权为限，债权人行使撤销权的必要费用，由债务人承担。债务人、第三人的行为被撤销的，其行为自始无效。第三人应向债务人返还财产或折价补偿。

提示　在撤销权诉讼中，债权人为原告，债务人为被告；在代位权诉讼中，债权人为原告，次债务人为被告。

法律驿站

合同无效或者被撤销后，因该合同取得的财产，应当予以返还；不能返还或者没有必要返还的，应当折价补偿。有过错的一方应当赔偿对方因此所受到的损失，双方都有过错的，应当各自承担相应的责任。

案例分析4-12

甲企业不能清偿乙银行的贷款 80 万元，乙银行于 2020 年 5 月 2 日经查发现，甲企业曾于 2019 年 1 月 1 日放弃对丙企业 100 万元的到期债权。

思考： 乙银行应如何维护自己的债权，该权利应如何行使，是否有时间上的限制？

第五节　合同的变更、转让、终止及违约责任

一、合同的变更

合同的变更是指生效的合同在未履行或未履行完毕之前，由于主、客观情况的变化而使合同的内容发生变化。

（1）当事人协议变更。合同是由当事人协商一致而订立的，经当事人协商一致，可以变更合同。但法律、行政法规规定变更合同应当办理批准、登记等手续的，应依照其规定办理批准、登记等手续方可变更。为防止发生纠纷，当事人对合同变更的内容应作明确约定，变更内容约定不明确的，《民法典》第五百四十四条规定，当事人对合同变更的内容约定不明确的，推定为未变更。

（2）法院或仲裁机关裁决变更。如因重大误解或显失公平而订立的合同，当事人一方可以向人民法院或仲裁机关申请裁决变更或撤销合同。

（3）法定事由出现变更。如遭遇不可抗力导致债务人不能按期履行债务时，债务人可以减少债务数额或延期履行债务。合同变更后，当事人应当按照变更后的合同履行。原合同未变更部分仍然有效，合同变更的部分仅对未履行的部分发生法律效力，对已履行的部分无溯及力。

提示 因合同的变更而使一方当事人受到经济损失的，受损一方可向另一方当事人要求损失赔偿。

案例分析4–13

2020年4月2日，甲、乙双方签订2万支显像管买卖合同，约定甲应于4月30日前支付。合同签订后，甲因条件发生变化预计在4月30日前无法生产出2万支显像管，于是经与乙协商将2万支显像管减少到1.5万支。

思考：（1）甲与乙协商将2万支显像管减少到1.5万支的约定，是否属于合同的变更？

（2）如果甲并未要求减少供应数量，而是与同样生产该产品的丙达成协议，由丙供应其余的5000支显像管，这是否属于合同的变更？

二、合同的转让

合同的转让是指合同的当事人将其合同的权利和义务全部或者部分转让给第三人。合同的转让分为权利转让、义务转移及权利和义务一并转让三种情形。

（一）权利转让

权利转让是指不改变合同的内容，权利人将其合同的权利全部或部分转让给第三人。其中，权利人称为让与人，第三人称为受让人。

《民法典》第五百四十五条规定，债权人可以将债权的全部或者部分转让给第三人，但有下列情形之一的除外：

（1）根据合同性质不得转让。

（2）按照当事人约定不得转让。

（3）依照法律规定不得转让。

提示 债权人转让债权，未通知债务人的，该转让对债务人不发生效力。

（二）义务转移

义务转移是指不改变合同的内容，债务人将其合同的义务全部或部分转移给第三人。义务转移分为以下两种情况：

（1）合同义务的全部转移，新债务人取代了合同原债务人的地位，原债务人脱离合同的债务关系；（2）合同义务的部分转移，即第三人加入债务关系与原债务人共同负担合同债务，原债务人并未脱离合同的债务关系。

《民法典》规定：债务人将合同的义务全部或者部分转移给第三人的，应当经债权人同意。债务人转移债务的，新债务人可以主张原债务人对债权人的抗辩；原债务人对债权人享有债权，新债务人应当承担与主债务有关的从债务，但是该从债务专属于原债务人自身的除外。

（三）权利和义务一并转让

合同关系的一方当事人可以将其合同的权利和义务一并转让给第三人但应征得另一方当事人的同意，还遵守《民法典》有关转让权利义务的规定。当事人订立合同后合并的，由合并后的法人或者其他组织行使合同权利，履行合同义务。当事人订立合同后分立的，除债权人和债务人另有约定的以外，由分立的法人或者其他组织对合同的权利和义务享有连带债权，承担连带债务。

案例分析4–14

2020年4月6日，甲商场与乙企业签订冰箱供应合同，约定于5月底前由乙一次供应给甲某型号的冰箱400台，合同总价款100万元，交货付款。合同签订后，乙企业因临时接到一大笔外贸订单，无暇生产甲所订购型号的冰箱。于是与丙冰箱厂签订合同，将其与甲商场的合同义务转让给丙，并随后通知了甲商场。甲商场知道后，立刻拒绝该合同义务的转让，并要求乙企业继续履行合同义务，否则承担违约责任。

思考：甲商场的做法及要求是否有法律依据？

三、合同的终止

合同权利义务终止，简称合同的终止，是指依法生效的合同，因具备法定情形和当事人约定的情形，合同债权债务归于消灭，合同当事人双方终止合同关系，合同的效力随之消灭。《民法典》第五百五十七条规定，有下列情形之一的，债权债务终止：（1）债务已经履行；（2）债务相互抵销；（3）债务人依法将标的物提存；（4）债权人免除债务；（5）债权债务同归于一人；（6）法律规定或者当事人约定终止的其他情形。合同解除的，该合同权利义务关系终止。

（一）合同解除

合同解除是指合同有效成立后尚未全部履行前，当事人双方达成协议或一方当事人的意思表示提前终止合同效力。当事人一方主张解除合同的，应通知对方，合同自通知到达对方时解除。对方有异议的，可请求法院或仲裁机构确认解除合同的效力。合同解除的情形包括约定解除（双方）、法定解除（单方）和随时解除三种。

合同解除后，尚未履行的，终止履行；已经履行的，根据履行情况当事人有权要求恢复原状、采取其他补救措施，并有权要求赔偿损失。合同权利义务的终止，不影响合同中关于争议解决条款的效力。

（二）债务已经履行

债务已经履行是指债务人已按照约定的标的、质量、数量、价款或报酬、履行期限、履行地点和方式全面履行。以下情况也属于合同按照约定履行：

（1）当事人约定的第三人按照合同内容履行，产生债务消灭的后果。（2）债权人同意以他种给付代替合同原定给付。（3）当事人之外的第三人接受履行。

（三）债务相互抵销

当事人互负到期债务，债务标的物种类、品质相同的，任何一方均可主张抵销。当事人主张抵销的，应通知对方，通知自到达对方时生效。抵销不得附加条件或期限。

依照法律规定，下列债务不能抵销：

（1）按合同性质不能抵销。例如，债务标的为劳务的合同，如咨询、培训、医疗合同等。（2）按照约定应当向第三人给付的债务。（3）当事人约定不得抵销的债务。（4）因故意实施侵权行为产生的债务。（5）法院规定不得抵销的情形。如被人民法院查封、扣押、冻结的财产。

（四）债务人依法将标的物提存

提存是指由于债权人的原因，债务人无法向其交付合同标的物而将该标的物交给提存机关，从而消灭债务、中止合同的制度。

债务人可以将标的物提存的情形：

（1）债权人无正当理由拒绝领受标的物。（2）债权人下落不明。（3）债权人死亡未确定继承人或者丧失民事行为能力未确定监护人。（4）法律规定的其他情形。

标的物提存后，债务人应当及时通知债权人或债权人的继承人、监护人，但债权人下落不明的除外。在提存期间：标的物毁损、灭失的风险由债权人承担；孳息归债权人所有；提存费用由债权人负担。债权人可以随时领取提存物，但债权人对债务人负有到期债务的，在债权人未履行债务或提供担保前，提存部门根据债务人的要求应拒绝其领取。债权人领取提存物的权利，自提存之日起5年内不行使而消灭，提存物扣除提存费用后归国家所有。

（五）债权人免除债务

债务的免除是指合同没有履行完或未完全履行，权利人放弃自己的全部或部分权利，从而使合同义务减轻或使合同终止的一种形式。债权人免除部分或全部债务的，合同的权利义务部分或全部终止。免除债权，债权的从权利也随之消灭。

（六）债权债务同归于一人

如由于甲、乙两企业合并，两企业先前订立的合同中的权利义务同归于合并后的企业，债权债务关系自然终止。根据规定，债权债务同归于一人的，合同的权利义务终止，但涉及第三人利益的除外。

（七）法律规定或当事人约定终止的其他情形

除了前述合同的权利义务终止的情形，出现了法律规定的终止的其他情形的，合同的权利义务也可以终止。当事人也可以约定合同的权利义务终止的情形，当解除条件成就时，债权债务关系消灭，合同的权利义务终止。当事人订立附终止期限的合同，期限届至时，合同的权利义务终止。

四、违约责任

违约责任是指当事人不履行合同义务或履行合同义务不符合约定时所应承担的法律责任。违约责任是民事责任的一种，主要表现为财产责任，它既具有明显的补偿性，又具有相对性。

（一）承担违约责任的形式

（1）继续履行。继续履行合同既是为了实现合同目的，又是一种承担违约责任的形式。

（2）采取补救措施。当事人一方履行合同义务不符合约定的，应当按照当事人的约定承担违约责任。受损害方可根据受损害的性质及损失的大小，合理选择要求对方适当履行，如采取修理、更换、重做、退货、减少价款或者报酬等措施，也可选择解除合同、中止履行合同、通过提存履行债务、行使担保债权等补救措施。

（3）赔偿损失。当事人一方不履行合同义务或履行合同义务不符合约定的，在履行义务或采取补救措施后，对方还有其他损失的，应当赔偿损失。损失赔偿额应相当于因违约造成的损失，包括合同履行后可以获得的利益，但不得超过违反合同一方订立合同时预见到或应当预见到的因违反合同可能造成的损失。

提示　当事人一方违约后，对方应采取适当措施防止损失扩大；没有采取适当措施致使损失扩大的，不得就扩大的损失要求赔偿。当事人因防止损失扩大而支出的合理费用由违约方承担。

（4）支付违约金。违约金是由当事人预先协商确定的一种承担违约责任的方式。约定的违约金低于造成的损失的，当事人可以请求法院或仲裁机构予以增加，增加后的违约金数额以不超过实际损失为限；增加违约金后，当事人又请求对方赔偿损失的，法院不予支持。约定的违约金过分高于（一般认为超过实际损失的30%）造成的损失的，当事人可以请求法院或仲裁机构予以适当减少。当事人就延迟履行约定违约金的，违约方支付违约金后，还应当履行债务。

案例分析4-15

甲与乙订立了一份苹果购销合同，约定：甲向乙交付20万千克苹果，货款为40万元，乙向甲支付定金4万元；如任何一方不履行合同应支付违约金6万元。甲因将苹果卖予丙而无法向乙交付苹果。

思考：假如你是乙，如何既能最大限度地保护自己的利益，又能获得法院支持？

（二）免责事由

免责事由是指免除违约方承担违约责任的原因和理由。

（1）法定事由。法定事由是指因不可抗力不能履行合同的，根据不可抗力的影响，部分或全部地免除责任，但法律另有规定的除外。当事人一方因不可抗力不能履行合同的，应当及时通知对方不能履行或不能完全履行的情况和理由，并在合理期限内提供有关机关的证明，证明不可抗力影响当事人履行合同的具体情况。

提示　当事人延迟履行后发生不可抗力的，不能免除责任。

（2）免责条款。免责条款是指合同当事人在合同中约定，当出现一定的事由或条件时，可以免除违约方的违约责任。但造成对方人身伤害的免责条款、因故意或重大过失造成对方财产损失的免责条款无效。

（3）法律的特别规定。在法律有特别规定的情况下，可以免除当事人的违约责任。

案例分析4–16

刘某在某摩托车经销部购买了一辆×型号的电动车，该型号的电动车销路很好，刘某预先交了购车款，并与店主约定第二天中午准时来提车，店主为其开具了领车单。刘某第二天因突然出差而未能准时提车，刘某出差回来后听说该摩托车经销部近日因仓库起火而停业，遂立即找到该摩托车经销部店主，要求提车，店主称电动车已被烧毁，刘某又要求返还车款，被店主拒绝。刘某将店主起诉至人民法院，要求店主返还车款。

思考：刘某的请求是否合理，为什么？

知识检测

一、单项选择题

（1）在下列几种情形中，在当事人之间产生合同法律关系的是（　　）。

A. 甲拾得乙遗失的一块手表

B. 甲邀请乙看球赛，乙因为有事没有前去赴约

C. 甲因放暑假，将一台电脑放入乙家

D. 甲鱼塘之鱼跳入乙鱼塘

（2）下列情形中属于效力待定合同的有（　　）。

A. 10周岁的少年出售劳力士金表给40岁的李某
B. 5周岁的儿童因发明创造而接受奖金
C. 成年人甲误将本为复制品的油画当成真品购买
D. 出租车司机借抢救重病人急需租车之机将车价提高10倍
(3) 某商店橱窗内展示的衣服上标明“正在出售”，并且标示了价格，则“正在出售”的标示视为（　　）。
A. 要约　　B. 承诺
C. 要约邀请　　D. 既是要约又是承诺
(4) 下列情形中，构成有效承诺的是（　　）。
A. 受要约人在承诺期内发出承诺，正常情形下可如期到达要约人，但因连日暴雨导致道路冲毁，承诺到达要约人时已超过承诺期限，要约人收到承诺后未作任何表示
B. 受要约人向要约人发出承诺函后，随即又发出一份函件表示收回承诺，两封邮件同时到达要约人
C. 受要约人发出表示承诺的函件时已超过要约人规定的承诺期限，要约人收到后未作任何表示
D. 受要约人向要约人回函表示：“若价格下调5%，我司即与贵司签订合同。”
(5) 当事人采用合同书形式订立合同的，自（　　）。
A. 双方当事人制作合同书时合同成立
B. 双方当事人表示受合同约束时合同成立
C. 双方当事人签字或者盖章时合同成立
D. 双方当事人达成一致意见时合同成立
(6) 甲公司与乙公司签订买卖合同。合同约定甲公司先交货。交货前夕，甲公司派人调查乙公司的偿债能力，有确切材料证明乙公司负债累累，根本不能按时支付货款。甲公司遂暂时不向乙公司交货。甲公司的行为是（　　）。
A. 违约行为　　B. 行使同时履行抗辩权
C. 行使先诉抗辩权　　D. 行使不安抗辩权
(7) 债务人欲将合同的义务全部或者部分转移给第三人，则（　　）。
A. 应当通知债权人　　B. 应当经债权人同意
C. 不必经债权人同意　　D. 不必通知债权人

二、多项选择题

(1) 陈某向李某借款10万元，并签订了借款合同，张某向李某单方面提交了保证书，但未约定保证方式，借款到期后，陈某未清偿借款本息，经查，张某并不具有代偿能力，下列说法不正确的有（　　）。
A. 张某可以以自己不具有代偿能力为由主张保证合同无效
B. 张某可以以自己未与李某签订保证合同为由主张保证合同不成立
C. 张某须向李某承担一般保证责任
D. 张某须向李某承担连带保证责任
(2) 要约发出以后，遇有下列情况之一时，即不发生效力，或消灭其效力（　　）。

A. 要约被撤回　　　　　　　　B. 要约被拒绝

C. 要约的有效期限届满　　　　D. 要约人丧失民事行为能力

(3) 李某表示要将家中仅有的一头母牛卖给张某，张某以为李某要把这头牛送给自己，某日李某家中无人，张某就将牛牵回了家，从已知的条件看（　　）。

A. 李、张二人之间的合同未成立

B. 应以重大误解为由撤销李、张之间的合同

C. 张某的行为是过失侵权

D. 李、张二人之间的合同是成立未生效的合同

(4) 出现了下述哪种情况，一方当事人有权解除合同（　　）。

A. 对方当事人有违约行为

B. 发生不可抗力事件，致使合同不能履行

C. 对方当事人在合同约定的期限内没有履行合同，经催告仍未履行

D. 预期非根本性违约

(5) 下列合同中，既可以是有偿合同也可以是无偿合同的有（　　）。

A. 保管合同　　B. 委托合同　　C. 借款合同　　D. 租赁合同

三、判断题

(1) 商业广告都是要约邀请。（　　）

(2) 继续履行与解除合同可以并用。（　　）

(3) 法人的法定代表人超越权限订立的合同的效力为有效。（　　）

(4) 甲让乙去给甲交纳电话费，途中乙被汽车撞伤，乙可以让甲赔偿。（　　）

(5) 寄存人寄存货币、有价证券或其他贵重物品的，应当向保管人声明，由保管人验收或封存。寄存人未声明的，该物品毁损、灭失后，保险人可以按一般物品予以赔偿。（　　）

四、实训题

实训一

甲某与乙某签订了一份租房合同。合同约定：甲某租给乙某一室两厅的房屋一套；每月租金1200元，按季度支付，每季度的第一个星期一交付本季度的租金；租期2年，从2018年10月1日至2020年9月30日止，并约定甲某于2018年9月20日前付定金5000元。合同签订后，甲某于2018年9月15日按照合同付了定金给乙某，乙某当即交房给了甲某，甲某打开房屋查看后，用自己买的锁锁了门。2018年10月8日，甲某找到乙某，提出不租房的要求，并要求乙某退还5000元定金。乙某只同意甲某不租住自己的房屋，但不同意退还定金给甲某。

讨论：本案中，甲某的行为是否违约，理由是什么，定金应该如何处理？

实训二

甲与乙订立了一份卖牛合同，合同约定甲向乙交付5头牛，分别为牛1、牛2、牛3、牛4、牛5，总价款为1万元；乙向甲交付定金3000元，余下款项由乙在半年内付清。双方还约定，在乙向甲付清买牛款之前，甲保留该5头牛的所有权。甲订立合同并收取定金后即向乙交付了该5头牛。

讨论：

(1) 设在买牛款付清之前，牛 1 被雷电击死，该损失由谁承担，为什么？

(2) 设在买牛款付清之前，牛 2 生下一头小牛，该小牛由谁享有所有权，为什么？

(3) 设在买牛款付清之前，丁不知甲保留了此 5 头牛的所有权，乙与丁达成一项转让牛 4 的合同，作价 2000 元将牛 4 交付丁。丁能否据此取得该牛的所有权，为什么？

(4) 设在买牛款付清之前，乙将牛 5 租给戊，租期为 3 个月，租金 200 元。该租赁协议是否有效，租金应如何处理？

(5) 合同中的定金条款效力如何，为什么？

第五章 市场秩序管理法律制度

知识导航

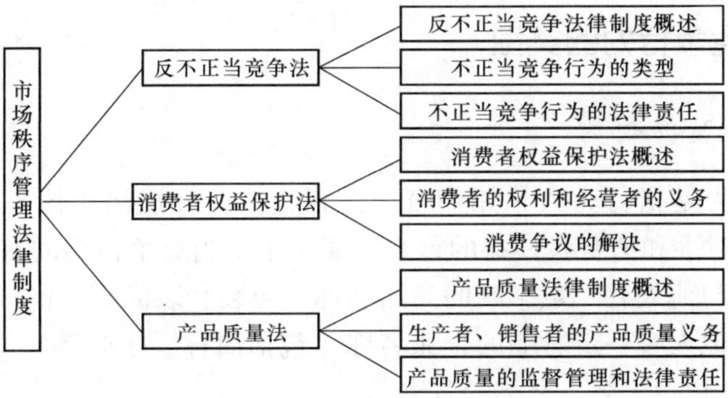

案例导入

某商厦为招揽顾客，在报纸上刊登广告：凡于2020年2月至5月期间在该商厦购物满200元者可获得奖券一张，凭该奖券可在购物当日参加抽奖。一等奖为香港7日游（若放弃游览可领取6000元人民币）；二等奖为电冰箱一台；三等奖为电动车一辆；鼓励奖为自行车一辆。此外还有纪念奖若干。此广告登出后引来众多顾客，但顾客所得奖项大多为鼓励奖和纪念奖。后经人举报，一二三等奖为商厦内部工作人员所得。

请思考 该商厦的做法是否违反有关反不正当竞争法律、法规的规定？若违反该法应如何处理？

第一节 反不正当竞争法

一、反不正当竞争法律制度概述

（一）不正当竞争行为的概念和原则

不正当竞争行为是指经营者在生产经营活动中，违反《中华人民共和国反不正当竞争法》（以下简称《反不正当竞争法》）规定，扰乱市场竞争秩序，损害其他经营者或者消费者合法权益的行为。

经营者在生产经营活动中，应当遵循自愿、平等、公平、诚信的原则，遵守法律和商业道德。

（二）反不正当竞争法的概念

反不正当竞争法是指调整和制止不正当竞争过程中发生的社会关系的法律规范的总称。《反不正当竞争法》是为了促进社会主义市场经济健康发展，鼓励和保护公平竞争，制止不正当竞争行为，保护经营者和消费者的合法权益而制定的。

提示 反不正当竞争法作为经济法的部门法，与反垄断法、知识产权法、侵权行为法有密切的关系。

二、不正当竞争行为的类型

（一）欺骗性交易行为

欺骗性交易行为是指行为人采用假冒、仿冒、伪造等混淆手段，欺骗消费者与之交易，从而损害竞争对手和消费者权益的行为。属于不正当竞争行为的有：

（1）擅自使用与他人有一定影响的商品名称、包装、装潢等相同或者近似的标识；

（2）擅自使用他人有一定影响的企业名称（包括简称、字号等）、社会组织名称（包括简称等）、姓名（包括笔名、艺名、译名等）；

（3）擅自使用他人有一定影响的域名主体部分、网站名称、网页等；

（4）其他足以引人误认为是他人商品或者与他人存在特定联系的混淆行为。

（二）商业贿赂行为

商业贿赂行为是指经营者为了获取交易机会或者竞争优势，向能够影响交易的人秘密给付财物或者其他经济利益的行为。

根据《反不正当竞争法》第七条规定，经营者不得采用财务或者其他手段进行贿赂，以谋取交易机会或者竞争优势。另外《反不正当竞争法》还规定了回扣和折扣、佣金的区别。即经营者在交易活动中，可以以明示方式向交易相对方支付折扣，或者向中间人支付佣金。经营者向交易相对方支付折扣、向中间人支付佣金的，应当如实入账。接受折扣、佣金的经营者也应当如实入账。

（三）引人误解的虚假宣传行为

虚假宣传是指以广告等其他方法，对商品或服务作与实际情况不相符合的宣传，使消费者误解从而误买的行为。

我国《反不正当竞争法》第八条明确规定，经营者不得对其商品的性能、功能、质量、销售状况、用户评价、曾获荣誉等作虚假或者引人误解的商业宣传，欺骗、误导消费者。经营者不得通过组织虚假交易等方式，帮助其他经营者进行虚假或者引人误解的商业宣传。

案例分析5-1

某公开发行的晚报刊登了“助长灵”的广告，称该产品是经国内外多位资深医学专家的多年研制而成，采用多种名贵药材，经特殊工艺精制而成，对青少年骨骼增长发育有奇效。不少听信了广告的家长给孩子购买了“助长灵”，但很多青少年服用后，不仅没有产生广告中所说的效果，有的还产生了严重的副作用。此事经工商部门调查属实。

思考：生产“助长灵”的商家和报社的行为属于什么性质，消费者们应该如何处理这件事情？

（四）侵犯商业秘密行为

商业秘密，是指不为公众所知悉、具有商业价值并经权利人采取相应保密措施的技术信息、经营信息等商业信息。属于侵犯商业秘密的行为有：

（1）以盗窃、贿赂、欺诈、胁迫、电子侵入或者其他不正当手段获取权利人的商业秘密；

（2）披露、使用或者允许他人使用以前项手段获取的权利人的商业秘密；

（3）违反保密义务或者违反权利人有关保守商业秘密的要求，披露、使用或者允许他人使用其所掌握的商业秘密；

（4）教唆、引诱、帮助他人违反保密义务或者违反权利人有关保守商业秘密的要求，获取、披露、使用或者允许他人使用权利人的商业秘密。

经营者以外的其他自然人、法人和非法人组织实施以上违法行为的，视为侵犯商业秘密。

第三人明知或者应知商业秘密权利人的员工、前员工或者其他单位、个人实施第一条违法行为，仍获取、披露、使用或者允许他人使用该商业秘密的，视为侵犯商业秘密。

案例分析5-2

优美化妆品公司新近研制开发了一种润肤美白化妆品，该化妆品的配方由23个公式和170个相关数据材料组成。公司采取了严格的保密措施，一般人无法单独接触到这一资料。刘某是公司董事长曹某的秘书。某日，曹某叫刘某帮助收拾办公室，刘某在曹某在场的情况下无意间看到曹某桌上放置的有关资料。刘某凭借其惊人的记忆力将所有资料记了下来。两日后，刘某回老家探亲，酒后炫耀自己的记忆力并将记下的资料全部转述给了在另一化妆品公司工作的妹夫李某。不久后李某所在的尚佳公司对优美化妆品的配方稍加改良，生产出了质量更好的同类化妆品，抢占了优美化妆品公司的销售市场。曹某得知真相后，将刘某诉至法院，要追究刘某侵犯商业秘密的法律责任。刘某辩称：

（1）自己没有采取不正当手段窃取商业秘密，仅仅在曹某在场的情况下看了一眼。

（2）自己不是专业技术人员，不负有保守商业秘密之义务。

（3）尚佳公司不是采用这一配方，而是采用尚佳公司自己的技术，因此自己没有责任。

思考：刘某辩解之理由是否成立？

（五）不正当有奖销售行为

有奖销售是指经营者以提供奖品或奖金的手段进行销售，主要包括附赠式有奖销售和抽奖式有奖销售。有奖销售作为一种促销手段，可以提高产品销售量，给经营者带来经济利益，但若超过一定限度滥用有奖销售，不仅会损害消费者利益，还会扰乱市场秩序，破坏公平竞争。因此，我国《反不正当竞争法》禁止三种不正当有奖销售：

（1）所设奖的种类、兑奖条件、奖金金额或者奖品等有奖销售信息不明确，影响兑奖；

（2）采用谎称有奖或者故意让内定人员中奖的欺骗方式进行有奖销售；

（3）抽奖式的有奖销售，最高奖的金额超过5000元。

（六）商业诽谤行为

所谓商业诽谤是指经营者捏造、散布虚假事实，损害竞争对手的商业信誉、商品声誉的行为。《反不正当竞争法》第十一条规定："经营者不得编造、传播虚假信息或者误导性信息，损害竞争对手的商业信誉、商品声誉。"商业信誉、商品声誉是经营者的无形资产，是长期努力经营和活动得来的，能为经营者带来经济利益和市场竞争中的优势地位。为此，法律禁止损害他人商业信誉、商品声誉的不正当竞争行为。

（七）经营者利用网络从事不正当的生产经营活动

经营者不得利用技术手段，通过影响用户选择或者其他方式，实施下列妨碍、破坏其他经营者合法提供的网络产品或者服务正常运行的行为：

（1）未经其他经营者同意，在其合法提供的网络产品或者服务中，插入链接，强制进行目标跳转；

（2）误导、欺骗、强迫用户修改、关闭、卸载其他经营者合法提供的网络产品或者服务；

（3）恶意对其他经营者合法提供的网络产品或者服务实施不兼容；

（4）其余妨碍、破坏其他经营者合法提供的网络产品或者服务正常运行的行为。

三、不正当竞争行为的法律责任

（一）民事责任

经营者违反《反不正当竞争法》的规定，给他人造成损害的，应当依法承担民事责任。经营者的合法权益受到不正当竞争行为损害的，可以向人民法院提起诉讼。因不正当竞争行为受到损害的经营者的赔偿数额，按照其因被侵权所受到的实际损失确定；实际损失难以计算的，按照侵权人因侵权所获得的利益确定。

提示 赔偿数额还应当包括经营者为制止侵权行为所支付的合理开支。

（二）行政责任和刑事责任

（1）经营者实施混淆或误认为是他人商品或与他人存在特定联系的行为，以及实施侵犯商业秘密的行为，致使权利人因被侵权而受到实际损失、侵权人因侵权所获得的利益难以确定的，由人民法院根据侵权行为的情节判决给予权利人300万元以下的赔偿。

（2）经营者贿赂他人的，由监督检查部门没收违法所得，处10万元以上300万元以下的罚款。情节严重的，吊销营业执照。

（3）经营者对其商品作虚假或者引人误解的商业宣传，或者通过组织虚假交易等方式帮助其他经营者进行虚假或者引人误解的商业宣传的，由监督检查部门责令停止违法行为，处20万元以上100万元以下的罚款；情节严重的，处100万元以上200万元以下的罚款，可以吊销营业执照。经营者属于发布虚假广告的，依照《中华人民共和国广告法》的规定处罚。

（4）经营者侵犯商业秘密的，由监督检查部门责令停止违法行为，处10万元以上50万元以下的罚款；情节严重的，处50万元以上300万元以下的罚款。

（5）经营者进行不正当有奖销售的，由监督检查部门责令停止违法行为，处5万元以上50万元以下的罚款。

（6）经营者损害竞争对手商业信誉、商品声誉的，由监督检查部门责令停止违法行为、消除影响，处10万元以上50万元以下的罚款；情节严重的，处50万元以上300万元以下的罚款。

（7）经营者妨碍、破坏其他经营者合法提供的网络产品或者服务正常运行的，由监督检查部门责令停止违法行为，处10万元以上50万元以下的罚款；情节严重的，处50万元以上300万元以下的罚款。

（8）经营者从事不正当竞争，有主动消除或者减轻违法行为危害后果等法定情形的，依法从轻或者减轻行政处罚；违法行为轻微并及时纠正，没有造成危害后果的，不予行政处罚。

（9）经营者从事不正当竞争，受到行政处罚的，由监督检查部门记入信用记录，并依照有关法律、行政法规的规定予以公示。

提示 经营者违反《反不正当竞争法》规定，应当承担民事责任、行政责任和刑事责任，其财产不足以支付的，优先用于承担民事责任。

妨碍监督检查部门履行职责，拒绝、阻碍调查的，由监督检查部门责令改正，对个人可以处5000元以下的罚款，对单位可以处5万元以下的罚款，并可以由公安机关依法给予治安管理处罚。当事人对监督检查部门作出的决定不服的，可以依法申请行政复议或者提起行政诉讼。监督检查部门的工作人员滥用职权、玩忽职守、徇私舞弊或者泄露在调查过程中知悉的商业秘密的，依法给予处分。

《反不正当竞争法》主要规定了民事责任、行政责任，对违反《反不正当竞争法》规定，构成犯罪的，依法追究刑事责任。

第二节　消费者权益保护法

一、消费者权益保护法律制度概述

（一）消费者的概念

消费者是指为了满足生活需要而购买、使用商品或者接受服务的个人和单位。其中消费的含义包括以下几项：

（1）消费的性质属于生活消费，不包括生产消费；

（2）消费方式表现在购买、使用商品和接受服务，包括直接消费和间接消费；

（3）消费的主体包括公民个人和进行生活消费的单位；

（4）消费客体是商品和服务。

知识拓展

生活消费包括两类：一是物质资料的消费，如衣、食、住、行、用等方面的物质消费。二是精神消费，如旅游、文化教育等方面的消费。

（二）消费者权益保护法的概念和原则

1. 消费者权益保护法概念

消费者权益保护法是调整国家机关、经营者、消费者之间因保护消费者利益而产生的各种社会关系的法律规范的总称。广义的消费者权益保护法还包括反垄断法、反不正当竞争法、产品质量法等；狭义的消费者权益法是指 1993 年 10 月 31 日经第八届全国人大常委会第四次会议通过的《中华人民共和国消费者权益保护法》（以下简称《消费者权益保护法》），该法于 2013 年 10 月 25 日第十二届全国人大常委会第五次会议二次修正并于 2014 年 3 月 15 日正式实施。适用于消费者为生活消费需要购买、使用商品或者接受服务的保护。另外，农民购买、使用直接用于农业生产的生产资料，参照本法。

2. 消费者权益保护法的原则

（1）经营者应当依法提供商品或者服务；

（2）经营者与消费者进行交易，应当遵循自愿、平等、公平、诚实、信用的原则；

（3）国家保护消费者合法权益不受侵犯；

（4）一切组织和个人对损害消费者合法权益的行为进行社会监督。

二、消费者的权利和经营者的义务

（一）消费者的权利

1. 安全保障权

消费者在购买、使用商品和接受服务时享有人身、财产安全不受损害的权利。消费者有权要求经营者提供的商品和服务符合保障人身、财产安全的要求。

提示　安全保障权包括人身安全权和财产安全权，是消费者最基本的权利。

2. 知悉真情权

消费者有权根据商品或者服务的不同情况，要求经营者提供商品的价格、产地、生产者、用途、性能、规格、等级、主要成分、生产日期、有效期限、检验合格证明、使用方法说明书、售后服务，或者服务的内容、规格、费用等有关情况。

3. 自主选择权

消费者享有自主选择商品或者服务的权利，主要包括：

（1）有权自主选择提供商品或者服务的经营者；

（2）有权自主选择商品品种或者服务方式；

（3）有权自主决定购买或者不购买任何一种商品、接受或者不接受任何一项服务；

（4）消费者在自主选择商品或者服务时，有权进行比较、鉴别和挑选。

4. 公平交易权

消费者在购买商品或者接受服务时，有权获得质量保障、价格合理、计量正确等公平交易条件，有权拒绝经营者的强制交易行为。其核心是消费者以一定数量的货币换取同等价值的商品或服务。

5. 依法求偿权

消费者在因购买、使用商品或者接受服务受到人身、财产损害时享有依法获得赔偿的权利。它是一项救济性权利。

6. 依法结社权

消费者享有依法成立维护自身合法权益的社会组织的权利。

提示　如消费者协会，是由消费者代表组成的，维护广大消费者权益的具有独立法人资格的社会组织。

7. 获得知识权

消费者享有获得有关消费和消费者权益保护方面的知识的权利。消费者应当努力掌握所需商品或者服务的知识和使用技能，正确使用商品，提高自我保护意识。

8. 受尊重权

消费者在购买、使用商品和接受服务时，享有其人格尊严、民族风俗习惯得到尊重的权利，享有个人信息依法得到保护的权利。这是保障和尊重人权的重要体现。消费者在消费过程中不受非法搜查、检查、侮辱、诽谤等。

9. 监督批评权

消费者享有对商品和服务以及保护消费者权益工作进行监督的权利。消费者有权检举、控告侵害消费者权益的行为和国家机关及其工作人员在保护消费者权益工作中的违法失职行为，有权对保护消费者权益工作提出批评、建议。

案例分析5-3

某市农民姚某到本市金丝家具公司购买家具，他在一套标价 25 万元的红木家具中的一把椅子上坐了一下，不料，椅子背忽然向后掉落到地上，上半截处断裂。马上，这家公司有多人将姚围住。公司一位负责人先是要求他出 25 万元把全套家具拿走，在姚连声哀求下，这家公司便提出要他赔 1 万元。经姚一再喊冤叫屈，最后以赔付 5000 元了结此事。

思考：金丝家具公司的要求合法吗，若假设你是姚某该如何处理这件事？

（二）经营者的义务

1. 履行法定或约定的义务

经营者向消费者提供商品或者服务，应当恪守社会公德，诚信经营，保障消费者的合法权益；不得设定不公平、不合理的交易条件，不得强制交易。双方有约定的，应当按照约定履行义务，但双方的约定不得违背法律、法规的规定。

2. 听取意见和接受监督的义务

经营者应当听取消费者对其提供的商品或者服务的意见，接受消费者的监督。

3. 保障安全的义务

经营者应当保证其提供的商品或者服务符合保障人身、财产安全的要求。对可能危及人身、财产安全的商品和服务，应当向消费者作出真实的说明和明确的警示，并说明和标明正确使用商品或者接受服务的方法以及防止危害发生的方法。

4. 提供真实信息义务

经营者应当向消费者提供有关商品或者服务的真实信息，不得作引人误解的虚假宣传。经营者对消费者就其提供的商品或者服务的质量和使用方法等问题提出的询问，应当作出真实、明确的答复。商店提供商品应当明码标价。租赁他人柜台或者场地的经营者，应当标明其真实名称和标记。

5. 出具凭证或单据义务

经营者提供商品或者服务，应当按照国家有关规定或者商业惯例向消费者出具购货凭证或者服务单据；消费者索要购货凭证或者服务单据的，经营者必须出具。

6. 保证产品质量的义务

经营者应当保证在正常使用商品或者接受服务的情况下其提供的商品或者服务应当具

有的质量、性能、用途和有效期限；但消费者在购买该商品或者接受该服务前已经知道其存在瑕疵的除外。

7. 履行“三包”的义务

经营者提供商品或者服务，按照国家规定或者与消费者的约定，承担包修、包换、包退或者其他责任的，应当按照国家规定或者约定履行，不得故意拖延或者无理拒绝。

经营者采用网络、电视、电话、邮购等方式销售商品的，消费者有权自收到商品之日起7日内退货，且无须说明理由，但下列商品除外：(1) 消费者定做的；(2) 鲜活易腐的；(3) 在线下载或者消费者拆封的音像制品、计算机软件等数字化商品；(4) 交付的报纸、期刊。除前款所列商品外，其他根据商品性质并经消费者在购买时确认不宜退货的商品，不适用无理由退货。

8. 不得以格式合同等方式损害消费者权益的义务

经营者不得以格式合同、通知、声明、店堂告示等方式作出对消费者不公平、不合理的规定，或者减轻、免除其损害消费者合法权益应当承担的民事责任。格式合同、通知、声明、店堂告示等含有前款所列内容的，其内容无效。

9. 尊重消费者的义务

消费者的人身自由、人格尊严不受侵犯。经营者不得对消费者进行侮辱、诽谤，不得搜查消费者的身体及其携带的物品，不得侵犯消费者的人身自由。

10. 不得泄露、出售或者非法向他人提供消费者的个人信息

经营者收集、使用消费者个人信息，应当遵循合法、正当、必要的原则，明示收集、使用信息的目的、方式和范围，并经消费者同意。经营者收集、使用消费者个人信息，应当公开其收集、使用规则，不得违反法律、法规的规定和双方的约定收集、使用信息。

提示　经营者未经消费者同意或请求，或消费者明确表示拒绝的，不得向其发送商业性信息。

案例分析5-4

夏某到附近的一家超市购买生活用品。一进这家超市的大门，一块鲜艳的告示牌就映入眼帘，上面赫然写着“谨慎购买，概不退换”八个大字。夏某在食品柜挑选了一袋奶粉，然后又挑选了其他一些日常生活用品。当天下午，夏某在冲奶粉喝的时候，发现这袋奶粉已经过了保质期。夏某立刻来到这家超市要求退货。值班经理认为不能退货，因为商店已经以告示牌的形式向广大顾客声明，请大家谨慎购买商品，一旦购买一概不予退换；而且告示牌放在十分显眼的地方，每位顾客一进门就会发现。双方争执不下，夏某便投诉到工商局，坚决要求这家超市退货，并且向她赔礼道歉。

思考：(1) 本案中的这家超市侵犯了消费者的何种权利？

(2) 超市打出的“谨慎购买，概不退换”的告示牌的效力如何，为什么？

三、消费争议的解决和法律责任

（一）消费争议的解决途径

（1）与经营者协商和解；
（2）请求消费者协会或依法成立的其他调解组织调解；
（3）向有关行政部门投诉；
（4）根据与经营者达成的仲裁协议提请仲裁机构仲裁；
（6）向人民法院提起诉讼。

至于选择哪种途径解决纠纷，消费者可根据具体情况进行理性的选择。

（二）消费者协会

消费者协会是依法成立的对商品和服务进行社会监督的保护消费者合法权益的社会团体。履行下列公益性职责：

（1）向消费者提供消费信息和咨询服务；
（2）参与制定有关消费者权益的法律、法规、规章和强制性标准；
（3）参与有关行政部门对商品和服务的监督、检查；
（4）就有关消费者合法权益的问题，向有关部门反映、查询，提出建议；
（5）受理消费者的投诉，并对投诉事项进行调查、调解；
（6）投诉事项涉及商品和服务质量问题的，可以委托具备资质的鉴定人鉴定，鉴定人应当告知鉴定意见；
（7）就损害消费者合法权益的行为，支持受损害的消费者提起诉讼或依本法提起诉讼；
（8）对损害消费者合法权益的行为，通过大众传播媒介予以揭露、批评。

提示　消费者组织不得从事商品经营和营利性服务，不得以收取费用或者其他牟取利益的方式向消费者推荐商品和服务。

（三）承担赔偿责任的主体的确定

1. 由销售者、生产者、服务者承担

消费者在购买、使用商品时，其合法权益受到损害的，可以向销售者要求赔偿。销售者赔偿后，属于生产者的责任或者属于向销售者提供商品的其他销售者的责任的，销售者有权向生产者或者其他销售者追偿。

消费者或者其他受害人因商品缺陷造成人身、财产损害的，可以向销售者要求赔偿，也可以向生产者要求赔偿。属于生产者责任的，销售者赔偿后，有权向生产者追偿。属于销售者责任的，生产者赔偿后，有权向销售者追偿。

消费者在接受服务时，其合法权益受到损害的，可以向服务者要求赔偿。

2. 由变更后的企业承担

消费者在购买、使用商品或者接受服务时，其合法权益受到损害，因原企业分立、合

并的，可以向变更后承受其权利义务的企业要求赔偿。

3. 由营业执照的使用人或持有人承担

使用他人营业执照的违法经营者提供商品或者服务，损害消费者合法权益的，消费者可以向其要求赔偿，也可以向营业执照的持有人要求赔偿。

4. 由展销会的举办者与参展单位及柜台的出租者承担

消费者在展览会、租赁柜台购买商品或接受服务，其合法权益受到损害的，可以向销售者或服务者要求赔偿。展览会结束或者柜台租赁期满后，也可以向展览会的举办者、柜台的出租者要求赔偿。展览会的举办者、柜台的出租者赔偿后，有权向销售者或服务者追偿。

5. 由网络交易平台的卖家与网络交易平台的提供者承担

消费者通过网络交易平台购买商品或者接受服务，其合法权益受到损害的，可以向销售者或服务者要求赔偿。网络交易平台提供者不能提供销售者或者服务者的真实名称、地址和有效联系方式的，消费者也可以向网络交易平台提供者要求赔偿；网络交易平台提供者作出更有利于消费者的承诺的，应当履行承诺。网络交易平台提供者赔偿后，有权向销售者或者服务者追偿。网络交易平台提供者明知或应知销售者或服务者利用其平台侵害消费者合法权益未采取必要措施的，依法与该销售者或者服务者承担连带责任。

6. 由从事虚假广告行为的经营者及宣传者和广告的经营者及发布者承担

消费者因经营者利用虚假广告或其他虚假宣传方式提供商品或服务，其合法权益受到损害的，可向经营者要求赔偿。广告经营者、发布者发布虚假广告的，消费者可请求行政主管部门予以惩处。广告经营者、发布者不能提供经营者的真实名称、地址和有效联系方式的，应当承担赔偿责任。广告经营者和发布者设计、制作、发布关系消费者生命健康商品或服务的虚假广告，造成消费者损害的，应与提供该商品或服务的经营者承担连带责任。社会团体或其他组织、个人在关系消费者生命健康的商品或服务的虚假广告或其他虚假宣传中向消费者推荐商品或服务，造成消费者损害的，应与提供该商品或者服务的经营者承担连带责任。

法律驿站

经营者提供商品或者服务有欺诈行为的，应当按照消费者的要求增加赔偿其受到的损失，增加赔偿的金额为消费者购买商品的价款或者接受服务的费用的3倍；增加赔偿的金额不足500元的，为500元。法律另有规定的，依照其规定。

案例分析5-5

吴女士在某大型网购平台上的一家手表网店中购买了一款某知名进口品牌手表。实际收到货后，吴女士发现自己购买的手表并非正品。于是便联系卖家退货，但通过网店中所留的电话、邮件等均无法联系上。吴女士向网购平台工作人员反映，他们在核实后表示，对方当时提供验证的身份证件系假冒，目前他们做的只能是将这家网店关闭，吴女士所遭受的损失只能自己承担。

思考：网购平台工作人员的说法正确吗？为什么？

第三节 产品质量法

一、产品质量法律制度概述

（一）产品质量法的概念

《中华人民共和国产品质量法》中的产品，是指经过加工、制作，用于销售的产品。但不包括下列产品：

（1）未经加工天然形成的产品以及初级农产品。如天然原矿、小麦。

（2）虽经过加工、制作，但不销售的产品。如自编自用的竹椅。

（3）建设工程如房屋、道路、桥梁等不动产性质的产品。但是建设工程使用的建筑材料、建筑构配件和设备适用本法。

（4）军工产品。军工产品质量监督管理办法，由国务院、中央军事委员会另行制定。

产品质量是指产品所应具有的满足人们需要的各种特征与特性，如适用性、安全性、可用性、可靠性、可维修性、经济性等。

产品质量法有广义和狭义之分。广义的产品质量法是指调整在生产、流通、消费及监督过程中因产品质量所发生的经济法律关系的法律规范的总称。狭义的产品质量法，即指1993年2月22日经第七届全国人大常委会第三十次会议通过，并于2000年、2009年、2018年三次修正的《中华人民共和国产品质量法》（以下简称《产品质量法》），修正后的《产品质量法》共六章74条。

提示 凡是在中华人民共和国境内从事产品生产、销售活动，包括生产出口产品和销售进口产品都适用《产品质量法》。

（二）产品质量法的基本原则

1. “质量第一”的原则

严格保证产品质量，保证产品的安全性、可靠性和适用性。国家采取四种措施贯彻这一原则：（1）加强对产品质量的行政监督管理；（2）推行先进的企业质量体系认证制度和产品质量认证制度；（3）全面具体地规定生产者、销售者在保证产品质量方面所承担的义务；（4）对不履行产品质量义务的责任人员予以法律制裁。

2. 保护消费者合法权益原则

在我国，生产的目的是最大限度地满足人们日益增长的对物质和文化生活的需求，即要不断满足广大消费者的要求。要实现这一目的，首先必须使消费者的合法权益得以保障。对此，我国《产品质量法》也有明确的规定。

3. 过错责任与严格责任并行原则

过错责任与严格责任是指法律的归责原则，即依据什么要求主体来承担法律责任。

我国《产品质量法》对生产者采用严格责任原则，即缺陷产品如果造成了他人人身、财产损害，生产者即使没有过错，也要承担民事侵权赔偿责任；而对销售者，则采用过错责任原则。

4. 全额赔偿原则

因产品缺陷造成消费者损失，损失多少就应赔偿多少。

二、生产者、销售者的产品质量义务

（一）生产者的产品质量责任和义务

1. 产品的内在质量应当符合法定要求

生产者应保证产品的内在质量符合：

（1）不存在危及人身、财产安全的不合理的危险，有保障人体健康和人身、财产安全的国家标准、行业标准的，应当符合该标准；

（2）具备产品应当具备的使用性能，但是对产品存在使用性能的瑕疵做出说明的除外；

（3）符合在产品或其包装上注明采用的产品标准，符合以产品说明、实物样品等方式表明的质量状况。

符合上述要求的产品为合格产品。

2. 产品或其包装标识应当符合法定要求

产品或其包装标识是指载于产品或其包装上用于标明产品及其特征、特性的各种文字说明和符号等。生产者提供的产品或者其包装上的标识必须真实并符合：

（1）有产品质量检验合格证明。

（2）有中文标明的产品名称、生产厂厂名和厂址。

（3）根据产品的特点和使用要求，需要标明产品规格、等级、所含主要成分的名称和含量的，用中文相应地予以标明；需要事先让消费者知晓的，应当在外包装上标明，或者预先向消费者提供有关资料。

（4）限期使用的产品，应当在显著位置清晰地标明生产日期和安全使用期或者失效日期。

（5）使用不当，容易造成产品本身损坏或者可能危及人身、财产安全的产品，应当有警示标志或者中文警示说明；但裸装的食品和其他根据产品的特点难以附加标识的产品，可以不附加产品标识。

3. 特殊产品包装应当符合法定要求

对于易碎、易燃、易爆、有毒、有腐蚀性、有放射性等危险物品以及储运中不能倒置和其他有特殊要求的产品，其包装质量必须符合相应要求，依照国家有关规定做出警示标志或者中文警示说明，标明储运注意事项。

4. 不得违反禁止性规定

生产者不得违反以下三项禁止性规定：

（1）生产者不得伪造或者冒用他人的厂名、厂址；

（2）不得伪造或者冒用认证标志等质量标志；

（3）生产产品，不得掺杂、掺假，不得以假充真、以次充好，不得以不合格产品冒充合格产品。

案例分析5-6

A 市技术监督局在 2020 年年初接连接到菜农投诉：由于使用了有毒棚膜，造成 1 万平方米的大棚蔬菜绝收，经济损失达 300 余万元。这批有毒棚膜是 A 市某蔬菜供销服务站从 B 市某厂进的货，进货时有相关机构出具的合格证明。自 2019 年 10 月以来，A 市有 6 个乡镇共有 27 户菜农购买并使用了这种有毒的棚膜，菜农朱某购买了这种棚膜，先后栽种了黄瓜、西红柿、芹菜、芸豆等，连栽连种 7 次竟全部死掉。经中国科学院大连化学物理研究所检验，此膜含有国家早已明令禁用于农膜生产的磷苯二甲酸二异丁酯。

思考：生产者违反了哪些义务，菜农将如何维护自己的合法权益？

（二）销售者的产品质量责任和义务

销售者的产品质量责任和义务包括：

（1）建立并执行进货检查验收制度，验明产品合格证明和其他标识。

（2）采取措施，保持销售产品的质量。

（3）不得销售国家明令淘汰并停止销售的产品和失效、变质的产品。

（4）销售的产品的标识应当符合上述“产品或其包装标识应当符合法定要求”的规定。

（5）不得伪造产地，不得伪造或者冒用他人的厂名、厂址。

（6）不得伪造或者冒用产品冒充合格产品，用认证标志等质量标志。

（7）销售产品，不得掺杂、掺假，不得以假充真、以次充好，不得以不合格产品冒充合格产品。

提示 生产者或销售者不得以协议形式变更或免除上述法定义务。

三、产品质量的监督管理和法律责任

（一）产品质量的监督管理

1. 产品质量管理体制

国务院产品质量监督管理部门（国家质量检验和检疫局），主管全国产品质量监督工作。县级以上地方人民政府管理产品质量监督工作的部门，主管本行政区域内的产品质量监督管理工作。

2. 产品质量的宏观管理

（1）企业质量体系认证制度是指国务院产品质量监督管理部门或者由它授权的部门认可的认证机构，依据国际通用的“质量管理和质量保证”系列标准，对企业的质量体系和质量保证能力进行审核，颁发给合格企业质量体系认证证书，以兹证明的制度。

（2）产品质量认证制度是指依据具有国际水平的产品标准和技术要求，经过认证机构确认，并通过颁发认证证书和产品质量认证标志的形式，证明产品符合相应标准和技术要求的制度。产品质量认证种类有：安全认证和合格认证。根据我国产品质量法规定，产品质量认证标志为：1）方圆标志分为合格认证标志和安全认证标志；2）长城标志为电工产品专用认证标志；3）PRC 标志为电子元器件专用认证标志。

（3）工业产品许可证制度是指国家对于具备生产条件并且产品检验合格的工业企业，发给其许可生产该项产品的凭证。其适用范围是重要的工业产品，特别是可能危及人体健康，人身、财产安全和公共利益的工业产品。

（4）产品质量抽查制度是国家对产品质量实行以抽查为主要方式的监督检查制度，对可能危及人体健康和人身、财产安全的产品，影响国计民生的重要工业产品，以及用户、消费者和有关组织反映质量问题的产品进行抽查。

提示　监督抽查工作由产品质量监督管理部门规划和组织，抽查的结果应当公布，接受社会监督。

（二）产品质量的法律责任

产品质量法律责任是指行为人违反《产品质量法》的规定应当承受的法律后果。法律后果包括民事责任、行政责任和刑事责任三种形式。其中以民事责任为产品质量责任的主要责任形式，包括产品瑕疵责任和产品缺陷责任两种。

1. 产品瑕疵责任

产品瑕疵责任是一种违约责任。售出的产品有瑕疵责任的，销售者应当负责“三包”，即负责修理、更换、退货；给购买产品的用户、消费者造成损失的，销售者应当赔偿损失。此外，还应当赔偿用户、消费者在要求销售者进行修理、更换、退货过程中所发生的运输费、交通费、误工费等损失。销售者依照上述要求负责修理、更换、退货、赔偿损失后，属于生产者的责任或者属于向销售者提供产品的其他销售者（即供货者）的责任的，销售者有权向生产者、供货者追偿。

2. 产品缺陷责任

产品缺陷责任是一种侵权责任，是指产品制造者、销售者或提供有缺陷产品导致他人遭受财产、人身损害后所应承担的民事法律后果。

（1）产品缺陷责任的归责原则。1）生产者的无过错责任又称严格责任，即生产者对于生产的缺陷产品无论有无过错，只要造成了他人的人身或财产损害，都应承担民事责任。2）销售者的过错责任是指以行为人主观上有过错为承担民事责任的必要原则的归责原则。

（2）损害赔偿。因产品存在缺陷造成人身、他人财产损害的，受害人可以向产品的生产者要求赔偿，也可以向产品的销售者要求赔偿。

（3）诉讼时效与请求权。包括：因产品存在缺陷造成损害要求赔偿的诉讼时效期间为2年，自当事人知道或者应当知道其权益受到损害时起计算。因产品存在缺陷造成损害要求赔偿的请求权，在造成损害的缺陷产品交付最初用户、消费者满10年时丧失；但尚未超过明示的安全使用期的除外。

案例分析5-7

A厂家开发一种新型的高效压力锅，先后制造出五件样品，但样品中有两件丢失。一个月后，某户居民的压力锅发生爆炸，造成人员受伤。经查明原因是使用A厂丢失的两件样品中的一件，而该压力锅存在重大缺陷。该户居民要求A厂赔偿损失。

思考：A厂是否要赔偿该户居民的损失？

知识检测

一、单项选择题

（1）甲厂生产一种易拉罐装碳酸饮料，消费者丙从乙商场购买这种饮料后，在开启时被罐内的强烈气流炸伤眼部，下列答案中最正确的是（　　）。

A. 丙只能向乙索赔

B. 丙只能向甲索赔

C. 丙只能向消费者协会投诉，请其确定向谁索赔

D. 丙可向甲、乙中的一个索赔

（2）下列产品中属于《产品质量法》的调整对象的是（　　）。

A. 建房所需要的不锈钢门窗　　B. 某科研机构正在研究的一种高清电视

C. 玉矿石　　D. 木匠小李将其打造的衣柜赠予朋友

（3）某商店内部规定，顾客购买热水器的同时必须购买某热水管线，此规定侵犯了消费者的（　　）。

A. 知悉真情权　　B. 公平交易权　　C. 自主选择权　　D. 获知权

（4）抽奖式有奖销售的最高奖金金额不得超过人民币（　　），否则构成不正当竞争行为。

A. 5000　　B. 3000　　C. 2000　　D. 1000

二、多项选择题

（1）消费者和经营者发生消费者权益争议的，可以通过下列哪几种途径解决（　　）。

A. 与经营者协商和解　　B. 请求消费者协会调解

C. 向人民法院提起诉讼　　D. 向有关行政部门投诉

（2）下列关于产品销售者的说法中正确的是（　　）。

A. 销售者不得伪造或冒用认证标志

B. 销售者不得销售失效变质的商品

C. 销售者应建立进货检查验收制度

D. 销售者负有验明产品质量合格的义务

(3) 下列属于《消费者权益保护法》赋予消费者的权利的是（　　）。

A. 人身财产不受损害的权利

B. 自主选择服务的权利

C. 确定获得赔偿数额的权利

D. 公平交易的权利

(4) 消费者公平交易权的表现主要有（　　）。

A. 消费者有权要求商品应当具备公众普遍认为其应当具备的功能

B. 消费者有权要求商品或者服务的定价合理

C. 消费者有权要求商品的计量正确，不得克扣

D. 交易必须在自愿的基础上发生

(5) 某公司生产销售一款新车，该车在有些新设计上不够成熟，导致部分车辆在驾驶中出现故障，甚至因此造成交通事故。事后，该公司拒绝就故障原因作出说明，也拒绝对受害人提供赔偿。该公司的行为侵犯了消费者的（　　）。

A. 安全保障权　　B. 知悉真情权

C. 公平交易权　　D. 获取赔偿权

三、判断题

(1) 经营者不得对消费者进行侮辱、诽谤，不得搜查消费者的身体及其携带的物品，不得侵犯消费者的人身自由。（　　）

(2) 保护消费者的合法权益是消费者协会的责任。（　　）

(3)《产品质量法》中所称的产品质量是指产品满足需要的适用性、安全性、可靠性、维修性、经济性和环境所具有的特征、特性的总和。（　　）

(4) 消费者或者其他受害人因商品缺陷造成人身、财产损害的，只能向销售者要求赔偿。（　　）

(5) 超市经营者有权对怀疑有偷盗行为的消费者进行搜查，包括消费者的身体及其携带的物品。（　　）

(6)“商品售出概不退换”侵犯了消费者的自主选择权。（　　）

四、实训题

实训一

旅客赵某2020年4月外出旅游，于当月8日搭乘市客运公司的客车，在购买车票时，赵某发现除票价外，还加收了2元“人身保险费”和2元的“空调费”，但候车室内根本就没有打开空调，客车上路后，多次发生机械故障，走走停停，到达目的地时已晚点7个多小时，影响了赵某的行程安排，赵某要求客运公司作出合理解释，赔礼道歉，并返还加快车票与普通车票的差价。

讨论：

（1）客运部门是否有权强行收取“人身保险费”？

（2）赵某的要求是否合理？赵某可否要求退回“空调费”？

实训二

张某与刘某至某商场首饰自选柜台选购首饰。两人在此挑选、试用一条项链约30分钟，终因未曾选中而离开商场。两人走到店门口时，首饰自选柜台的营业员和一位保安人员追了上来，指控两人偷了柜台陈列的货物，两人坚决否认，双方相持不下，这时，另一位商场保安人员上来对张、刘两人说：“请你们到商场保卫科把事情说清楚。”到保卫科后，商场保安人员要求检查刘、张两人随身所带的皮包，遭到两人的拒绝。保安人员对刘、张说：“如果你们确实没有偷窃商场的货物，就应该接受我们的检查来证明你们的清白。”迫于无奈，刘、张两人交出了自己的皮包。经检查，未发现任何商场的货物。此后，保安人员进一步提出要对两人搜身检查并立即找来两位女营业员对刘、张两人强行进行搜身检查，仍然没有找到任何商场的东西。事后，刘、张两人愤然离开了这家百货商场。随后，刘、张两人以该百货商场损害了自己的人格尊严为由提出诉讼，要求该商场赔礼道歉，为其恢复名誉并赔偿精神损失费3000元。

讨论：

（1）法院应支持刘、张的诉讼吗，为什么？

（2）本案中，商场保安对此事如何处理才是正确的？

第六章　劳动合同和社会保险法

知识导航

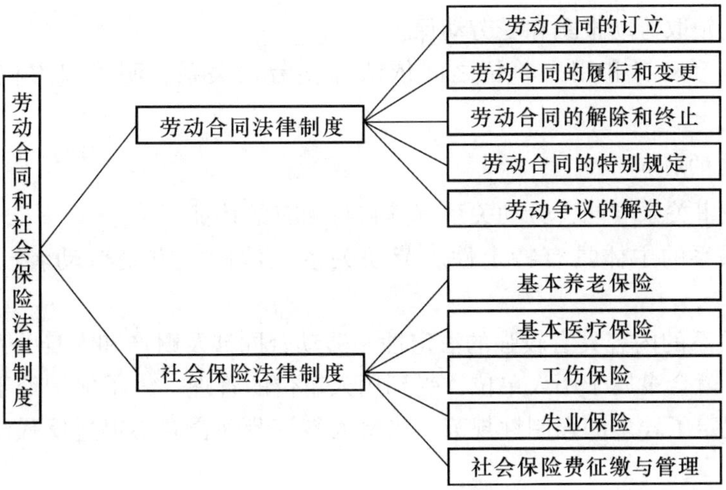

案例导入

2020年1月，阿芳从河北到广东打工，被广州一家餐馆（个人独资企业）招为厨房勤杂工，双方口头约定报酬为2800元/月，免费提供食宿，如发生其他费用，餐馆概不负责。6月，由于连日加班，阿芳在切菜时不小心切断左手手指，为此花费医药费2万元。同乡告诉阿芳，这属于工伤，可以要求老板支付相关费用。于是阿芳向老板提出医疗费和营养费请求。餐馆老板以私营小企业无须缴纳社保和承担工伤责任为由，拒绝了阿芳的请求。

请思考　(1) 阿芳与该餐馆是否构成劳动关系？

(2) 该餐馆的做法是否合法，阿芳可以通过哪些途径维护自己的合法权益？

第一节 劳动合同法律制度

一、劳动关系和劳动合同

(一)劳动关系和劳动合同的概念与特征

1. 劳动关系和劳动合同的概念

劳动关系是指劳动者与用人单位依法签订劳动合同而在劳动者与用人单位之间产生的法律关系。劳动者接受用人单位的管理,从事用人单位安排的工作,成为用人单位的成员,从用人单位领取劳动报酬和受劳动保护。

劳动合同是劳动者和用人单位之间依法确立劳动关系,明确双方权利义务的书面协议。

2. 劳动关系的特征

与一般的民事关系不同,劳动关系有其自身独有的特征:

(1)劳动关系的主体具有特定性。劳动关系主体的一方是劳动者,另一方是用人单位。

(2)劳动关系的内容具有较强的法定性。劳动合同涉及财产和人身关系,劳动者在签订劳动合同后,就会隶属于用人单位,受到用人单位的管理。为了保护处于弱势的劳动者的权益,法律规定了较多的强制性规范,当事人签订劳动合同不得违反强制性规定,否则无效。

(3)劳动者在签订和履行劳动合同时的地位是不同的。劳动者与用人单位在签订劳动合同时,遵循平等、自愿、协商一致的原则,双方法律地位是平等的。一旦双方签订了劳动合同,在履行劳动合同的过程中,用人单位和劳动者就具有了支配与被支配、管理与服从的从属关系。

(二)劳动合同法的适用范围

为规范劳动关系,国家陆续颁布了一系列相关法律、法规和规章,如《中华人民共和国劳动法》(以下简称《劳动法》)、《中华人民共和国劳动合同法》(以下简称《劳动合同法》)、《中华人民共和国劳动争议调解仲裁法》(以下简称《劳动争议调解仲裁法》)、《中华人民共和国劳动合同法实施条例》(以下简称《劳动合同法实施条例》)、《职工带薪年休假条例》等,这些法律、法规构成了我国劳动合同法律制度的主要内容。

根据《劳动合同法》及其实施条例的有关规定,中华人民共和国境内的企业、个人经济组织、民办非企业单位(以下称用人单位)与劳动者建立劳动关系,订立、履行、变更、解除或者终止劳动合同,适用劳动合同法。依法成立的会计师事务所、律师事务所等合伙组织和基金会,属于《劳动合同法》规定的用人单位。

国家机关录用和聘任公务员，适用公务员法，不适用《劳动合同法》。事业单位分以下三种情况：

（1）具有管理公共事务职能的组织，其录用工作人员参照公务员法进行管理，不适用劳动合同法；

（2）实行企业化管理的事业单位，与职工签订的是劳动合同，适用劳动合同法；

（3）医院、学校、科研机构等事业单位，如果签订的是劳动合同，就要依照劳动合同法执行，如果签订的是聘用合同，聘用合同也属于一种劳动合同。

至于社会团体，虽然公务员法没有明确规定参照管理，但其工作人员有的是比照公务员法管理的，也有实行劳动合同制的。国家机关、事业单位、社会团体招用工勤人员，需要签订劳动合同，依照《劳动合同法》执行。

二、劳动合同的订立

劳动合同的订立是指劳动者和用人单位经过相互选择与平等协商，就劳动合同的各项条款达成一致意见，并以书面形式明确规定双方权利和义务的内容，从而确定劳动关系的法律行为。

（一）劳动合同订立的主体

1. 劳动合同订立主体的资格要求

（1）劳动者需要有劳动权利能力和行为能力。禁止用人单位招用未满 16 周岁的未成年人。文艺、体育和特种工艺单位招用未满 16 周岁的未成年人，必须依照国家有关规定，履行审批手续，并保障其接受义务教育的权利。

（2）用人单位有用人权利能力和行为能力。

2. 劳动合同订立主体的义务

（1）用人单位的义务和责任。用人单位招用劳动者时，应如实告知劳动者工作内容、工作条件、工作地点、职业危害、安全生产状况、劳动报酬，以及劳动者要求了解的其他情况。用人单位招用劳动者，不得扣押劳动者的居民身份证和其他证件，不得要求劳动者提供担保或者以其他名义向劳动者收取财物。

用人单位违反《劳动合同法》规定，扣押劳动者居民身份证等证件的，由劳动行政部门责令限期退还劳动者本人，并依照有关法律规定给予处罚。用人单位以担保或者其他名义向劳动者收取财物的，由劳动行政部门责令限期退还劳动者本人，并以每人 500 元以上 2000 元以下的标准处以罚款；给劳动者造成损害的，应当承担赔偿责任。

（2）劳动者的义务。用人单位有权了解劳动者与劳动合同直接相关的基本情况，劳动者应当如实说明。

用人单位自用工之日起即与劳动者建立劳动关系。用人单位与劳动者在用工前订立劳动合同的，劳动关系自用工之日起建立。

知识拓展

公务员和比照实行公务员制度的事业组织和社会团体的工作人员，以及农村劳动者（乡镇企业职工和进城务工、经商的农民除外）、现役军人和家庭保姆等不适用《劳动合同法》。国家机关录用公务员和聘任制公务员，适用公务员法；现役军人适用现役军官法；家庭保姆与雇主之间是劳务关系，适用民法调整。在校生利用业余时间勤工俭学，不视为就业，可以不签订劳动合同。

案例分析6–1

王某于2019年6月22日入职于深圳市某电子公司（以下简称电子公司），担任电子工程师，双方签订有书面劳动合同，劳动合同期限为1年，从2019年6月22日至2020年6月21日，劳动合同约定试用期为3个月。王某月平均工资为6500元。2019年8月30日，电子公司以王某没有通过试用期考核为由，将王某辞退。王某要求支付年限经济补偿金等赔偿费用时，被其无理拒绝。为此，王某以双方关于试用期的约定为无效约定，其已过法定的试用期，为正式员工，电子公司辞退其属于无故辞退为由，依法向劳动争议仲裁委员会提出申诉申请，要求电子公司支付被辞退的年限经济补偿金人民币3250元及其额外经济补偿金人民币1625元。

思考：王某请求支付经济补偿金等费用有法律依据吗？

（二）劳动合同订立的种类

用人单位与劳动者建立劳动关系，应当订立书面劳动合同。《劳动合同法》规定，已建立劳动关系，未同时订立书面劳动合同的，应当自用工之日起1个月内订立书面劳动合同。用人单位自用工之日起超过1个月不满1年未与劳动者订立书面劳动合同的，应当向劳动者每月支付2倍的工资。《劳动合同法》以合同期限为标准将劳动合同划分为以下三类。

1. 固定期限劳动合同

固定期限劳动合同是指用人单位与劳动者约定合同终止时间的劳动合同。合同期限由双方当事人根据工作需要和各自的实际情况协商确定，可以是长期的，如5年或10年等；也可以是短期的，如6个月、1年等。

2. 无固定期限劳动合同

无固定期限劳动合同是指用人单位与劳动者约定无确定终止时间的劳动合同。在不出现法律、法规规定的或者当事人约定的变更、解除劳动合同的条件或法定终止情形时，无固定期限劳动合同可持续到劳动者法定退休年龄为止。用人单位与劳动者协商一致，可以订立无固定期限劳动合同。有下列情形之一，劳动者提出或者同意续订、订立劳动合同的，除劳动者提出订立固定期限劳动合同外，应当订立无固定期限劳动合同：

（1）劳动者在该用人单位连续工作满10年的。

（2）用人单位初次实行劳动合同制度或者国有企业改制重新订立劳动合同时，劳动者在该用人单位连续工作满10年且距法定退休年龄不足10年的。

（3）连续订立2次固定期限劳动合同，且劳动者没有劳动合同法规定的过错性辞退和非过错性辞退情形，续订劳动合同的。

（4）用人单位自用工之日起满1年不与劳动者订立书面劳动合同的，视为用人单位与劳动者已订立无固定期限劳动合同。

提示 无固定期限劳动合同的目的在于保护劳动者的“黄金年龄”，保护劳动者的职业稳定性，解决劳动合同短期化问题。

为保证劳动者签订无固定期限劳动合同选择权的实现，劳动法规定，用人单位违反规定不与劳动者订立无固定期限劳动合同的，自应当订立无固定期限劳动合同之日起向劳动者每月支付2倍的工资。

3. 以完成一定工作任务为期限的劳动合同

以完成一定工作任务为期限的劳动合同是指用人单位与劳动者约定以某项工作的完成为合同期限的劳动合同。此类合同适用于建筑业、临时性、季节性的工作任务，或者由于工作性质可以采取此类合同的工作。它便于用人单位根据工作性质、工作任务的完成情况，灵活确定劳动合同开始和结束的时间。

（三）劳动合同的主要内容

劳动合同的内容，即劳动合同的条款，一般分为必备条款和约定条款。

1. 必备条款

必备条款不完善，会导致劳动合同不能成立。必备条款包括以下内容：

（1）用人单位的名称、住所和法定代表人或者主要负责人。

（2）劳动者的姓名、住址和居民身份证或者其他有效身份证件号码。

（3）劳动合同期限。

（4）工作内容和工作地点。

（5）工作时间和休息休假。

（6）劳动报酬。根据规定，工资应当以法定货币支付，不得以实物及有价证券代替货币支付。劳动者加班加点的，用人单位应按下列标准支付工资：1）安排劳动者延长工作时间的，支付不低于工资的150%的工资报酬；2）休息日（周六、周日）安排劳动者工作的，支付不低于工资的200%的工资报酬；3）法定休假日安排劳动者工作的，支付不低于工资的300%的工资报酬。

（7）社会保险。社会保险包括基本养老保险、基本医疗保险、失业保险、工伤保险等。参加社会保险、缴纳社会保险费是用人单位与劳动者的法定义务。

（8）劳动保护、劳动条件和职业危害防护。

（9）法律、法规规定应当纳入劳动合同的其他事项。

2. 约定条款

用人单位与劳动者可以约定试用期、服务期限、保守秘密、竞业限制等其他事项。但约定条款不得违反法律、法规的强制性、禁止性规定，否则该约定无效。

（1）试用期。试用期是指用人单位与劳动者之间为相互了解、选择而约定的考察期。试用期满，劳动者即成为正式员工。

1）试用期的长短。劳动合同期限 3 个月以上不满 1 年的，试用期不得超过 1 个月；劳动合同期限 1 年以上不满 3 年的，试用期不得超过 2 个月；3 年以上固定期限和无固定期限的劳动合同，试用期不得超过 6 个月。以完成一定工作任务为期限的劳动合同或者劳动合同期限不满 3 个月的，不得约定试用期。试用期包含在劳动合同期限内。劳动合同仅约定试用期的，试用期不成立，该期限为劳动合同期限。

2）试用期的次数。同一用人单位与同一劳动者只能约定 1 次试用期。

3）试用期的劳动报酬。劳动者在试用期的工资不得低于本单位相同岗位最低档工资或者劳动合同约定工资的 80%，并不得低于用人单位所在地的最低工资标准。

4）试用期间解除劳动合同。在试用期中，除劳动者被证明不符合录用条件、劳动者有违规违纪违法行为、不能胜任工作等情形外，用人单位不得解除劳动合同。用人单位在试用期解除劳动合同的，应当向劳动者说明理由。劳动者在试用期内提前 3 日通知用人单位，可以解除劳动合同。

（2）服务期。服务期是指劳动者因享受用人单位给予的特殊待遇而作出的关于劳动履行期限的承诺。用人单位为劳动者提供专项培训费用，对其进行专业技术培训的，可与该劳动者订立协议，约定服务期。劳动者违反服务期约定的，应当按照约定向用人单位支付违约金。违约金的数额不得超过用人单位提供的培训费用。对已经履行部分服务期限的，用人单位要求劳动者支付的违约金不得超过服务期尚未履行部分所应分摊的培训费用。

（3）保守商业秘密和竞业限制。对负有保密义务的劳动者，用人单位可以在劳动合同或者保密协议中与劳动者约定竞业限制条款，并约定在解除或者终止劳动合同后，在竞业限制期限内按月给予劳动者经济补偿。劳动者违反竞业限制约定的，应当按照约定向用人单位支付违约金。

提示　在解除或者终止劳动合同后，上述人员到与本单位生产或者经营同类产品、从事同类业务的有竞争关系的其他用人单位，或者自己开业生产或者经营同类产品、从事同类业务的竞业限制期限，不得超过 2 年。因用人单位的原因导致 3 个月未支付经济补偿，劳动者请求解除竞业限制经济补偿的，人民法院应予支持。

知识拓展

《职工带薪年休假条例》规定，机关、团体、企业、事业单位、民办非企业单位、有雇工的个体工商户等单位的职工连续工作 1 年以上的，享受带薪年休假（简称年休假）。职工在年休假期间享受与正常工作期间相同的工资收入。职工累计工作已满 1 年不满 10 年的，年休假 5 天；已满 10 年不满 20 年的，年休假 10 天；已满 20 年的，年休假 15 天。国家法定休假日、休息日不计入年休假的假期。年休假在 1 个年度内可以集中安排，也可以分段安排，一般不跨年安排。单位因生产、工作特点确有必要跨年安排职工年休假的，可以跨 1 个年度安排。但当职工有下列情形之一时，不享受当年的年休假：（1）职工依法享受寒暑假，其休假天数多于年休假天数的；（2）职工请事假累计20天以上且单位按照规定不扣工资的；（3）累计工作满1年不满10年的职工，请病假累计2个月以上的；（4）累计工作满10年不满20年的职工，请病假累计3个月以上的；（5）累计工作满20年以上的职工，请病假累计4个月以上的。另外，《企业职工带薪年休假实施办法》规定，职工新进用人单位且符合享受带薪年休假条件的，当年度年休假天数按照在本单位剩余日历天数折算确定，折算后不足1整天的部分不享受年休假。

案例分析6–2

甲公司与王某签订劳动合同，约定合同期限为1年，月工资2800元，试用期为3个月，试用期工资为月工资的70%（当地最低工资标准2100元）。

思考：案例中的劳动合同约定条款是否有效？

三、劳动合同的履行和变更

（一）劳动合同的履行

劳动合同的履行是指劳动合同生效后，当事人双方按照劳动合同的约定，完成各自承担的义务和实现各自享受的权利，使当事人双方订立合同的目的得以实现的法律行为。

1. 用人单位与劳动者应当按照劳动合同的约定，全面履行各自的义务

（1）用人单位应当按照劳动合同约定和国家规定，向劳动者及时足额支付劳动报酬。用人单位拖欠或者未足额支付劳动报酬的，劳动者可以依法向当地人民法院申请支付令，人民法院应当依法发出支付令。

提示 用人单位未按照劳动合同的约定或者国家规定及时足额支付劳动者劳动报酬的，由劳动行政部门责令限期支付；逾期不支付的，责令用人单位按应付金额50%以上100%以下的标准向劳动者加付赔偿金。

（2）用人单位应当严格执行劳动定额标准，不得强迫或者变相强迫劳动者加班。用人单位安排加班的，应当按照国家有关规定向劳动者支付加班费。

（3）劳动者拒绝用人单位管理人员违章指挥、强令冒险作业的，不视为违反劳动合同。劳动者对危害生命安全和身体健康的劳动条件，有权对用人单位提出批评、检举和控告。

（4）用人单位变更名称、法定代表人、主要负责人或者投资人等事项，不影响劳动合同的履行。

（5）用人单位发生合并或者分立等情况，原劳动合同继续有效，劳动合同由承继其权利和义务的用人单位继续履行。

2. 用人单位应当依法建立和完善劳动规章制度，保障劳动者享有劳动权利、履行劳动义务

劳动规章制度是用人单位制定的组织劳动过程和进行劳动管理的规则和制度的总称。主要包括劳动合同管理、工资管理、社会保险福利待遇、工时休假、职工奖惩，以及其他

劳动管理规定。合法有效的劳动规章制度是劳动合同的组成部分，对用人单位和劳动者均具有法律约束力。

用人单位在制定、修改或者决定有关劳动报酬、工作时间、休息休假、劳动安全卫生、保险福利、职工培训、劳动纪律以及劳动定额管理等直接涉及劳动者切身利益的规章制度和重大事项时，应当经职工代表大会或者全体职工讨论，提出方案和意见，与工会或者职工代表平等协商确定。

用人单位直接涉及劳动者切身利益的规章制度违反法律、法规规定的，由劳动行政部门责令改正，给予警告；给劳动者造成损害的，应当承担赔偿责任。

（二）劳动合同的变更

劳动合同的变更是指劳动合同依法订立后，在合同尚未履行或者尚未履行完毕之前，经用人单位和劳动者双方当事人协商同意，对劳动合同内容做部分修改、补充或者删减的法律行为。

用人单位与劳动者协商一致，可以变更劳动合同约定的内容，并应当采用书面形式。变更后的劳动合同文本由用人单位和劳动者各执一份。

变更劳动合同未采用书面形式，但已经实际履行了口头变更的劳动合同超过1个月，且变更后的劳动合同内容不违反法律、行政法规、国家政策以及公序良俗，当事人以未采用书面形式为由主张劳动合同变更无效的，人民法院不予支持。

案例分析6–3

张华2017年4月与海林饲料有限公司签订了5年的劳动合同，职位为销售经理。2020年4月海林饲料有限公司被瑞天农资有限公司（以下简称瑞天农资）吸收合并。张华来到瑞天农资上班时，该公司以海林饲料有限公司被合并，原公司已注销为由，否定了与张华的劳动关系，也未支付张华3个月的工资。对此，张华表示不服，向仲裁部门提出申请，要求瑞天农资履行合同义务。

思考：（1）公司合并后，合并前签订的劳动合同是否有效？
（2）如果瑞天农资提出将原劳动合同期限变更为4年，是否需要与张华协商？

四、劳动合同的解除和终止

（一）劳动合同的解除

劳动合同解除是指在劳动合同订立后，劳动合同期限届满之前，因双方协商提前结束劳动关系，或因出现法定的情形，一方单方面通知对方结束劳动关系的法律行为。

劳动合同解除分为协商解除和法定解除两种情况。协商解除是指劳动合同订立后，双方当事人因某种原因，在完全自愿的基础上协商一致，提前终止劳动合同，结束劳动关系；法定解除是指在出现国家法律、法规或劳动合同规定的可以解除劳动合同的情形时，不需当事人协商一致，一方当事人即可决定解除劳动合同，劳动合同效力可以自然终止或由单方提前终止。

1. 劳动者单方面解除劳动合同的情形

（1）劳动者提前通知解除劳动合同的情形：1）劳动者提前30日以书面形式通知用人单位解除劳动合同；2）劳动者在试用期内提前3日通知用人单位解除劳动合同。在这两种情形下，劳动者不能获得经济补偿。

（2）劳动者可随时通知解除劳动合同的情形：1）用人单位未按照劳动合同约定提供劳动保护或者劳动条件的；2）用人单位未及时足额支付劳动报酬的；3）用人单位未依法为劳动者缴纳社会保险费的；4）用人单位的规章制度违反法律、法规的规定，损害劳动者权益的；5）用人单位以欺诈、胁迫的手段或者乘人之危，使劳动者在违背真实意愿的情况下订立或者变更劳动合同的；6）用人单位在劳动合同中免除自己的法定责任、排除劳动者权利的；7）用人单位违反法律、行政法规强制性规定的；8）法律、行政法规规定劳动者可以解除劳动合同的其他情形。

（3）劳动者不需事先告知用人单位即可解除劳动合同的情形：1）用人单位以暴力、威胁或者非法限制人身自由的手段强迫劳动者劳动的；2）用人单位违章指挥、强令冒险作业危及劳动者人身安全的。

2. 用人单位单方面解除劳动合同的情形

（1）因劳动者过错解除劳动合同的情形：1）劳动者在试用期间被证明不符合录用条件的；2）劳动者严重违反用人单位的规章制度的；3）劳动者严重失职，营私舞弊，给用人单位造成重大损害的；4）劳动者同时与其他用人单位建立劳动关系，对完成本单位的工作任务造成严重影响，或者经用人单位提出，拒不改正的；5）劳动者以欺诈、胁迫的手段或者乘人之危，使用人单位在违背真实意愿的情况下订立或者变更劳动合同的；6）劳动者被依法追究刑事责任的。

（2）无过失性辞退的情形：1）劳动者患病或者非因工负伤，在规定的医疗期满后不能从事原工作，也不能从事由用人单位另行安排的工作的；2）劳动者不能胜任工作，经过培训或者调整工作岗位，仍不能胜任工作的；3）劳动合同订立时所依据的客观情况发生重大变化，致使劳动合同无法履行，经用人单位与劳动者协商，未能就变更劳动合同内容达成协议的。在上述情形下，用人单位提前30日以书面形式通知劳动者本人或者额外支付劳动者1个月工资后，可以解除劳动合同。用人单位选择额外支付劳动者1个月工资解除劳动合同的，其额外支付的工资应当按照该劳动者上1个月的工资标准确定。用人单位还应当向劳动者支付经济补偿。

（3）经济性裁员的情形：经济性裁员是指企业由于经营不善等经济性原因，解雇多个劳动者的情形。用人单位有下列情形之一，需要裁减人员20人以上或者裁减不足20人但占企业职工总数10%以上的，用人单位提前30日向工会或者全体职工说明情况，听取工会或者职工的意见后，裁减人员方案经向劳动行政部门报告，可以裁减人员：1）依照企业破产法规定进行重整的；2）生产经营发生严重困难的；3）企业转产、重大技术革新或者经营方式调整，经变更劳动合同后，仍需裁减人员的；4）其他因劳动合同订立时所依据的客观经济情况发生重大变化，致使劳动合同无法履行的。在上述情形下解除劳动合同，用人单位应当向劳动者支付经济补偿。

（二）劳动合同的终止

劳动合同终止是指用人单位与劳动者之间的劳动关系因某种法律事实的出现而自动归于消灭，或导致劳动关系的继续履行成为不可能而不得不消灭的情形。

劳动合同终止的情形有以下几种：

（1）劳动合同期满的；

（2）劳动者开始依法享受基本养老保险待遇的；

（3）劳动者达到法定退休年龄的；

（4）劳动者死亡，或者被人民法院宣告死亡或者宣告失踪的；

（5）用人单位被依法宣告破产的；

（6）用人单位被吊销营业执照、责令关闭、撤销或者用人单位决定提前解散的；

（7）法律、行政法规规定的其他情形。

提示　用人单位与劳动者不得约定上述情形之外的其他劳动合同终止条件。

（三）对劳动合同解除和终止的限制性规定

一般劳动合同期满，劳动合同就终止，但也有例外。根据劳动合同法的规定，劳动者有下列情形之一的，用人单位既不得解除劳动合同，也不得终止劳动合同，劳动合同应当续延至相应的情形消失时终止：

（1）从事接触职业病危害作业的劳动者未进行离岗前职业健康检查，或者疑似职业病病人在诊断或者医学观察期间的；

（2）在本单位患职业病或者因工负伤并被确认丧失或者部分丧失劳动能力的；

（3）患病或者非因工负伤，在规定的医疗期内的；

（4）女职工在孕期、产期、哺乳期的；

（5）在本单位连续工作满 15 年，且距法定退休年龄不足 5 年的；

（6）法律、行政法规规定的其他情形。

提示　上述第（2）项“丧失或者部分丧失劳动能力”劳动者的劳动合同的终止，按照国家有关工伤保险的规定执行。

（四）劳动合同解除和终止的经济补偿

劳动合同法律中的经济补偿是指按照劳动合同法律制度的规定，在劳动者无过错的情况下，用人单位与劳动者解除或者终止劳动合同时，应给予劳动者经济上的补助，也称经济补偿金。

经济补偿金的计算公式为：经济补偿金＝劳动合同解除或终止前劳动者在本单位的工作年限×每工作 1 年应得的经济补偿，或者简写为：经济补偿金＝工作年限×月工资。

1. 关于补偿年限的计算标准

经济补偿按劳动者在本单位工作的年限，每满 1 年支付 1 个月工资的标准向劳动者支付。6 个月以上不满 1 年的，按 1 年计算；不满 6 个月的，向劳动者支付半个月工资的经济补偿。

2. 关于补偿基数的计算标准

（1）月工资是指劳动者在劳动合同解除或者终止前 12 个月的平均工资。月工资按照劳动者应得工资计算，包括计时工资或者计件工资以及奖金、津贴和补贴等货币性收入。劳动者工作不满 12 个月的，按照实际工作的月数计算平均工资。

（2）劳动者在劳动合同解除或者终止前 12 个月的平均工资低于当地最低工资标准的，按照当地最低工资标准计算。即：经济补偿金＝工作年限×月最低工资标准。

（3）劳动者月工资高于用人单位所在直辖市、设区的市级人民政府公布的本地区上年度职工月平均工资 3 倍的，向其支付经济补偿的标准按职工月平均工资 3 倍的数额支付，向其支付经济补偿的年限最高不超过 12 年。即：经济补偿金＝工作年限（最高不超过 12 年）×当地上年度职工月平均工资 3 倍。

知识拓展

经济补偿金是法定的，主要针对劳动关系的解除和终止，如果劳动者无过错，用人单位则应给予劳动者一定数额的经济上的补偿。违约金是约定的，是指劳动者违反了服务期和竞业禁止的约定而向用人单位支付的违约补偿。赔偿金是指用人单位和劳动者由于自己的过错给对方造成损害时所应承担的不利的法律后果。经济补偿金的支付主体是用人单位；违约金的支付主体是劳动者；赔偿金的支付主体可能是用人单位，也可能是劳动者。

案例分析6–4

王某于 2015 年 6 月 1 日到甲公司工作。月工资为 5000 元，合同期限为 5 年。由于王某工作表现良好，2016 年 1 月 1 日起，其工资调整为每月 10000 元。2020 年 1 月初，甲公司因经营困难，进行经济性裁员，王某的名字出现在裁员名单内。公司表示会依法对裁减的员工进行经济补偿。该地区上年度职工月平均工资为3000元。

思考：（1）用人单位在什么情况下可以单方解除劳动合同？

（2）甲公司应向王某支付多少经济补偿金？

五、劳动合同的特别规定

（一）集体合同

集体合同是指工会代表企业职工一方与用人单位通过平等协商，就劳动报酬、工作时间、休息休假、劳动安全卫生、保险福利等为主要内容订立的书面协议。尚未建立工会的用人单位，由上级工会指导劳动者推举的代表与用人单位订立。

集体合同草案应提交职工代表大会或全体职工讨论通过。集体合同订立后，应当报送劳动行政部门；劳动行政部门自收到集体合同文本之日起 15 日内未提出异议的，集体合同即行生效。依法订立的集体合同对用人单位和劳动者具有约束力。行业性、区域性集体合同对当地本行业、本区域的用人单位和劳动者具有约束力。集体合同中劳动报酬和劳动条件等标准不得低于当地人民政府规定的最低标准；用人单位与劳动者订立的劳动合同中劳动报酬和劳动条件等标准不得低于集体合同规定的标准。

（二）劳务派遣

1. 劳务派遣含义

劳务派遣是指劳务派遣单位与劳动者订立劳动合同，与用工单位订立劳务派遣协议，由被派遣劳动者向用工单位给付劳务。劳务派遣单位与被派遣劳动者建立劳动关系，负责其工资支付及保险缴纳等日常管理工作，用工单位实际使用劳动者，并向劳动派遣单位支付服务费用。劳务派遣的最显著特征就是劳动力的雇用和使用分离，是典型的“有关系无劳动，有劳动无关系”用工行为。

提示　我国《劳动合同法》规定，劳动合同用工是我国企业的基本用工形式。劳务派遣用工是补充形式，只能在临时性、辅助性或者替代性的工作岗位上实施。

2. 劳务派遣单位

劳务派遣单位是劳动合同法所称的用人单位，应当履行用人单位对劳动者的义务。劳务派遣单位应当与被派遣劳动者订立 2 年以上的固定期限劳动合同，按月支付劳动报酬；被派遣劳动者在无工作期间，劳务派遣单位应当按照所在地人民政府规定的最低工资标准，向其按月支付报酬。劳务派遣单位不得克扣用工单位按照劳务派遣协议支付给被派遣劳动者的劳动报酬。劳务派遣单位和用工单位不得向被派遣劳动者收取费用。

3. 派遣协议

派遣协议是劳务派遣单位与实际用工单位就劳务派遣事项签订的书面协议。劳务派遣协议应当约定派遣岗位和人员数量、派遣期限、劳动报酬和社会保险费的数额与支付方式以及违反协议的责任。劳务派遣单位应当将劳务派遣协议的内容告知被派遣劳动者。用工单位应当根据工作岗位的实际需要与劳务派遣单位确定派遣期限，不得将连续用工期限分割订立数个短期劳务派遣协议。

4. 劳动者的权利

（1）同工同酬的权利。被派遣劳动者享有与用工单位的劳动者同工同酬的权利。用工单位无同类岗位劳动者的，参照用工单位所在地相同或者相近岗位劳动者的劳动报酬确定。

（2）参加和组织工会的权利。被派遣劳动者有权在劳务派遣单位或者用工单位依法参加或者组织工会，维护自身的合法权益。

（3）解除劳动合同的权利。被派遣劳动者同样享有在法定情况下单方解除劳动合同的权利。

案例分析6–5

2019 年 8 月 4 日，18 岁的女工彭某与某人力资源有限公司签订了一份劳动合同，双方约定：由该公司安排彭某到巴拉斯塑胶有限公司工作，工资为每月 2690 元。合同签订后，彭某即按约被派遣至巴拉斯公司工作。2020 年 4 月 24 日，彭某在工作中发生机械伤害事故，造成其左手受伤，苏州市劳动和社会保障局向该人力资源有限公司作出《工伤认定决定书》，认定彭某所受伤害为七级工伤。由于三方未能就工伤赔偿达成一致，彭某向劳动争议仲裁委员会提出仲裁申请，劳动争议仲裁委员会裁决人力资源公司和巴拉斯公司应支付彭某的工伤医疗金，巴拉斯公司对此仲裁不服，遂将彭某与该人力资源有限公司一同告上法庭。

思考：谁应承担对彭某的工伤赔偿？

（三）非全日制用工

非全日制用工是指以小时计酬为主，劳动者在同一用人单位一般平均每日工作时间不超过 4 小时、每周工作时间累计不超过 24 小时的用工形式。非全日制用工双方当事人可以订立口头协议，不得约定试用期。从事非全日制用工的劳动者可以与一个或者一个以上用人单位订立劳动合同；但是，后订立的劳动合同不得影响先订立的劳动合同的履行。

非全日制用工小时计酬标准不得低于用人单位所在地人民政府规定的最低小时工资标准。并且劳动报酬结算支付周期最长不得超过 15 日。非全日制用工双方当事人任何一方都可以随时通知对方终止用工。终止用工，用人单位不向劳动者支付经济补偿。

六、劳动争议的解决

劳动争议是指劳动关系双方当事人之间因执行劳动法律、法规或履行劳动合同发生的争议，又称劳动纠纷。包括以下内容：

（1）因确认劳动关系发生的争议；

（2）因订立、履行、变更、解除和终止劳动合同发生的争议；

（3）因除名、辞退和辞职、离职发生的争议；

（4）因工作时间、休息休假、社会保险、福利、培训以及劳动保护发生的争议；

（5）因劳动报酬、工伤医疗费、经济补偿或者赔偿金等发生的争议；

（6）法律、法规规定的其他劳动争议。

解决劳动争议，应根据事实，遵循合法、公正、及时、着重调解的原则，依法保护当事人的合法权益。解决方式包括协商、调解、仲裁和诉讼。

（一）劳动调解

当事人申请劳动争议调解可以书面申请，也可以口头申请。口头申请的，调解组织应当当场记录申请人的基本情况，申请调解的争议事项、理由和时间。

经调解达成协议的，应当制作调解协议书。调解协议书由双方当事人签名或者盖章，经调解员签名并加盖调解组织印章后生效，对双方当事人具有约束力，当事人应当履行。

自劳动争议调解组织收到调解申请之日起 15 日内未达成调解协议的；或达成调解协议后，一方当事人在协议约定期限内不履行调解协议的，另一方当事人可以依法申请仲裁。

因支付拖欠劳动报酬、工伤医疗费、经济补偿或者赔偿金事项达成调解协议，用人单位在协议约定期限内不履行的，劳动者可以持调解协议书依法向人民法院申请支付令。人民法院应当依法发出支付令。

提示　调解不是解决劳动争议的必经程序。

（二）劳动仲裁

劳动仲裁是指由劳动争议仲裁委员会对当事人申请仲裁的劳动争议居中公断与裁决。劳动仲裁不同于一般经济纠纷的仲裁。劳动争议仲裁不收费。

1. 劳动仲裁的参加人

（1）当事人。发生劳动争议的劳动者和用人单位为劳动争议仲裁案件的双方当事人。劳务派遣单位或用工单位与劳动者发生劳动争议的，劳务派遣单位和用工单位为共同当事人。

（2）当事人代表。发生争议的劳动者一方在 10 人以上并有共同请求的，劳动者可推举 3~5 名代表人参加仲裁活动。

（3）第三人。与劳动争议案件处理结果有利害关系的第三人，可申请参加仲裁活动或由劳动争议仲裁委员会通知其参加仲裁活动。

（4）代理人。当事人可以委托代理人参加仲裁活动。

2. 劳动仲裁机构及管辖

劳动仲裁机构是劳动争议仲裁委员会，其不按行政区域层层设立。劳动争议仲裁委员会由劳动行政部门代表、工会代表和企业方面代表组成，组成人员应当是单数。

劳动争议仲裁委员会负责管辖本区域内发生的劳动争议。劳动争议由劳动合同履行地或者用人单位所在地的劳动争议仲裁委员会管辖。双方当事人分别向劳动合同履行地和用人单位所在地的劳动争议仲裁委员会申请仲裁的，由劳动合同履行地的劳动争议仲裁委员会管辖。

提示　多个仲裁委员会都有管辖权的，由先受理的仲裁委员会管辖。

3. 主要仲裁程序

（1）申请和受理。申请人申请仲裁应当提交书面仲裁申请，并按照被申请人人数提交副本。劳动争议申请仲裁的时效期间为 1 年。从当事人知道或者应当知道其权利被侵害之日起计算。劳动关系存续期间因拖欠劳动报酬发生争议的，不受 1 年仲裁时效期间的限制，但劳动关系终止的，应自劳动关系终止之日起 1 年内提出。

劳动争议仲裁委员会收到仲裁申请之日起 5 日内，认为符合条件的，应当受理，并通知当事人；认为不符合条件的，应书面通知申请人不予受理，并说明理由。对劳动争议仲裁委员会不予受理或逾期未作出决定的，申请人可以就该劳动争议向人民法院提起诉讼。

（2）开庭和裁决。劳动争议仲裁委员会裁决劳动争议案件实行仲裁庭制。仲裁庭应在开庭 5 日前，将开庭日期、地点书面通知双方当事人。申请人收到书面通知无正当理由拒不到庭或未经仲裁庭同意中途退庭的，可视为撤回仲裁申请。

仲裁庭在作出裁决前，应当先行调解。调解达成协议的，仲裁庭应当制作调解书。调解书经双方当事人签收后，发生法律效力。调解不成或调解书送达前一方当事人反悔的，仲裁庭应当及时作出裁决。裁决应当按照多数仲裁员的意见作出；不能形成多数意见时，裁决应当按照首席仲裁员的意见作出。

（三）劳动诉讼

劳动诉讼申请的范围包括：（1）对劳动争议仲裁委员会不予受理或逾期未作出决定的；（2）劳动者对劳动争议的终局裁决不服的；（3）当事人对终局裁决决定情形之外的其他劳动争议案件的仲裁裁决不服的；（4）终局裁决被人民法院裁定撤销的。其中，后三种情形的当事人可以自收到仲裁裁决书或裁定书之日起 15 日内提起诉讼。劳动诉讼依照《民事诉讼法》的规定执行。

知识拓展

劳动仲裁不同于第一章讲的一般经济纠纷的仲裁，除法律依据和适用范围不同外，还有以下区别：(1) 申请程序不同。一般经济纠纷的仲裁，当事人必须在事先或事后达成仲裁协议，才能据此向仲裁机构提出仲裁申请；而劳动争议的仲裁，则不要求当事人达成仲裁协议，只要一方当事人提出，有关仲裁机构即可受理。(2) 裁决的效力不同。一般经济纠纷的仲裁实行"一裁终局"制度，即仲裁裁决作出后，当事人就同一纠纷再申请仲裁或向人民法院起诉的，仲裁委员会或者人民法院不予受理；而劳动争议仲裁，当事人对裁决不服的，除《调解仲裁法》规定的几类特殊劳动争议外，可以向人民法院起诉。因此，劳动争议的裁决一般不是终局的。

案例分析6–6

2020 年 4 月 30 日，陈某从甲公司辞职，但是该公司尚未支付他 1~4 月共计20000 元的工资。陈某多次前往公司索要都没有结果。

思考：（1）面对劳动争议，陈某可以通过哪些途径来解决？
（2）如果陈某想申请劳动仲裁，应该在哪个时间段内向当地的劳动争议仲裁委员会提出？

第二节 社会保险法律制度

一、社会保险法律制度概述

社会保险是国家依法建立的，由国家、用人单位和个人共同筹集资金、建立基金，使个人在年老（退休）、患病、工伤（因工伤残或患职业病）、失业、生育等情况下获得物质帮助和补偿的一种社会保障制度。这种保障是依靠国家立法强制实行的社会化保险。

目前我国的社会保险项目主要有基本养老保险、基本医疗保险、工伤保险、失业保险和生育保险五类，简称“五险”。

二、基本养老保险

基本养老保险制度是指缴费达到法定期限并且个人达到法定退休年龄后，国家和社会提供物质帮助以保证因年老而退出劳动领域者稳定、可靠的生活来源的社会保险制度。

提示　基本养老保险是社会保险体系中最重要、实施最广泛的一项制度。

（一）覆盖范围

1. 基本养老保险制度的组成

根据《中华人民共和国社会保险法》（简称《社会保险法》）的规定，基本养老保险制度由三个部分组成：职工基本养老保险制度、新型农村社会养老保险制度（简称新农保）、城镇居民社会养老保险制度（简称城居保）。年满16周岁（不含在校学生），非国家机关和事业单位工作人员及不属于职工基本养老保险制度覆盖范围的城乡居民，可以在户籍地参加城乡居民养老保险。

2. 职工基本养老保险

职工基本养老保险费的征缴范围：国有企业、城镇集体企业、外商投资企业、城镇私营企业和其他城镇企业及其职工，实行企业化管理的事业单位及其职工。这是基本养老保险的主体部分。由用人单位和职工共同缴纳基本养老保险费。

无雇工的个体户、未在用人单位参加基本养老保险的非全日制从业人员以及其他灵活就业人员可以参加基本养老保险，由个人缴纳基本养老保险费。公务员和参照公务员管理的工作人员养老保险的办法由国务院规定。对于按照公务员法管理的单位，参照公务员法管理的机关（单位）、事业单位及其编制内的工作人员，实行社会统筹与个人账户相结合的基本养老保险制度。

（二）职工基本养老保险基金的组成和来源

基本养老保险基金由用人单位和个人缴费以及政府补贴等组成。基本养老保险实行社会统筹与个人账户相结合。基本养老金由统筹养老金和个人账户养老金组成。

1. 单位缴费

根据人力资源社会保障部、财政部、税务总局国家医保局关于贯彻落实《降低社会保险费率综合方案》的通知，各地企业职工基本养老保险单位缴费比例高于16%的，可降至16%；低于16%的，要研究提出过渡办法。省内单位缴费比例不统一的，高于16%的地市可降至16%；低于16%的，要研究提出过渡办法。目前暂不调整单位缴费比例的地区，要按照公平统一的原则，研究提出过渡方案。各地机关事业单位基本养老保险单位缴费比例可降至16%。

2. 个人缴费

按照现行政策，职工个人按照本人缴费工资的8%缴费，记入个人账户。缴费工资也称缴费工资基数，一般为职工本人上一年度月平均工资（有条件的地区也可以本人上月工资收入为个人缴费工资基数）。月平均工资按照国家统计局规定列入工资总额统计的项目计算，包括工资、奖金、津贴、补贴等收入，不包括用人单位承担或支付给员工的社会保险费、劳动保护费、福利费、用人单位与员工解除劳动关系时支付的一次性补偿及计划生育费用等其他不属于工资的费用。新招职工以起薪当月工资收入作为缴费工资基数；从第二年起，按上一年实发工资的月平均工资作为缴费工资基数。即

个人养老账户月存储额=本人月缴费工资×8%

本人月平均工资低于当地职工月平均工资60%的，按当地职工月平均工资的60%作为缴费基数。本人月平均工资高于当地职工月平均工资300%的，按当地职工月平均工资的300%作为缴费基数，超过部分不计入缴费工资基数，也不计发养老金的基数。

提示　个人缴费不计征个人所得税。在计算个人所得税的应税收入时，应当扣除个人缴纳的养老保险费。

城镇个体工商户和灵活就业人员的缴费基数为当地上年度在岗职工月平均工资，缴费比例为20%，其中8%记入个人账户。

（三）职工基本养老保险享受条件与待遇

1. 职工基本养老保险享受条件

（1）年龄条件：达到法定退休年龄。目前国家实行的法定退休年龄为：男年满60周岁，女工人年满50周岁，女干部年满55周岁。从事井下、高温、高空、特别繁重体力劳动或其他有害身体健康工作的，退休年龄为男年满55周岁，女年满45周岁。因病或非因工致残，由医院证明并经劳动鉴定委员会确认完全丧失劳动能力的，退休年龄为男年满50周岁，女年满45周岁。

（2）缴费条件：累计缴费满15年。若累计缴费不足15年的，可以缴费至满15年。

2. 职工基本养老保险待遇

（1）支付职工基本养老金。对符合享受条件的人员国家按月支付基本养老金。基本养老保险金根据个人累计缴费年限、缴费工资、当地职工平均工资、个人账户金额、城镇人口平均预期寿命等因素确定。

（2）丧葬补助金和遗属抚恤金。参加基本养老保险的个人，因病或非因工死亡的，其遗属可以领取丧葬补助金和抚恤金。但如果个人死亡同时符合领取基本养老保险丧葬补助金、工伤保险丧葬补助金和失业保险丧葬补助金条件的，其遗属只能选择领取其中一项。

提示　参加职工基本养老保险的个人死亡后，其个人账户中的余额可以全部依法继承。

（3）病残津贴。参加基本养老保险的个人，在未达到法定退休年龄时因病或非因工致残完全丧失劳动能力的，可以领取病残津贴，所需资金从基本养老保险基金中支付。

知识拓展

所谓社会化保险，一是指资金来源的社会化，社会保险基金中既有用人单位和个人缴纳的保险费，也有国家财政给予的补助；二是指管理的社会化，国家设置专门机构，实行统一规划和管理，统一承担保险金的发放职能。

案例分析6–7

孙某为甲公司员工，2019 年度从公司取得的总收入为 16 万元，其中包括福利费 1 万元。已知 2019 年度当地职工月平均工资为 3000 元。

思考：（1）计算孙某 2020 年度个人每月应缴纳的基本养老保险费。

（2）孙某符合哪些条件时，可以享受基本养老保险待遇？

三、基本医疗保险

基本医疗保险制度是指按照国家规定缴纳一定比例的医疗保险费，在参保人因患病和意外伤害而就医诊疗，由医疗保险基金支付其一定医疗费用的社会保险制度。基本医疗保险的覆盖范围参见基本养老保险的覆盖范围。

（一）职工基本医疗保险费的缴纳

根据规定，基本医疗保险也和基本养老保险一样采用“统账结合”模式，即分别设立社会统筹基金和个人账户基金。基本医疗费用由用人单位和职工共同承担。

1. 用人单位缴费

由统筹地区统一确定适合当地经济发展水平的基本医疗保险单位缴费率，一般为职工工资总额的 6%左右。这些费用一部分用于建立统筹基金，另一部分划入个人账户。划入个人账户的比例约为用人单位缴费的 30%。

2. 基本医疗保险个人账户的资金来源

（1）个人缴费部分及个人账户存储额利息。个人缴费部分由统筹地区统一确定适合当地职工负担水平的基本医疗保险单位缴费率，一般为本人工资收入的 2%左右。

（2）用人单位强制性缴费的划入部分。由统筹地区根据个人医疗账户的支付范围和职工年龄等因素确定用人单位所缴医疗保险费划入个人账户的具体比例，一般为 30%左右。

3. 退休人员基本医疗保险费的缴纳

参加职工基本医疗保险的个人，达到法定退休年龄时累计缴费达到国家规定年限的，退休后不再缴纳基本医疗保险费；未达到国家规定缴费年限的，可以缴费至国家规定年限。目前对于国家规定年限没有统一规定，由各统筹地区根据本地情况确定。

（二）职工基本医疗费用的结算

参保人员在协议医疗机构发生的医疗费用，符合基本医疗保险药品目录、诊疗项目、医疗服务设施标准的，按照国家规定从基本医疗保险基金中支付。参保人员确需急诊、抢救的，可在非协议医疗机构就医；因抢救必须使用的药品可以适当放宽范围。参保人员医疗费用中应当由基本医疗保险基金支付的部分，由社会保险经办机构与医疗机构、药品经营单位直接计算。

参保人员符合基本医疗保险支付范围的医疗费用中，在社会医疗统筹基金起付线以下的费用部分，由个人账户资金支付或个人自付。起付线以上至封顶线以下的费用部分，由社会医疗统筹基金按一定比例支付；个人也要承担一定比例，一般为10%，可由个人账户支付也可自付。封顶线以上的医疗费用部分，可以通过单位补充医疗保险或参加商业保险等途径解决。起付线又称起付标准，一般为当地职工年平均工资的10%左右。封顶线又称最高支付限额，一般为当地职工年平均工资的6倍左右。支付比例一般为90%。

下列医疗费用不纳入基本医疗保险基金支付范围：（1）应当从工伤保险基金中支付的；（2）应当由第三人支付的；（3）应当由公共卫生负担的；（4）在境外就医的。

（三）医疗期

医疗期是指企业职工因患病或非因工负伤停止工作，治病休息，但不得解除劳动合同的期限。根据本人实际参加工作年限和在本单位工作年限，给予3~24个月的医疗期。病休期间，公休、假日和法定节日包括在内。对某些患特殊病（如癌症、精神病、瘫痪等）的职工，在24个月内尚不能痊愈的，经企业和劳动主管部门批准，可以适当延长医疗期。

企业职工在医疗期内，其病假工资、疾病救济费和医疗待遇按照有关规定执行。病假工资或疾病救济费可低于当地最低工资标准支付，但不得低于最低工资标准的80%。医疗期内不得解除劳动合同。如医疗期内合同期满，合同必须延续至医疗期满，职工在此期间仍享受医疗期内待遇。对医疗期满尚未痊愈者或医疗期满后不能从事原工作，也不能从事用人单位另行安排的工作，被解除劳动合同的，用人单位需按经济补偿规定给予经济补偿。

案例分析6-8

2017年7月1日，刘某到A企业工作，双方签订了3年期的劳动合同，月工资6000元。2020年5月20日，刘某患病住院。住院期间，共花费医疗费20万元，其中在规定医疗目录内的费用为16万元，目录以外费用4万元。此时，用人单位停发刘某的全部工资，并以不能适应工作为由，解除与刘某的劳动合同。已知：当地规定的基本医疗保险单位缴费率为6%，个人缴费率为2%，单位缴费划入个人医疗保险账户的比例为30%。当地职工平均工资水平为2000元/月，起付标准为当地职工年平均工资的10%，最高支付限额为当地职工年平均工资的6倍，保险比例为90%。

思考：（1）计算刘某个人医疗保险账户每月的储存额。
（2）分析哪些费用可以从统筹账户中报销，哪些费用需由刘某自己负担。
（3）A 企业的做法是否符合规定？刘某应享有的权益有哪些？

四、工伤保险

工伤保险是指劳动者在职业工作中或规定的特殊情况下遭遇意外伤害或职业病，导致暂时或永久丧失劳动能力以及死亡时，劳动者或其遗属能够从国家和社会获得物质帮助的社会保险制度。

（一）工伤保险费的缴纳和工伤保险基金

职工应当参加工伤保险，由用人单位缴纳工伤保险费，职工不缴纳工伤保险费。用人单位应当按照本单位职工工资总额，根据社会保险经办机构确定的费率按时足额缴纳工伤保险费。对难以按照工资总额缴纳的行业，其缴纳工伤保险费的具体方式由国务院社会保险行政部门规定。

提示 工伤保险基金由用人单位缴纳的工伤保险费、工伤保险基金的利息和依法纳入工伤保险基金的其他资金组成。工伤保险基金存入社会保障基金财政专户。

（二）工伤认定与劳动能力鉴定

1. 工伤认定

（1）职工有下列情形之一的，应当认定为工伤：1）在工作时间和工作场所内，因工作原因受到事故伤害的；2）工作时间前后在工作场所内，从事与工作有关的预备性或收尾性工作受到事故伤害的；3）在工作时间和工作场所内，因履行工作职责受到暴力等意外伤害的；4）患职业病的；5）因工外出期间，由于工作原因受到伤害或发生事故下落不明的；6）在上下班途中，受到非本人主要责任的交通事故或城市轨道交通、客运轮渡、火车事故伤害的；7）法律、法规规定应当认定为工伤的其他情形。

（2）职工有下列情形之一的，视同工伤：1）在工作时间和工作岗位，突发疾病死亡或在 48 小时内经抢救无效死亡的；2）在抢险救灾等维护国家利益、公共利益活动中受到伤害的；3）原在军队服役，因战、因公负伤致残，已取得革命伤残军人证，到用人单位后旧伤复发的。

（3）职工因下列情形之一导致本人在工作中伤亡的，不认定为工伤：1）故意犯罪；2）醉酒或吸毒；3）自残或自杀；4）法律、法规规定的其他情形。

2. 劳动能力鉴定

劳动能力鉴定是指劳动功能障碍程度和生活自理障碍程度的等级鉴定。劳动功能障碍分为 10 个伤残等级，最重的为一级，最轻的为十级。生活自理障碍分为 3 个等级：生活完全不能自理、生活大部分不能自理和生活部分不能自理。

提示　自劳动能力鉴定结论作出之日起1年后，工伤职工或者其近亲属、所在单位或者经办机构认为伤残情况发生变化的，可以申请劳动能力复查鉴定。

（三）工伤保险待遇

1. 工伤医疗待遇

职工因工作遭受事故伤害或患职业病进行治疗，享受工伤医疗待遇。符合规定、标准的，相关费用从工伤保险基金支付。

（1）治疗工伤的医疗费用（诊疗费、药费、住院费）。

（2）住院伙食补助费、交通食宿费。

（3）康复性治疗费。

（4）停工留薪期工资福利待遇。职工因工作遭受事故伤害或者患职业病需要暂停工作接受工伤医疗的，在停工留薪期内，职工的原工资福利待遇不变，由所在单位按月支付。停工留薪期一般不超过12个月。伤情严重或情况特殊，经设区的市级劳动能力鉴定委员会确认，可以适当延长，但延长不得超过12个月。工伤职工评定伤残等级后，停止享受停工留薪期待遇，按规定享受伤残待遇。工伤职工在停工留薪期满后仍需治疗的，继续享受工伤医疗待遇。生活不能自理的工伤职工在停工留薪期需要护理的，由所在单位负责。

2. 辅助器具装配

工伤职工因日常生活或者就业需要，经劳动能力鉴定委员会确认，可以安装假肢、矫形器、假眼和配置轮椅等辅助器具，所需费用按照国家规定的标准从工伤保险基金中支付。

3. 伤残待遇

经劳动能力鉴定委员会鉴定，评定伤残等级的工伤职工，享受以下伤残待遇。

（1）生活护理费。

（2）一次性伤残补助金。按照伤残等级支付。

（3）伤残津贴。职工因工致残被鉴定为一级至四级伤残的，保留劳动关系，退出工作岗位，从工伤保险基金按月支付伤残津贴，伤残津贴实际金额低于当地最低工资标准的，由工伤保险基金补足差额。职工因工致残被鉴定为五级、六级伤残的，保留劳动关系，由用人单位安排适当工作。难以安排的，由用人单位按月发放伤残津贴。伤残津贴实际金额低于当地最低工资标准的，由用人单位补足差额。

（4）一次性工伤医疗补助金和一次性伤残就业补助金。五、六级伤残，经工伤职工本人提出，可与用人单位解除或终止劳动关系；七级至十级伤残，劳动、聘用合同期满终止，或职工本人提出解除劳动、聘用合同的，由工伤保险基金支付一次性工伤医疗补助金，由用人单位支付一次性伤残就业补助金。具体标准由省、自治区、直辖市人民政府规定。

4. 工亡待遇

职工因工死亡，或伤残职工在停工留薪期内因工伤导致死亡的，其近亲属按照规定从工伤保险基金中领取丧葬补助金、供养亲属抚恤金和一次性工亡补助金。一至四级伤残职工在停工留薪期满后死亡的，其近亲属可以享受前两项遗属待遇，不享受一次性工亡补助金待遇。

（四）特别规定

工伤职工有下列情形之一的，停止享受工伤保险待遇：（1）丧失享受待遇条件的；（2）拒不接受劳动能力鉴定的；（3）拒绝治疗的。

工伤职工符合领取基本养老金条件的，停发伤残津贴，享受基本养老保险待遇。基本养老保险待遇低于伤残津贴的，由工伤保险基金补足差额。

职工所在用人单位未依法缴纳工伤保险费，发生工伤事故的，由用人单位支付工伤保险待遇。用人单位不支付的，从工伤保险基金中先行支付，由用人单位偿还。用人单位不偿还的，社会保险经办机构可以追偿。

由于第三人的原因造成工伤，第三人不支付工伤医疗费用或者无法确定第三人的，由工伤保险基金先行支付。工伤保险基金先行支付后，有权向第三人追偿。

职工（包括非全日制从业人员）在2个以上用人单位同时就业的，各用人单位应当分别为职工缴纳工伤保险费。职工发生工伤，由职工受到伤害时工作的单位依法承担工伤保险责任。

案例分析6-9

小华与甲公司签订了3年的合同，2020年3月合同期满，双方虽未续订，但公司继续安排小华在原岗位工作，并向其支付相应的劳动报酬。2020年“五一”放假期间，小华被单位通知回去加班，在下班路上却被一辆超速汽车撞倒。小华被紧急送到医院抢救，鉴定为六级伤残。小华要求公司支付工伤待遇，公司却认为其与小华的劳动合同已期满终止，并且小华是在下班时间出的车祸，公司不用再为其缴纳工伤保险费，也无需支付工伤待遇。

思考：甲公司的观点是否符合法律规定？

五、失业保险

失业保险是通过社会集中建立基金，保障因失业而暂时中断生活来源的劳动者的基本生活，并通过职业训练、职业介绍等措施为其重新就业创造条件的社会保险制度。

（一）失业保险费的缴纳

职工应当参加失业保险，由用人单位和职工共同缴纳。按照规定，城镇企事业单位按照本单位工资总额的2%缴纳失业保险费，职工按照本人工资的1%缴纳失业保险。为减轻企业负担，促进扩大就业，人力资源和社会保障部、财政部数次发文降低失业保险费率，将用人单位和职工失业保险费比例总和从3%阶段性降至1%，个人费率不得超过单位费率。

（二）失业保险待遇的享受条件

失业人员符合下列条件的，可申请领取失业保险金并享受其他失业保险待遇：(1) 失业前用人单位和本人已经缴纳失业保险费满1年的。(2) 非因本人意愿中断就业的，包括劳动合同终止；用人单位解除劳动合同；被用人单位开除、除名和辞退；因用人单位过错由劳动者解除劳动合同；法律、法规、规章规定的其他情形。(3) 已经进行失业登记，并有求职要求的。

（三）失业保险金的领取期限

失业保险金额领取期限自办理失业登记之日起计算。失业人员失业前用人单位和本人累计缴费满1年不足5年的，领取失业保险金的期限最长为12个月；累计缴费满5年不足10年的，领取失业保险金的期限最长为18个月；累计缴费10年以上的，领取失业保险金的期限最长为24个月。重新就业后，再次失业的，缴费时间重新计算，领取失业保险金的期限与前次失业应当领取而尚未领取的失业保险金的期限合并计算，最长不超过24个月。失业人员因当期不符合失业保险金额领取条件的，原有缴费时间予以保留，重新就业并参保的，缴费时间累计计算。

提示　失业保险金的标准，不得低于城市居民最低生活保障标准。一般也不高于当地最低工资标准，具体数额由省、自治区、直辖市人民政府确定。

案例分析6-10

小明同甲公司签订了从2017年9月1日至2020年8月31日的3年期合同，公司为其办理了失业保险。后因小明严重违反规定，公司于2020年2月1日同小明解除了劳动合同。此后小明一直未能找到工作，遂于2020年4月8日办理了失业登记。

思考：小明领取失业保险金的最长期限是什么时间？

六、生育保险

生育保险是国家维护女职工的合法权益，保障她们在生育期间得到必要的经济补偿和医疗保健，均衡用人单位生育保险费用的负担而设立的社会保险制度。

（一）生育保险费的缴纳

根据《社会保险法》的规定，职工应当参加生育保险，由用人单位按照国家规定缴纳生育保险费，职工不缴纳生育保险费。

用人单位按照本单位职工工资总额的一定比例缴纳生育保险费，缴费比例一般不超过0.5%，具体缴费比例由各统筹地区根据当地实际情况测算后提出，报省、自治区、直辖市批准后实施。超过工资总额0.5%的，应当报人力资源社会保障部备案。

提示　生育保险基金按照“以支定收、收支平衡”的原则筹集和使用。

（二）生育保险待遇

用人单位已经缴纳生育保险费的，其职工享受生育保险待遇；职工未就业，配偶按照国家规定享受生育医疗费用待遇。所需资金从生育保险基金中支付。生育保险待遇包括生育医疗费用和生育津贴。

1. 生育医疗费用

生育医疗费用包括：（1）生育的医疗费用；（2）计划生育的医疗费用；（3）法律、法规规定的其他项目费用。

2. 生育津贴

生育津贴是指女职工因生育离开工作岗位期间支付的生活费用，也称带薪假期。《社会保险法》规定，生育津贴按照职工所在用人单位上年度职工月平均工资计发。按照国家规定可以享受生育津贴的情形有：（1）女职工生育享受产假；（2）享受计划生育手术休假；（3）法律、法规规定的其他情形。

七、社会保险费征缴与管理

（一）社会保险登记

1. 用人单位的社会保险登记

用人单位应当自成立之日起 30 日内凭营业执照、登记证书或者单位印章，向当地社会保险经办机构申请办理社会保险登记。社会保险经办机构应当自收到申请之日起 15 日内予以审核，发给社会保险登记证件。

用人单位的社会保险登记事项发生变更或者用人单位依法终止的，应当自变更或者终止之日起 30 日内，到社会保险经办机构办理变更或者注销社会保险登记。

2. 个人的社会保险登记

用人单位应当自用工之日起 30 日内为其职工向社会保险经办机构申请办理社会保险登记。

自愿参加社会保险的无雇工的个体工商户、未在用人单位参加社会保险的非全日制从业人员以及其他灵活就业人员，应当向社会保险经办机构申请办理社会保险登记。

（二）社会保险费缴纳

1. 用人单位缴纳义务

用人单位应当自行申报、按时足额缴纳社会保险费，非因不可抗力等法定事由不得缓缴、减免。职工应当缴纳的社会保险费由用人单位代扣代缴，用人单位应当按月将缴纳社会保险费的明细情况告知本人。

提示 无雇工的个体工商户、未在用人单位参加社会保险的非全日制从业人员以及其他灵活就业人员，可以直接向社会保险费征收机构缴纳社会保险费。

2. 社会保险费征收机构的权利和义务

社会保险费征收机构应当依法按时足额征收社会保险费，并将缴费情况定期告知用人单位和个人。

用人单位未按规定申报应当缴纳的社会保险费数额的，按照该单位上月缴费额的110%确定应当缴纳数额；缴费单位补办申报手续后，由社会保险费征收机构按照规定结算。用人单位未按时足额缴纳社会保险费的，由社会保险费征收机构责令其限期缴纳或者补足。

（三）社会保险基金管理

社会保险基金包括基本养老保险基金、基本医疗保险基金、工伤保险基金、失业保险基金和生育保险基金。各项社会保险基金按照社会保险险种分别建账，分账核算，执行国家统一的会计制度。社会保险基金专款专用，任何组织和个人不得侵占或者挪用。基本养老保险基金逐步实行全国统筹，其他社会保险基金逐步实行省级统筹。

社会保险基金存入财政专户，按照统筹层次设立预算，通过预算实现收支平衡。社会保险基金预算按照社会保险项目分别编制。

社会保险基金在保证安全的前提下，按照国务院规定投资运营实现保值增值。社会保险经办机构应当定期向社会公布参加社会保险情况以及社会保险基金的收入、支出、结余和收益情况。

社会保险基金不得违规投资运营，不得用于平衡其他政府预算，不得用于兴建、改建办公场所和支付人员经费、运行费用、管理费用，或者违反法律、行政法规规定挪作其他用途。

法律驿站

用人单位不办理社会保险登记的，由社会保险行政部门责令限期改正；逾期不改正的，对用人单位处应缴社会保险费数额1倍以上3倍以下的罚款，对其直接负责的主管人员和其他直接责任人员处500元以上3000元以下的罚款。

用人单位未按时足额缴纳社会保险费的，由社会保险费征收机构责令限期缴纳或者补足，并自欠缴之日起，按日加收万分之五的滞纳金；逾期仍不缴纳的，由有关行政部门处欠缴数额1倍以上3倍以下的罚款。

以欺诈、伪造证明材料或者其他手段骗取社会保险待遇的，由社会保险行政部门责令退回骗取的社会保险金，处骗取金额2倍以上5倍以下的罚款。

知识检测

一、单项选择题

（1）2020年4月，赵某应聘到甲公司工作，双方口头约定了1个月试用期，但未订立书面劳动合同。根据劳动合同法律制度的规定，关于双方劳动关系建立的下列表述中，正确的是（　　）。

A. 甲公司应与赵某补签劳动协议，双方之间的劳动关系自合同补签之日起建立

B. 赵某与甲公司未订立劳动合同，双方之间未建立劳动关系

C. 赵某与甲公司之间的劳动关系自赵某进入甲公司开始工作时建立

D. 赵某与甲公司之间的劳动关系自试用期满时建立

(2) 甲公司录用张某8个月后开始无故拖欠其工资，张某向甲公司多次催要未果，直至双方劳动关系终止，甲公司仍未结算所欠工资。根据劳动合同法律制度的规定，张某就甲公司拖欠工资申请劳动仲裁的时效期间是（　　）。

A. 自甲公司开始无故拖欠工资之日起1年

B. 自双方劳动关系终止之日起1年

C. 自张某到甲公司工作之日起2年

D. 自张某向甲公司最后一次催要工资未果之日起2年

(3) 根据劳动合同法律制度的规定，关于无效劳动合同的法律后果，下列表述不正确的是（　　）。

A. 无效劳动合同，从订立时起就没有法律效力

B. 劳动合同部分无效的，不影响其他部分的效力，其他部分仍然有效

C. 对劳动合同的无效或者部分无效有争议的，只能由劳动争议仲裁机构确认

D. 劳动合同被确认无效，劳动者已付出劳动的，用人单位应向劳动者支付劳动报酬

(4) 2020年3月18日，甲公司职工李某因突发心脏病住院治疗。已知李某实际工作年限为12年，其中在甲公司工作年限为4年。根据社会保险法律制度的规定，李某依法可享受的医疗期为（　　）。

A. 12个月　　B. 9个月　　C. 18个月　　D. 6个月

(5) 丧葬补助金为一定期限内的统筹地区上年度职工月平均工资。该期限为（　　）。

A. 3个月　　B. 6个月　　C. 12个月　　D. 24个月

(6) 根据社会保险法律制度规定，下列关于失业保险待遇，表述正确的（　　）。

A. 失业人员领取失业保险期间不享受基本医疗保险待遇

B. 失业人员领取失业保险金期间重新就业的，停止领取失业保险金并同时停止享受其他失业保险待遇

C. 失业保险金的标准可以低于城市居民最低生活保障标准

D. 失业前用人单位和本人已经累计缴纳失业保险费满6个月的，失业人员可以申请领取失业保险金。

二、多项选择题

(1) 甲公司与职工对试用期期限的下列约定中，符合法律规定的有（　　）。

A. 李某的劳动合同期限2年，双方约定的试用期为2个月

B 王某的劳动合同期限6个月，双方约定的试用期为20日

C. 赵某的劳动合同期限2个月，双方约定的试用期为1个月

D. 张某的劳动合同期限4年，双方约定的试用期为4个月

(2) 根据劳动合同法律制度的规定，下列关于用人单位支付劳动报酬的表述中，不正确的有（　　）。

A. 劳动者在婚丧假期间，用人单位不向其支付工资

B. 对部分公民放假的节日期间照常工作的职工，用人单位应向其支付报酬，但不支付加班工资

C. 工资可以实物及有价证券替代货币支付

D. 约定的工资支付日期遇节假日或休息日的，工资应在节假日或休息日后最近的工作日支付

(3) 根据社会保险法的规定，领取失业保险金必须满足的条件有（　　）。

A. 失业前用人单位和本人已经缴纳失业保险费满5年

B. 非因本人意愿中断就业

C. 已经进行失业登记

D. 有求职要求

(4) 根据劳动合同法律制度的规定，因下列情形解除劳动合同的，用人单位应向劳动者支付经济补偿的有（　　）。

A. 劳动者不能胜任工作，经过培训或者调整工作岗位，仍不能胜任工作的

B. 用人单位未按照劳动合同的约定提供劳动保护或者劳动条件的

C. 劳动者同时与其他用人单位建立劳动关系，经用人单位提出，拒不改正的

D. 用人单位未及时支付劳动报酬的

(5) 根据社会保险法律制度的规定，下列社会保险项目中，应由用人单位和劳动者共同缴纳保险费的有（　　）。

A. 职工基本养老保险　　B. 职工基本医疗保险

C. 工伤保险　　D. 失业保险

三、判断题

(1) 同一用人单位与同一劳动者只能约定一次试用期。（　　）

(2) 劳动者不能胜任工作岗位，用人单位应先经过培训或者调整工作岗位，仍不能胜任工作的，方可按程序与其解除劳动合同。（　　）

(3) 劳动者开始依法享受基本养老保险待遇的，劳动合同终止。（　　）

(4) 2013年2月1日，张某到甲公司工作，2019年6月1日双方的合同期满，甲公司不再与张某续签。已知劳动合同终止前12个月，张某的月平均工资5000元，甲公司所在地职工月平均工资4500元。则劳动合同终止后甲公司应向张某支付的经济补偿为32500元。（　　）

(5) 非全日制用工，双方当事人任何一方都可以随时通知对方终止用工；但用人单位提出的，应当向劳动者支付经济补偿。（　　）

四、实训题

实训一

2017年9月，罗某到某幼儿园工作，期间签订了劳动合同，从2017年9月1日起至2020年9月1日止。2019年6月中旬，罗某为出国旅游办理签证，申请单位向其出具《在职证明》，之后在微信上向其分管领导请假，未得到相关回复。2019年6月下旬，罗某出国旅游5天后回到单位，却收到了单位向其发放的处理决定。因罗某未经单位批准连续旷工5个工作日，严重违反了劳动纪律及工作制度，幼儿园决定解除与罗某签订的劳动合同。罗某向

当地劳动人事争议仲裁委员会申请仲裁，要求单位向其支付违法解除劳动合同的赔偿金。罗某在仲裁委员会驳回其仲裁请求后向人民法院提起了诉讼。

讨论：

（1）用人单位与罗某解除劳动合同的做法有没有法律依据？

（2）如果你是法官，会如何判决？

实训二

2019年10月，甲劳务派遣公司与乙公司签订劳务派遣协议，将张某派遣到乙公司工作。2020年2月，张某在乙公司的工作结束。此后甲、乙未给张某安排工作，也未向其支付任何报酬。2020年4月，张某得知自2019年10月被派遣以来，甲、乙均未为其缴纳社会保险费，遂提出解除劳动合同。

讨论：

（1）甲、乙公司签订的劳务派遣协议中应约定哪些内容？

（2）针对张某无工作期间报酬支付及标准有什么规定？

（3）张某解除劳动合同是否受到法律保护？

实训三

假定甲市职工年平均工资为36000元，基本医疗保险起付标准为当地职工年平均工资的10%，最高支付限额为当地职工年平均工资的6倍，医保报销比例为90%。参保人员张某、王某、李某三人发生的医疗费用分别为220000元、8000元、1000元，发生医疗费用均在规定的医疗目录内，无其他补充社会保险或商业保险。

讨论：分别计算3人医保负担和个人负担的部分是多少。

第七章　流转税

知识导航

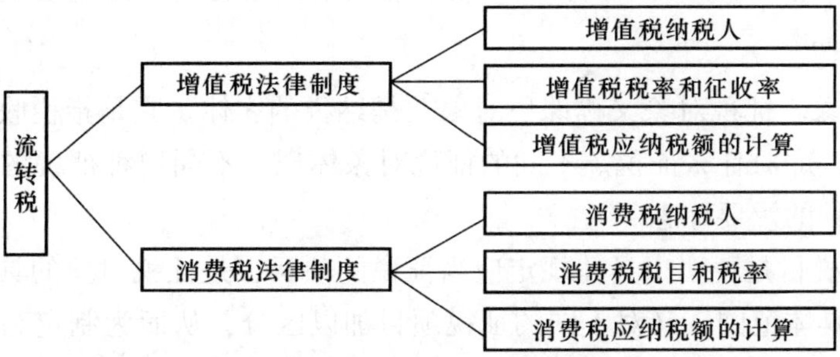

案例导入

保加利亚为了稳定结婚率，对本国单身国民征收单身税，征收比例大概为其收入的5%~10%；英国伦敦为缓解交通堵塞特别制定拥堵税，规定在工作日上午7点至下午6点期间，进入伦敦市中心特定地区的汽车需要缴纳拥堵税；匈牙利政府为防止国民肥胖设定了一种炸薯片税，规定购买一包炸薯片大约需要缴纳6.4元人民币的税金。

请思考　各国有五花八门的税种，你知道我国的主体税种有哪些吗？

第一节　税收法律制度概述

一、税收和税法的概念

税收是指以国家为主体，为实现其职能，凭借其政治权力，按照法定标准，无偿取得财政收入的一种特定分配形式。税收具有强制性、无偿性、固定性三大特征。

税法即税收法律制度，是调整税收关系的法律规范的总称，是国家法律的重要组成部分。按照税法内容的不同，可将税法分为税收实体法和税收程序法。税收实体法规定了税收法律关系主体的实体权利与义务。税收实体法主要包括流转税法、所得税法、财产税法和行为税法。税收程序法规定了国家征税权的行使程序和纳税人义务的履行程序。如税收征管法即属于税收程序法。

二、税法的构成要素

税法要素是指各单行税法共同具有的基本要素。税法的构成要素如下。

（1）纳税义务人。纳税义务人简称“纳税人”，也称纳税主体。它是指依法直接负有纳税义务的法人、自然人和其他组织。

知识拓展

与纳税人相联系的另一个概念是扣缴义务人。扣缴义务人是税法规定的，在其经营活动中负有代扣税款并向国库交纳义务的单位。扣缴义务人必须按照税法规定代扣税款，并在规定期限缴入国库。

（2）征税对象。征税对象又称课税对象，是纳税的客体。它是指税收法律关系中权利义务所指的对象，即对什么征税。不同的征税对象体现了不同税种征税的基本界限，因此也是区别不同税种的重要标志。

（3）税目。税目是税法中具体规定应当征税的项目，是征税对象的具体化。规定税目既明确了征税的具体范围，又对不同的征税项目加以区分，从而为制定高低不同的税率提供依据。但并非所有的税种都需要规定税目，如企业所得税。

（4）税率。税率是指应征税额与计税金额（或数量单位）之间的比例，是计算税额的尺度。税率的高低直接体现国家的政策要求，直接关系到国家财政收入和纳税人的负担程度，是税收法律制度中的核心要素。

我国现行税法规定的税率有：

1）比例税率。比例税率是指对同一征税对象，不论其数额大小，均按同一个比例征税的税率。比例税率又可分为单一比例税率、差别比例税率和幅度比例税率。

2）累进税率。累进税率是根据征税对象数额的逐渐增大，按不同等级逐步提高的税率。累进税率又分为超额累进税率和超率累进税率两种。

超额累进税率是将征税对象数额的逐步递增划分为若干等级，按等级规定相应的递增税率，对每个等级分别计算税额。目前，我国工资、薪金所得的个人所得税率就是超额累进税率。超率累进税率是按征税对象的某种递增比例划分若干等级，按等级规定相应的递增税率，对每个等级分别计算税额。我国的土地增值税采用这种税率。

3）定额税率。定额税率又称固定税额，是指按征税对象的一定单位直接规定固定的税额，而不采取百分比的形式。如城镇土地使用税、车船税等。

（5）计税依据。计税依据简称税基，是指计算应纳税额的依据或标准，即根据什么来计算纳税人应缴纳的税额。一般有三种：一是从价计征，即以计税金额为计税依据；二是从量计征，即以征税对象的实物单位（如重量、体积、数量等）为计税依据；三是复合计税，即同时包含征税对象的计税金额和实物单位。

（6）纳税环节。纳税环节主要是指税法规定的征税对象在从生产到消费的流转过程中应当缴纳税款的环节。如流转税在生产和流通环节纳税，所得税在分配环节纳税等。

（7）纳税期限。纳税期限是指纳税人的纳税义务发生后应依法缴纳税款的期限。规定纳税期限是为了及时保证国家财政收入的实现，也是税收强制性和固定性的体现。

（8）纳税地点。纳税地点是指根据各税种的纳税环节和有利于对税款的源泉控制而规定的纳税人（包括代征、代扣、代缴义务人）的具体申报缴纳税收的地方。

（9）税收优惠。税收优惠是指国家对某些纳税人和征税对象给予鼓励和照顾的一种特殊规定。主要包括以下内容：

1）减税是指对应征税款减少征收部分税款；免税是对按规定应征收的税款给予免除。减税和免税具体又分两种情况，一种是税法直接规定的长期减免税项目，另一种是依法给予的一定期限内的减免税措施，期满之后仍依规定纳税。2）起征点也称“征税起点”，是指对征税对象开始征税的数额界限。征税对象的数额没有达到规定起征点的不征税；达到或超过起征点的，就其全部数额征税。3）免征额是指对征税对象总额中免予征税的数额。即对纳税对象中的一部分给予减免，只就减除后的剩余部分计征税款。

（10）法律责任。法律责任是指对违反国家税法规定的行为人采取的处罚措施。例如，责令纳税人限期缴纳税款、加收滞纳金、处以罚款等行政责任、情节严重构成犯罪的，依法追究刑事责任。

第二节　增值税法律制度

增值税是对销售货物、提供劳务或者发生应税行为过程中实现的增值额征收的一种税。增值税已然成为我国现阶段税收收入规模最大的税种。

一、增值税纳税人

（一）纳税人

增值税的纳税人是指在中华人民共和国境内销售货物或者提供加工、修理修配劳务、进口货物以及销售服务、无形资产或者不动产的单位和个人。

提示　单位是指企业、行政单位、事业单位、军事单位、社会团体及其他单位。个人是指个体工商户和其他个人。

（二）纳税人的分类

根据纳税人的经营规模以及会计核算健全程度的不同，增值税的纳税人可划分为小规模纳税人和一般纳税人。

1. 小规模纳税人

生产企业，年应税销售额 50 万元以下的；商贸型企业，年应税销售额 80 万元以下的；现代服务业，年应税销售额 500 万元以下的为小规模纳税人。此外个人、非企业性单位以及不经常发生增值税应税行为的企业也被认定为小规模纳税人。小规模纳税人会计核算健全，能够提供准确税务资料的，可以向主管税务机关申请登记为一般纳税人，不再作为小规模纳税人。

小规模纳税人实行简易征税办法，并且一般不使用增值税专用发票，但基于增值税征收管理中一般纳税人与小规模纳税人之间客观存在的经济往来的实情，小规模纳税人可以到税务机关代开增值税专用发票。

2. 一般纳税人

一般纳税人是指年应征增值税销售额超过财政部、国家税务总局规定的小规模纳税人标准的企业和企业性单位（以下简称企业）。下列纳税人不属于一般纳税人：

（1）年应税销售额未超过小规模纳税人标准的企业。

（2）个人（除个体经营者以外的其他个人）。

（3）非企业性单位。

（4）不经常发生增值税应税行为的企业。

增值税一般纳税人资格实行登记制，登记事项由增值税纳税人向其主管税务机关办理。纳税人年应税销售额超过财政部、国家税务总局规定标准，且符合有关政策规定，选择按小规模纳税人纳税的，应当向主管税务机关提交书面说明。

个体工商户以外的其他个人年应税销售额超过规定标准的，不需要向主管税务机关提交书面说明。

除财政部、国家税务总局另有规定外，纳税人自其选择的一般纳税人资格生效之日起，按照增值税一般计税方法计算应纳税额，并按照规定领用增值税专用发票。

提示 除国家税务总局另有规定外，纳税人一经认定为一般纳税人后，不得转为小规模纳税人。

案例分析7-1

小赵是年销售额为100万元的从事货物批发的个人，小钱是年销售额为60万元的从事货物生产的企业，小孙是年销售额为60万元的从事货物生产的个体经营者。

思考：3人均认为自己是小规模纳税人，你如何看？

（三）扣缴义务人

中华人民共和国境外单位或者个人在境内发生应税行为，在境内未设有经营机构的，以购买方为增值税扣缴义务人。财政部和国家税务总局另有规定的除外。

二、增值税征税范围

增值税征税范围包括在中国境内销售货物、提供加工、修理修配劳务、进口货物，以及销售应税服务，销售无形资产和销售不动产。

（一）销售货物

销售货物是指有偿转让货物的所有权。货物是指有形资产，包括电力、热力、气体在内。有偿是指从购买方取得货币、货物或者其他经济利益。

（二）提供加工、修理修配劳务

提供加工、修理修配劳务是指有偿提供加工、修理修配劳务。单位或者个体工商户聘用的员工为本单位或者雇主提供加工、修理修配劳务不包括在内。加工是指受托加工货物，即委托方提供原料及主要材料，受托方按照委托方的要求，制造货物并收取加工费的业务；修理修配是指受托对损伤和丧失功能的货物进行修复，使其恢复原状和功能的业务。

（三）进口货物

进口货物是指申报进入中国海关境内的货物。我国增值税法规定，只要是报关进口的应税货物，均属于增值税的征税范围，除享受免税政策外，在进口环节还需缴纳增值税。

（四）销售服务

销售服务是指提供交通运输服务、邮政服务、电信服务、建筑服务、金融服务、现代服务、生活服务。

（五）销售无形资产

销售无形资产是指转让无形资产所有权或者使用权的业务活动。无形资产是指不具实物形态，但能带来经济利益的资产，包括技术、商标、著作权、商誉、自然资源使用权和其他权益性无形资产。

（六）销售不动产

销售不动产是指转让不动产所有权的业务活动。不动产是指不能移动或者移动后会引起性质、形状改变的财产，包括建筑物、构筑物等。

（七）视同销售货物行为

（1）为了平衡税负和控制逃税，对不完全具备一般意义的销售行为，按照现行的增值税法暂行条例的规定，单位或者个体工商户的下列行为，视同销售货物，征收增值税：

1）将货物交付其他单位或者个人代销。

2）销售代销货物。

3）设有两个以上机构并实行统一核算的纳税人，将货物从一个机构移送至其他机构用于销售，但相关机构设在同一县（市）的除外。

4）将自产或者委托加工的货物用于非增值税应税项目。

5）将自产、委托加工的货物用于集体福利或者个人消费。

6）将自产、委托加工或者购进的货物作为投资，提供给其他单位或者个体工商户。

7）将自产、委托加工或者购进的货物分配给股东或者投资者。

8）将自产、委托加工或者购进的货物无偿赠送其他单位或者个人。

（2）根据《营业税改征增值税试点实施办法》的规定，单位或者个人的下列情形视同销售服务、无形资产或者不动产，征收增值税：

1）单位或者个体工商户向其他单位或者个人无偿提供服务，但用于公益事业或者以社会公众为对象的除外。

2）单位或者个人向其他单位或者个人无偿转让无形资产或者不动产，但用于公益事业或者以社会公众为对象的除外。

3）财政部和国家税务总局规定的其他情形。

（八）混合销售行为

一项销售行为既涉及货物又涉及服务，为混合销售。从事货物的生产、批发或者零售的单位和个体工商户的混合销售行为，按照销售货物缴纳增值税；其他单位和个体工商户的混合销售行为，按照销售服务缴纳增值税。

（九）兼营行为

兼营是指纳税人的经营范围既有销售货物，提供应税劳务，又有销售应税服务、无形资产或不动产。纳税人发生兼营行为，应当分别核算适用不同税率或征收率的销售额，未分别核算销售额的，按照以下办法适用税率或征收率：

（1）兼有不同税率的销售货物、加工修理修配劳务、服务、无形资产或者不动产，从高适用税率。

（2）兼有不同征收率的销售货物、加工修理修配劳务、服务、无形资产或者不动产，从高适用征收率。

（3）兼有不同税率和征收率的销售货物、加工修理修配劳务、服务、无形资产或者不动产，从高适用税率。

（十）征税范围的特殊规定

（1）货物期货（包括商品期货和贵金属期货），应当征收增值税，在期货的实物交割环节纳税，其中，交割时采取由期货交易所开具发票的，以期货交易所为纳税人。期货交易所增值税按次计算，其进项税额为该货物交割时供货会员单位开具的增值税专用发票上注明的销项税额，期货交易所本身发生的各种进项税额不得抵扣。交割时采取由供货的会员单位直接将发票开给购货会员单位的，以供货会员单位为纳税人。

（2）银行销售金银的业务，应当征收增值税。

（3）典当业的死当物品销售业务和寄售业代委托人销售寄售物品的业务，均应征收增值税。

（4）缝纫业务，应征收增值税。

（5）基本建设单位和从事建筑安装业务的企业附设的工厂、车间生产的水泥预制构件、其他构件或建筑材料，用于本单位或本企业建筑工程的，在移送使用时，征收增值税。

（6）电力公司向发电企业收取的过网费，应当征收增值税。

（7）旅店业和饮食业纳税人销售非现场消费的食品应当缴纳增值税。

（8）纳税人提供的矿产资源开采、挖掘、切割、破碎、分拣、洗选等劳务，属于增值税应税劳务，应当缴纳增值税。

（9）不征收增值税项目。

1）根据国家指令无偿提供的铁路运输服务、航空运输服务，属于《营业税改征增值税试点实施办法》规定的用于公益事业的服务。

2）存款利息。

3）被保险人获得的保险赔付。

4）房地产主管部门或者其指定机构、公积金管理中心、开发企业以及物业管理单位代收的住宅专项维修资金。

5）在资产重组过程中，通过合并、分立、出售、置换等方式，将全部或者部分实物资产以及与其相关联的债权、负债和劳动力一并转让给其他单位和个人，其中涉及的不动产、土地使用权转让行为。

6）纳税人在资产重组过程中，通过合并、分立、出售、置换等方式，将全部或者部分实物资产以及与其相关联的债权、负债和劳动力一并转让给其他单位和个人，不属于增值税的征税范围，其中涉及的货物转让，不征收增值税。

三、增值税税率和征收率

增值税一般纳税人采用比例税率，分为基本税率、低税率和零税率三档。小规模纳税人采用征收率。

（一）税率

1. 基本税率

增值税的基本税率为13%，适用于除实行低税率和零税率以外的所有销售或进口货物；提供加工、修理修配劳务以及提供有形动产租赁服务。

2. 低税率

（1）纳税人销售或者进口下列货物，适用9%税率。

1）粮食等农产品、食用植物油、鲜奶、食用盐。

2）自来水、暖气、冷气、热水、煤气、石油液化气、天然气、沼气、居民用煤炭制品、二甲醚。

3）图书、报纸、杂志；音像制品、电子出版物。

4）饲料、化肥、农药、农机、农膜。

5）国务院规定的其他货物。

（2）提供交通运输服务、邮政服务、基础电信服务、建筑服务、不动产租赁服务，销售不动产，转让土地使用权，适用9%税率。

（3）提供现代服务（租赁服务除外）、增值电信服务、金融服务、生活服务，销售无形资产（转让土地使用权外），适用6%税率。

3. 零税率

（1）除国务院另有规定外，纳税人出口货物适用零税率。

（2）境内单位和个人跨境销售国务院规定范围内的服务、无形资产，税率为零。

（3）其他零税率政策。

（二）征收率

1. 征收率的一般规定

由于小规模纳税人会计核算不健全，无法准确核算进项税额和销项税额，因此在增值税征收管理规定中采用简易计税方法计税，不准抵扣进项税额，也不得自行开具增值税专用发票。

（1）小规模纳税人在中华人民共和国境内销售货物、服务、无形资产或不动产，适用简易计税增值税征收率3%（适用5%的除外）。征收率的调整，由国务院决定。

（2）小规模纳税人（除其他个人外，下同）销售自己使用过的固定资产减按2%的征收率征收增值税，并且只能开具普通发票，不得由税务机关开增值税专用发票。

（3）小规模纳税人销售旧货按照简易计税方法依照3%征收率减按2%征收增值税。

（4）小规模纳税人销售使用过的除固定资产以外的物品按照3%征收率征收增值税。

2. 征收率的特殊规定

小规模纳税人以及选择简易计税的一般纳税人在转让、出租、销售不动产时，征收率为5%。

纳税人提供劳务派遣服务，选择差额纳税的，按照5%的征收率征收增值税。

知识拓展

在2019年两会上增值税税率又有了最新规定，李克强总理作政府工作报告时宣布：增值税基本税率将由目前的16%降至13%，10%降至9%，保持6%不变，确保所有行业税负只减不增。重点降低制造业和小微企业税收负担，将制造业等行业原有16%增值税税率降为13%，将交通运输、建筑、房地产等行业现行10%税率降为9%，保持6%一档税率不变。

案例分析7-2

2019年2月，A公司卖给B公司一批税率为16%的货物，合同约定含税价款为580万元。2019年7月，B公司再次向A购进同样一批货物，此时税率降至13%，B公司仍旧按合同约定的含税价款共计580元支付。

思考：如果合同约定不含税售价为500万元，2019年7月B公司可以少支付多少？

四、增值税应纳税额的计算

（一）一般纳税人应纳增值税的计算

纳税人销售货物或者提供应税劳务，应纳税额为当期销项税额抵扣当期进项税额后的余额。应纳税额计算公式为：

应纳税额=当期销项税额-当期进项税额

1. 销项税额

一般纳税人销售货物或者应税劳务，按照销售额和适用税率计算并向购买方收取的增值税额为销项税额。

销项税额计算公式：

销项税额=（不含税）销售额×税率

销售额为纳税人销售货物或者应税劳务向购买方收取的全部价款和价外费用，但是不包括收取的销项税额。价外费用，包括价外向购买方收取的手续费、补贴、基金、集资费、返还利润、奖励费、违约金、滞纳金、延期付款利息、赔偿金、代收款项、代垫款项、包装费、包装物租金、储备费、优质费、运输装卸费以及其他各种性质的价外收费。

一般纳税人销售货物或者应税劳务，采用销售额和销项税额合并定价方法的，按下列公式计算销售额：

销售额=（含税）销售额÷（1+税率）

知识拓展

常见的含税销售额有普通发票、零售价、价外费用、预期的包装物押金；常见的不含税销售额有增值税专用发票列示价款、组价（组成的计算价格）。

2. 增值税专用发票的特殊性

增值税专用发票的特殊性还表现在它可以将一种货物从最初生产到最终消费之间的各个环节连接起来，具体体现在：按专用发票上注明的税额，逐环节征税、逐环节扣税，可以明确、清楚、简便地把税额从一个经营环节传递到下一个经营环节，直到把货物销售给最终消费者，从而将税款也逐环节地传递。

3. 进项税额

纳税人购进货物或者接受应税劳务支付或者负担的增值税额，为进项税额。

下列进项税额准予从销项税额中抵扣：

（1）从销售方取得的增值税专用发票上注明的增值税额。

（2）从海关取得的海关进口增值税专用缴款书上注明的增值税额。

（3）购进农产品，除取得增值税专用发票或者海关进口增值税专用缴款书外，按照农产品收购发票或者销售发票上注明的农产品买价和9%的扣除率计算的进项税额，国务院另有规定的除外。

进项税额计算公式：进项税额=买价×扣除率。

（4）自境外单位或者个人购进劳务、服务、无形资产或者境内的不动产，从税务机关或者扣缴义务人取得的代扣代缴税款的完税凭证上注明的增值税额。

准予抵扣的项目和扣除率的调整，由国务院决定。另外，纳税人购进货物、劳务、服务、无形资产、不动产，取得的增值税扣税凭证不符合法律、行政法规或者国务院税务主管部门有关规定的，其进项税额不得从销项税额中抵扣。

下列项目的进项税额不得从销项税额中抵扣：

（1）用于简易计税方法计税项目、免征增值税项目、集体福利或者个人消费的购进货物、劳务、服务、无形资产和不动产；

（2）非正常损失的购进货物，以及相关的劳务和交通运输服务；

（3）非正常损失的在产品、产成品所耗用的购进货物（不包括固定资产）、劳务和交通运输服务；

（4）国务院规定的其他项目。

案例分析7-3

某百货商店为增值税一般纳税人，本月向消费者销售洗衣机100台，零售价为1160元/台。已知洗衣机适用的增值税税率为13%。

计算：该百货商店上述业务增值税销项税额是多少？

（二）小规模纳税人应纳增值税的计算

小规模纳税人销售货物、劳务、服务、无形资产和不动产，实行按照销售额和征收率计算应纳税额的简易办法，不得抵扣进项税额。小规模纳税人增值税征收率为3%，国务院另有规定的除外。

应纳税额=不含税销售额×征收率（3%）=含税销售额÷（1+征收率）×征收率

案例分析7-4

某商店为增值税小规模纳税人，2020年3月销售商品，取得含税收入5.15万元；将外购的一批商品无偿捐赠给某慈善机构，该批商品的含税价格为1.03万元；购进商品，取得增值税普通发票注明金额为2万元，增值税为0.32万元。已知征收率为3%。

计算：该商店当月应纳增值税税额是多少？

（三）纳税人进口货物应纳增值税的计算

纳税人进口货物，按照组成计税价格和适用的税率计算应纳税额。组成计税价格和应纳税额计算公式：值得注意的是，当进口货物属于消费税应税消费品时，其组成计税价格中还应包括消费税税额。

应纳税额=组成计税价格×税率

组成计税价格=关税完税价格+关税+消费税

=关税完税价格×（1+关税率）+消费税

=关税完税价格×（1+关税率）÷（1-消费税）

五、增值税税收优惠及征收管理

（一）增值税的税收优惠

1. 免税项目

根据《增值税暂行条例》的规定，下列项目免征增值税：

（1）农业生产者销售的自产农产品；

（2）避孕药品和用具；

（3）古旧图书；

（4）直接用于科学研究、科学试验和教学的进口仪器、设备；

（5）外国政府、国际组织无偿援助的进口物资和设备；

（6）由残疾人的组织直接进口供残疾人专用的物品；

（7）销售的自己使用过的物品。

除上述规定外，增值税的免税、减税项目由国务院规定。任何地区、部门均不得规定免税、减税项目。

2. 其他减免税规定

（1）纳税人兼营免税、减税项目的，应当分别核算免税、减税项目的销售额；未分别核算销售额的，不得免税、减税。

（2）纳税人销售额未达到国务院财政、税务主管部门规定的增值税起征点的，免征增值税；达到起征点的，依照本条例规定全额计算缴纳增值税。

法律驿站

小微企业的免税规定：（1）增值税小规模纳税人，月销售额不超过3万元（按季纳税，季销售额不超过9万元免征。（2）其他个人采取一次性收取租金形式出租不动产，取得的租金收入，可在租金对应的租赁期内平均分摊，分摊后的月租金收入不超过3万元的，可享受小微企业免征增值税的优惠政策。

（二）增值税的征收管理

1. 纳税义务发生的时间

（1）发生应税销售行为，为收讫销售款项或者取得索取销售款项凭据的当天；先开具发票的，为开具发票的当天。

（2）进口货物，为报关进口的当天。

增值税扣缴义务发生时间为纳税人增值税纳税义务发生的当天。

2. 纳税期限

根据《增值税暂行条例》的规定，增值税的纳税期限分别为1日、3日、5日、10日、15日、1个月或者1个季度。纳税人的具体纳税期限，由主管税务机关根据纳税人应纳税额的大小分别核定；不能按照固定期限纳税的，可以按次纳税。纳税人以1个月或者1个季度为一个纳税期的，自期满之日起15日内申报纳税；以1日、3日、5日、10日或者15日为一个纳税期的，自期满之日起5日内预缴税款，于次月1日起15日内申报纳税并结清上月应纳税款。

扣缴义务人解缴税款的期限，依照上述规定执行。纳税人进口货物，应当自海关填发海关进口增值税专用缴款书之日起15日内缴纳税款。

3. 纳税地点

（1）固定业户应当向其机构所在地的主管税务机关申报纳税。总机构和分支机构不在同一县（市）的，应当分别向各自所在地的主管税务机关申报纳税；经国务院财政、税务主管部门或者其授权的财政、税务机关批准，可以由总机构汇总向总机构所在地的主管税务机关申报纳税。

（2）固定业户到外县（市）销售货物或者劳务，应当向其机构所在地的主管税务机关报告外出经营事项，并向其机构所在地的主管税务机关申报纳税；未报告的，应当向销售地或者劳务发生地的主管税务机关申报纳税；未向销售地或者劳务发生地的主管税务机关申报纳税的，由其机构所在地的主管税务机关补征税款。

（3）非固定业户销售货物或者劳务，应当向销售地或者劳务发生地的主管税务机关申报纳税；未向销售地或者劳务发生地的主管税务机关申报纳税的，由其机构所在地或者居住地的主管税务机关补征税款。

（4）进口货物，应当向报关地海关申报纳税。

提示 扣缴义务人应当向其机构所在地或者居住地的主管税务机关申报缴纳其扣缴的税款。

第三节 消费税法律制度

消费税是对在我国境内从事生产、委托加工及进口应税消费品的单位和个人，就其销售额或销售数量，在特定环节征收的一种税。它是在普遍征收增值税的基础上，选择了少数消费品再征收的一个税种。因此，消费税的纳税人也是增值税的纳税人。而且，对同一纳税人同一环节既征收消费税又征收增值税的，消费税与增值税的计税销售额一般情况下是相同的。

一、消费税纳税人

消费税纳税人是指在中华人民共和国境内生产、委托加工和进口应税消费品的单位和个人，以及国务院确定的销售应税消费品的其他单位和个人。

二、消费税税目和税率

根据《消费税暂行条例》的规定，消费税税目采用列举的方式，列入应税范围的消费品共15类：(1) 烟（包括卷烟、雪茄烟、烟丝）；(2) 酒（包括白酒、黄酒、啤酒及其他酒）；(3) 高档化妆品（包括高档护肤类化妆品和成套化妆品）；(4) 贵重首饰及珠宝玉石（包括翡翠、珍珠、宝石、宝石坯等）；(5) 鞭炮、烟火（体育上用的发令纸、鞭炮引线不属于应税消费品）；(6) 成品油（包括汽油、柴油等7个子目）；(7) 摩托车；(8) 小汽车；(9) 高尔夫球及球具；(10) 高档手表；(11) 游艇；(12) 木制一次性筷子；(13) 实木地板；(14) 电池；(15) 涂料。

消费税税率有两种形式：比例税率和定额税率，以适应不同应税消费品的实际情况。多数消费品采用比例税率，对成品油、黄酒和啤酒则实行定额税率，但为了更好、更有效地保全消费税税基，对卷烟和白酒，则采取了比例税率和定额税率复合征收的形式。具体消费税税目税率见表7-1。

表7-1　消费税税目税率表

一、烟	
1. 卷烟	
(1) 甲类卷烟	56%加0.003元/支（生产环节）
(2) 乙类卷烟	36%加0.003元/支（生产环节）
(3) 批发环节	11%加0.005元/支
2. 雪茄烟	36%
3. 烟丝	30%
二、酒	
1. 白酒	20%加0.5元/500g（或者500mL）
2. 黄酒	240元/t
3. 啤酒	250元/t
(1) 甲类啤酒	220元/t
(2) 乙类啤酒	10%
4. 其他酒	
三、高档化妆品	15%
四、贵重首饰及珠宝玉石	
1. 金银首饰、铂金首饰和钻石及钻石饰品	5%
2. 其他贵重首饰和珠宝玉石	10%
五、鞭炮、焰火	15%
六、成品油	
1. 汽油	1.52元/L
2. 柴油	1.20元/L
3. 航空煤油	1.20元/L
六、成品油	
4. 石脑油	1.52元/L

续表 7-1

5. 溶剂油	1.52 元/L
6. 润滑油	1.52 元/L
7. 燃料油	1.20 元/L
七、摩托车	
1. 气缸容量（排气量，下同）为 250mL 的	3%
2. 气缸容量在 250mL 以上的	10%
八、小汽车	
1. 乘用车	
(1) 气缸容量（排气量，下同）在 1.0L（含 1.0L）以下的；	1%
(2) 气缸容量在 1.0L 以上至 1.5L（含 1.5L）的；	3%
(3) 气缸容量在 1.5L 以上至 2.0L（含 2.0L）的；	5%
(4) 气缸容量在 2.0L 以上至 2.5L（含 2.5L）的；	9%
(5) 气缸容量在 2.5L 以上至 3.0L（含 3.0L）的；	12%
(6) 气缸容量在 3.0L 以上至 4.0L（含 4.0L）的；	25%
(7) 气缸容量在 4.0L 以上的。	40%
2. 中轻型商用客车	5%
3. 超豪华小汽车	10%（零售环节）
九、高尔夫球及球具	10%
十、高档手表	20%
十一、游艇	10%
十二、木制一次性筷子	5%
十三、实木地板	5%
十四、电池	4%
十五、涂料	4%

三、消费税应纳税额的计算

（一）生产销售应纳消费税的计算

1. 从价定率计征

从价定率计征计算公式：

应纳税额＝应税消费品的销售额×比例税率

其中，应税消费品的销售额是指纳税人销售应税消费品向购买方收取的全部价款和价外费用，但不包括应向购买方收取的增值税税款。

2. 从量定额计征

从量定额计征计算公式：

应纳税额=应税消费品的销售数量×单位税额

3. 复合计征

从价定率和从量定额复合计征计算公式：

应纳税额=应税消费品的销售额×比例税率+应税消费品的销售数量×单位税额

案例分析7-5

(1) 某酒厂为一般纳税人。2020 年 3 月销售自己生产的粮食白酒 30t，向购买方收取的不含税销售额共计 165 万元。已知白酒的消费税税率是 20%加 0.5 元/500g。(2) 某汽车制造商为一般纳税人。2020 年 4 月生产销售小汽车 50 辆，每辆小汽车不含税单价为 30 万元。已知该小汽车消费税税率为 25%。

计算：酒厂和汽车制造商应纳消费税税额分别是多少？

（二）自产自用应纳消费税的计算

用于连续生产应税消费品的，不纳税。用于其他方面的：有同类消费品销售价格的，按照纳税人生产的同类消费品销售价格计算纳税，应纳税额=同类消费品销售价格×自产自用数量×适用税率；没有同类消费品销售价格的，按组成计税价格计算纳税。计算公式为：

组成计税价格=（成本+利润）÷（1-消费税税率）

应纳税额=组成计税价格×适用税率

案例分析7-6

某卷烟厂生产企业本月加工一批卷烟作为礼品送给关系户及分发给本企业职工，该批卷烟共 200 箱，成本为 400 万元，该企业无同类产品。

计算：该批卷烟应征消费税额是多少？

（三）委托加工应纳消费税的计算

委托加工应税消费品的由受托方交货时代扣代缴消费税。按照受托方的同类消费品销售价格计算纳税，没有同类消费品销售价格的，按组成计税价格计算纳税。计算公式为：

组成计税价格=（材料成本+加工费）÷（1-消费税税率）

应纳税额=组成计税价格×适用税率

案例分析7–7

甲企业为增值税一般纳税人，8月接受某烟厂委托加工烟丝，甲企业自行提供烟叶的成本为35000元，代垫辅助材料2000元（不含税），发生加工支出4000元（不含税）；甲企业当月允许抵扣的进项税额为340元。烟丝的成本利润率为5%，适用消费税税率30%。

计算：甲企业应纳消费税、增值税各是多少？

（四）进口环节应纳消费税的计算

进口应税消费品，按照组成计税价格计算纳税。计算公式为：

组成计税价格=（关税完税价格+关税）÷（1–消费税税率）

应纳税额=组成计税价格×消费税税率

案例分析7–8

某企业本月从国外进口一批应税消费品，海关核定的关税完税价格为100万元。进口关税税率为40%，适用消费税税率为30%，增值税税率为13%。

计算：该批货物进口应纳增值税和消费税额各是多少？

四、消费税的征收管理

（一）纳税义务发生的时间

除委托加工纳税义务发生时间是消费税的特有规定之外，消费税的纳税义务发生时间与增值税基本一致。

（二）纳税地点

纳税人销售的应税消费品，以及自产自用的应税消费品，除国务院另有规定外，应当向纳税人核算地主管税务机关申报纳税。

委托加工的应税消费品，除委托个人加工以外，由受托方向所在地主管税务机关代收代缴消费税税款。委托个人加工的应税消费品，由委托方向其机构所在地或者居住地主管税务机关申报纳税。

进口的应税消费品，由进口人或者其代理人向报关地海关申报纳税。

纳税人到外县（市）销售或者委托外县（市）代销自产应税消费品的，于应税消费品销售后，向机构所在地或者居住地主管税务机关申报纳税。

纳税人的总机构与分支机构不在同一县（市）的，应当分别向各自机构所在地的主管税务机关申报纳税（卷烟批发除外）；经财政部、国家税务总局或者其授权的财政、税务机关批准，可以由总机构汇总向总机构所在地的主管税务机关申报纳税。

知识拓展

消费税是对特定货物与劳务征收的一种间接税，消费税可以根据国家产业政策和消费政策的要求，调节消费行为，促进节能环保，正确引导消费需求，间接引导投资流向，补偿部分商品和消费行为为负的外部性，缓解收入分配不公。

知识检测

一、单项选择题

（1）下列选项中，是区别不同税种的重要标志的是（　　）。

A. 纳税义务人　　B. 税率　　C. 计税依据　　D. 征税对象

（2）下列关于税法构成要素的说法中，正确的是（　　）。

A. 税目是区分不同税种的主要标志

B. 税率是衡量税负轻重的重要标志

C. 纳税人就是履行纳税义务的法人

D. 征税对象是税收法律关系中征纳双方权利义务所指的物品

（3）根据增值税法律制度的规定，下列关于小规模纳税人征税规定的表述中，不正确的是（　　）。

A. 实行简易征税办法　　B. 一律不使用增值税专用发票

C. 不允许抵扣增值税进项税额　　D. 可以请税务机关代开增值税专用发票

（4）某公司为增值税小规模纳税人，2020 年 5 月销售货物取得含税收入 20600 元，当月销售一台使用过的 2010 年购进的用于生产的机器设备，收取价税合计金额 30900 元，该设备购买时支付价款 40000 元。则该公司 5 月应缴纳增值税（　　）元。

A. 1500　　B. 1200　　C. 300　　D. 0

（5）下述关于自产自用或委托加工应税消费品的销售额陈述，不正确的是（　　）。

A. 纳税人自产自用的应税消费品，按照纳税人生产的同类消费品的销售价格计算纳税

B. 纳税人自产自用的应税消费品，没有同类消费品销售价格的，按照组成计税价格计算纳税

C. 组成计税价格计算公式：组成计税价格=（成本+利润）÷（1+消费税税率）

D. 委托加工的应税消费品，按照受托方的同类消费品的销售价格计算纳税

（6）根据消费税法律制度的规定，下列各项中，不需要征收消费税的是（　　）。

A. 加工生产白酒

B. 零售金银首饰

C. 批发实木地板

D. 进口木制一次性筷子

（7）甲公司为增值税一般纳税人，2019 年 10 月采取折扣方式销售货物一批，该批货物不含税销售额 90000 元，折扣额 9000 元，销售额和折扣额在同一张发票上分别注明。

已知增值税税率为16%。甲公司当月该笔业务增值税销项税额的下列计算列式中，正确的是（　　）。

A.（90000－9000）×（1+16%）×16%＝15033.60元

B. 90000×16%＝14400元

C. 90000×（1+16%）×16%＝16704元

D.（90000－9000）×16%＝12960元

二、多项选择题

（1）根据税收征收管理法律制度的规定，下列各项中，属于税收法律关系主体的有（　　）。

A. 税务机关　　B. 纳税人　　C. 海关　　D. 扣缴义务人

（2）根据消费税法律制度的规定，下列各项中，应征收消费税的有（　　）。

A. 甲电池厂生产销售电池

B. 乙超市零售啤酒

C. 丙首饰厂生产销售玉手镯

D. 丁百货公司零售钻石胸针

（3）根据增值税法律制度的规定，纳税人提供的下列应税服务，免征增值税的有（　　）。

A. 国际运输服务

B. 为出口货物提供的保险服务

C. 存储地点在境外的仓储服务

D. 标的物在境外使用的有形动产租赁服务

（4）根据增值税法律制度的规定，下列业务中，应当征收增值税的有（　　）。

A. 银行销售金银的业务

B. 有形动产租赁业务

C. 鉴证咨询服务

D. 提供缝纫劳务

（5）根据消费税法律制度的规定，下列各项中，应按纳税人同类应税消费品的最高销售价格作为计税依据计征消费税的有（　　）。

A. 用于抵债的应税消费品

B. 用于投资的应税消费品

C. 用于换取生产资料的应税消费品

D. 用于换取消费资料的应税消费品

三、判断题

（1）纳税人在纳税期间没有应纳税款的，不需办理纳税申报。（　　）

（2）甲电器商场向消费者个人销售的传真机，可以开具增值税专用发票。（　　）

（3）委托加工的卷烟按照受托方同牌号规格卷烟的征税类别和适用税率征税。没有同牌号规格卷烟的，一律按卷烟最高税率征税。（　　）

（4）红酒生产企业销售红酒收取的包装物押金应并入红酒销售额，征收消费税。（　　）

(5) 采取委托银行收款方式销售货物，增值税纳税义务发生时间为发出货物并办妥托收手续的当天。 ( )

四、实训题

实训一

A公司为增值税一般纳税人，生产销售计算机。2020年4月发生如下业务：生产销售计算机500台，取得不含增值税价款100万元。向B公司（小规模纳税人）支付运输费用取得代开的增值税专用发票上注明的金额为10万元。另外还向C公司（小规模纳税人）购买计算机零配件取得代开的增值税专用发票上注明的价款为20万元。

讨论：计算A、B、C公司就各自的业务应纳增值税？

实训二

甲化妆品生产企业为增值税一般纳税人，11月从另一化妆品生产企业购进高档保湿精华一批，取得增值税专用发票（当月经过认证并允许在当月抵扣进项税）上注明价款为200万元；当月领用其中的60%用于生产高档保湿粉底液并全部销售，向购买方开具增值税专用发票，注明销售额为1000万元。已知高档化妆品适用消费税税率为15%。

讨论：

(1) 甲化妆品生产企业应纳消费税是多少？

(2) 甲化妆品生产企业应纳增值税是多少？

第八章　所得税

知识导航

- 所得税
  - 企业所得税法律制度
    - 企业所得税税率
    - 应纳所得 额的计算
    - 应纳税额的计算
  - 个人所得税法律制度
    - 纳税人及征税对象
    - 个人所得税税率

案例导入

2019 年，甲公司职员李某全年取得工资、薪金收入 180000 元。当地规定的社会保险和住房公积金个人缴存比例为：基本养老保险 8%，基本医疗保险 2%，失业保险 0.5%，住房公积金 12%。李某缴纳社会保险费核定的缴费工资基数为 10000 元。李某正在偿还首套住房贷款及利息；李某为独生女，其独生子正就读大学三年级；李某父母均已年过 60 岁。李某夫妻约定由李某扣除贷款利息和子女教育费。

请思考　李某 2019 年应缴纳的个人所得税税额为多少？

第一节　企业所得税法律制度

企业所得税是对我国境内的企业和其他取得收入的组织的生产经营所得和其他所得征收的一种税。

一、企业所得税纳税人

依照《中华人民共和国企业所得税法》（以下简称《企业所得税法》）的规定，企业所得税的纳税义务人是指在中华人民共和国境内的企业或其他取得收入的组织，具体包括各类企业、事业单位、社会团体、民办非企业单位和从事经营活动的其他组织。

提示　依照中国法律、行政法规成立的个人独资企业、合伙企业，不属于企业所得税纳税义务人，不缴纳企业所得税。

企业所得税采取收入来源地管辖权和居民管辖权相结合的双重管辖权，把企业分为居民企业和非居民企业，分别确定不同的纳税义务。

（一）居民企业

居民企业是指依法在中国境内成立，或者依照外国（地区）法律成立但实际管理机构在中国境内的企业。居民企业应当就其来源于中国境内、境外的所得缴纳企业所得税。

提示　实际管理机构是指对企业的生产经营、人员、账务、财产等实施实质性全面管理和控制的机构。

（二）非居民企业

非居民企业是指依照外国（地区）法律成立且实际管理机构不在中国境内，但在中国境内设立机构、场所的，或者在中国境内未设立机构、场所，但有来源于中国境内所得的企业。非居民企业委托营业代理人在中国境内从事生产经营活动的，包括委托单位或者个人经常代其签订合同，或者储存、交付货物等，该营业代理人视为非居民企业在中国境内设立的机构、场所。

二、企业所得税征税对象

企业所得税的征税对象是纳税人所取得的生产经营所得、其他所得和清算所得。

（一）居民企业的征税对象

居民企业应当就其来源于中国境内、境外的所得缴纳企业所得税。这里的所得包括销售货物所得、提供劳务所得、转让财产所得、股息红利等权益性投资所得、利息所得、租金所得、特许权使用费所得、接受捐赠所得和其他所得。

（二）非居民企业的征税对象

非居民企业在中国境内设立机构、场所的，应当就其所设机构、场所取得的来源于中国境内的所得，以及发生在中国境外但与其所设机构、场所有实际联系的所得，缴纳企业所得税。

非居民企业在中国境内未设立机构、场所的，或者虽设立机构、场所但取得的所得与其所设机构、场所没有实际联系的，应当就其来源于中国境内的所得缴纳企业所得税。

提示　实际联系是指非居民企业在中国境内设立的机构、场所拥有据以取得所得的股权、债权，以及拥有、管理、控制据以取得所得的财产等。

（三）来源于中国境内、境外所得的确定原则

来源于中国境内、境外的所得，按照以下原则确定：

（1）销售货物所得，按照交易活动发生地确定。

（2）提供劳务所得，按照劳务发生地确定。

（3）转让财产所得。不动产转让所得按照不动产所在地确定，动产转让所得按照转让动产的企业或者机构，场所所在地确定，权益性投资资产转让所得按照被投资企业所在地确定。

（4）股息、红利等权益性投资所得，按照分配所得的企业所在地确定。

（5）利息所得、租金所得、特许权使用费所得，按照负担、支付所得的企业或者机构、场所所在地确定，或者按照负担、支付所得的个人的住所地确定。

（6）其他所得，由国务院财政、税务主管部门确定。

三、企业所得税税率

我国企业所得税实行比例税率。

（一）基本税率为25%

适用于居民企业以及在中国境内设立机构、场所且取得的所得与其所设机构、场所有关联的非居民企业。该类型企业就来源于中国境内、境外的所得缴纳企业所得税。

（二）低税率为20%

（1）居民企业中符合条件的小型微利企业减按20%的税率征税。

（2）未在中国境内设立机构、场所的，或虽设立机构、场所但取得的所得与机构、场所没有实际联系的非居民企业就其来源于中国境内所得。但在实际征收时减按10%的税率。

（3）国家重点扶持的高新技术企业、经认定的技术先进型服务企业减按15%税率。

此外，现行税法对企业所得税还规定了许多税收优惠，包括免税收入、可以减免税的所得、优惠税率、减免税额、加计扣除、加速折旧、减计收入、税额抵免等。

四、应纳税所得额的计算

企业每一纳税年度的收入总额，减除不征税收入、免税收入、各项扣除以及允许弥补的以前年度亏损后的余额，为应纳税所得额。

（一）收入总额

企业以货币形式和非货币形式从各种来源取得的收入，为收入总额。包括：（1）销售货物收入；（2）劳务收入；（3）转让财产收入；（4）股息、红利等权益性投资收益；（5）利息收入；（6）租金收入；（7）特许权使用费收入；（8）接受捐赠收入；（9）其他收入。

（二）不征税收入

下列收入为不征税收入：（1）财政拨款；（2）依法收取并纳入财政管理的行政事业

性收费、政府性基金；（3）国务院规定的其他不征税收入。

（三）允许扣除的项目

企业实际发生的与取得收入有关的、合理的支出，包括成本、费用、税金、损失和其他支出，准予在计算应纳税所得额时扣除。按照法律规定和扣除比例的不同规定，准予扣除的项目包括：（1）工资、薪金支出；（2）社会保险费；（3）借款费用；（4）利息费用；（5）汇兑损失；（6）职工福利费支出；（7）工会经费；（8）职工教育经费支出；（9）业务招待费；（10）广告费和业务宣传费支出；（11）环境保护专项资金；（12）财产保险费；（13）租赁费；（14）劳动保护费；（15）总机构分摊的费用；（16）公益性捐赠；（17）依照有关法律、行政法规和国家有关税法规定准予扣除的其他项目。

（四）不得扣除的项目

在计算应纳税所得额时，下列支出不得扣除：（1）向投资者支付的股息、红利等权益性投资收益款项；（2）企业所得税税款；（3）税收滞纳金；（4）罚金、罚款和被没收财物的损失；（5）超过规定标准的捐赠支出；（6）赞助支出；（7）未经核定的准备金支出；（8）企业之间支付的管理费、企业内营业机构之间支付的租金和特许权使用费，以及非银行企业内营业机构之间支付的利息，不得扣除；（9）与取得收入无关的其他支出。

（五）亏损弥补

企业纳税年度发生的亏损，准予向以后年度结转，用以后年度的所得弥补，但结转年限最长不得超过5年。

应纳税所得额的计算方法有以下两种：

（1）直接计算法：

应纳税所得额=收入总额-不征税收入-免税收入-各项扣除额-亏损弥补

（2）间接计算法：

应纳税所得额=税前会计利润+纳税调整增加额-纳税调整减少额

五、应纳税额的计算

（一）应纳税额的计算公式

企业的应纳税所得额乘以适用税率，减除依照企业所得税法关于税收优惠的规定减免和抵免的税额后的余额，为应纳税额。

其计算公式为：

应纳税额=应纳税所得额×适用税率-减免税额-抵免税额

（二）税收抵免

企业取得的下列所得已在境外缴纳的所得税税额，可以从其当期应纳税额中抵免，抵免限额为该项所得依照企业所得税法规定计算的应纳税额；超过抵免限额的部分，可以在以后5个年度内，用每年度抵免限额抵免当年应抵税额后的余额进行抵补：

（1）居民企业来源于中国境外的应税所得；

（2）非居民企业在中国境内设立机构、场所，取得发生在中国境外但与该机构、场所有实际联系的应税所得。

案例分析8-1

某居民企业2019年度企业所得税应纳税所得额为500万元，减免税额为10万元，抵免税额为20万元，上一年度亏损20万元。

计算：该企业2019年应纳企业所得税税额是多少？

六、企业所得税税收优惠及征收管理

（一）企业所得税的税收优惠

国家对重点扶持和鼓励发展的产业和项目，给予企业所得税优惠。

1. 免税收入

企业的下列收入为免税收入：（1）国债利息收入，是指企业持有国务院财政部门发行的国债取得的利息收入；（2）符合条件的居民企业之间的股息、红利等权益性投资收益；（3）在中国境内设立机构、场所的非居民企业从居民企业取得与该机构、场所有实际联系的股息、红利等权益性投资收益；（4）符合条件的非营利组织的收入。

2. 税款的减免

企业的下列所得，可以免征、减征企业所得税：（1）从事农、林、牧、渔业项目的所得；（2）从事国家重点扶持的公共基础设施项目投资经营的所得；（3）从事符合条件的环境保护、节能节水项目的所得；（4）符合条件的技术转让所得；（5）非居民企业在中国境内未设立机构、场所的，或者虽设立机构、场所，但取得的所得与其所设机构、场所没有实际联系的所得。

3. 降低税率

根据《企业所得税法》第二十八条的规定，在下列两种情况下，可以降低税率：（1）符合条件的小型微利企业，减按20%的税率征收企业所得税；（2）国家需要重点扶持的高新技术企业，减按15%的税率征收企业所得税。

4. 加计扣除额、减计收入额

企业的下列支出，可以在计算应纳税所得额时加计扣除：（1）开发新技术、新产品、新工艺发生的研究开发费用；（2）安置残疾人员及国家鼓励安置的其他就业人员所支付的工资；（3）企业综合利用资源，生产符合国家产业政策规定的产品所取得的收入，可以在计算应纳税所得额时减计收入。

5. 抵扣应纳税所得额

创业投资企业从事国家需要重点扶持和鼓励的创业投资，可以按投资额的一定比例抵扣应纳税所得额。

6. 抵免税额

企业购置用于环境保护、节能节水、安全生产等专用设备的投资额，可以按一定比例实行税额抵免。

7. 加速折旧

企业的固定资产由于技术进步等原因，确需加速折旧的，可以缩短折旧年限或者采取加速折旧的方法。

知识拓展

固定资产计算折旧的最低年限：(1) 房屋、建筑物，为 20 年；(2) 飞机、火车、轮船、机器、机械和其他生产设备，为 10 年；(3) 与生产经营活动有关的器具、工具、家具等，为 5 年；(4) 飞机、火车、轮船以外的运输工具，为 4 年；(5) 电子设备，为 3 年。

8. 过渡期优惠

《企业所得税法》公布前已经批准设立的企业，依照当时的税收法律、行政法规规定，享受低税率优惠的，可以在该法施行后 5 年内，逐步过渡到该法规定的税率；享受定期减免税优惠的，可以在该法施行后继续享受到期满为止，但因未获利而尚未享受优惠的，优惠期限从该法施行年度起计算。

（二）企业所得税的征收管理

1. 纳税地点

除税收法律、行政法规另有规定外，居民企业以企业登记注册地为纳税地点；但登记注册地在境外的，以实际管理机构所在地为纳税地点。

非居民企业在中国境内设立机构、场所的，以机构、场所所在地为纳税地点。非居民企业在中国境内设立两个或者两个以上机构、场所的，经税务机关审核批准，可以选择由其主要机构、场所汇总缴纳企业所得税。

在中国境内未设立机构、场所的，或者虽设立机构、场所但取得的所得与其所设机构、场所没有实际联系的非居民企业，以扣缴义务人所在地为纳税地点。

2. 纳税期限

企业所得税的纳税年度，自公历 1 月 1 日起至 12 月 31 日止。企业在一个纳税年度的中间开业，或者由于合并、关闭等原因终止经营活动，使该纳税年度的实际经营期不足 12 个月的，应当以其实际经营期为一个纳税年度。企业清算时，应当以清算期间作为一个纳税年度。

自年度终了之日起 5 个月内，向税务机关报送年度企业所得税纳税申报表，并汇算清缴，结清应缴应退税款。

企业在年度中间终止经营活动的，应当自实际经营终止之日起60日内，向税务机关办理当期企业所得税汇算清缴。

案例分析8-2

某企业2019年实现销售收入1 800万元，当年发生销售成本1 400万元，管理费用200万元（其中业务招待费用40万元，为研究新产品发生研究开发费100万元），财务费用60万元，企业中有残疾人员15人，每月工资1000元。

计算：该企业2019年应纳企业所得税是多少？

第二节　个人所得税法律制度

个人所得税是以个人（自然人）取得的各项应税所得为征税对象所征收的一种税。

一、个人所得税纳税人及征税对象

（一）个人所得税纳税人

我国个人所得税的纳税义务人是在中国境内居住有所得的人，以及不在中国境内居住而从中国境内取得所得的个人，具体包括：中国公民，个体工商户，外籍个人以及中国香港、中国澳门、中国台湾同胞等。

个人独资企业和合伙企业不缴纳企业所得税，只对投资者个人或个人合伙人取得的生产经营所得征收个人所得税。

按照住所和居住时间两个标准，我国将个人所得税纳税人划分为居民纳税人和非居民纳税人。在中国境内有住所或者无住所但在境内居住累计满183天的个人，属于居民纳税人，居民纳税人承担无限纳税义务。在境内无住所又不居住，或者无住所而在境内累计居住不满183天的个人，属于非居民纳税人，非居民纳税人承担有限纳税义务。

（二）个人所得税征税对象

根据《中华人民共和国个人所得税法》（以下简称《个人所得税法》）的规定，按应纳税所得的来源划分，将个人所得税共分为九个应税项目，即工资、薪金所得；劳务报酬所得；稿酬所得；经营所得；特许权使用费所得；财产租赁所得；财产转让所得；利息、股利、分红所得；偶然所得。

法律驿站

2018年8月31日，第十三届全国人大常委第五次会议表决通过了关于修改《个人所得税法》的决定，决定自2019年1月1日起施行。此次个税修改的亮点包括：（1）增加了综合所得概念。所谓综合所得，包括工资薪金所得、劳务报酬所得、稿酬所得、特许权使用费所得四大类收入，这四类收入将合并计算个人所得税。(2) 综合所得改为按年计算，即月度预缴、年度汇算清缴的方式。在取得所得的次年3月1日到6月30日内办理汇算清缴。(3) 扩大了减除费用扣除范围。综合所得的费用扣除额由原来的月3500元，扩大为年6万元；除了原来税法规定的社保、公积金扣除项以外，还设立子女教育、继续教育、大病医疗、住房贷款利息、住房租金、赡养老人六项专项附加扣除。(4) 优化调整个人所得税税率结构。以现行工薪所得3%~45%七级超额累进税率为基础，扩大3%、10%、20%三档较低税率的级距，25%税率级距相应缩小，30%、35%、45%三档较高税率级距保持不变。

二、个人所得税税率

(一) 综合所得

综合所得包括工资、薪金所得，劳务报酬所得，稿酬所得，特许权使用费所得四项。劳务报酬所得、稿酬所得、特许权使用费所得以收入减除20%的费用后的余额为收入额。稿酬所得的收入额减按70%计算。

1. 工资、薪金所得

工资、薪金所得适用3%~45%的七级超额累进税率，见表8-1。

表8-1　综合所得适用税率3%~45%的超额累进税率

级数	全年应纳税所得额	税率
1	不超过36000元的	3%
2	超过36000元至144000元的部分	10%
3	超过144000元至300000元的部分	20%
4	超过300000元至420000元的部分	25%
5	超过420000元至660000元的部分	30%
6	超过660000元至960000元的部分	35%
7	超过960000元的部分	45%

2. 劳务报酬所得

劳务报酬所得适用的税率及扣除数见表8-2。

表8-2　劳务报酬所得适用的税率及扣除数

级数	应纳税所得额（含税）	应纳税所得额（不含税）	速算税率除数	速算扣除数
1	不超过20000元的部分	不超过16000元的部分	20%	0
2	超过20000元到50000元的部分	超过16000元至37000元的部分	30%	2000
3	超过50000元的部分	超过37000元的部分	40%	7000

(1) 每次收入不足4000元；

应纳税额=应纳税所得额×适用税率=（每次收入额-800 元）×20%

（2）每次收入在 4000 元以上的；

应纳税额=应纳税所得额×适用税率=每次收入额×（1-20%）×20%

（3）每次收入的应纳税所得额超过 20000 元的；

应纳税额=应纳税所得额×适用税率-速算扣除数

=每次收入额×（1-20%）×适用税率-速算扣除数计算过程

3. 稿酬所得

稿酬所得以个人每次取得的收入，定额或定率减除规定费用后的余额为应纳税所得额，每次收入不超过 4000 元，定额减除费用 800 元；每次收入在 4000 元以上的，定率减除 20%的费用。适用 20%的比例税率，并按规定对应纳税额减征 30%，故其实际税率为 14%，计算公式为：

（1）每次收入不超过 4000 元的：

应纳税额=（每次收入额-800）×20%×（1-30%）

（2）每次收入在 4000 元以上的：

应纳税额=每次收入额×（1-20%）×20%×（1-30%）

4. 特许权使用费所得

特许权使用费所得适用 20%的比例税率。计算公式为：

应纳税所得额=特许权使用费（不超过 4000 元）-800 元

应纳税所得额=特许权使用费（超过 4000 元）×（1-20%）

应纳税额=应纳税所得额×20%

案例分析8-3

2020 年 4 月，小赵给 A 公司提供了技术支持工作，获取 6000 元的劳务报酬。2020 年 5 月，小赵将自己获得的一项专利技术转让给 B 公司，取得收入 10 万元，成交时支付相关税费合计 1 万元，且能提供有效的合法凭证。

计算：小赵在 4 月、5 月应缴纳的个人所得税分别是多少？

（二）经营所得

经营所得适用 5%~35%的五级超额累进税率，见表 8-3。

表 8-3　经营所得适用税率 5%~35%的超额累进税率

级数	全年应纳税所得额	税率
1	不超过 30000 元的	5%
2	超过 30000 元至 90000 元的部分	10%
3	超过 90000 元至 300000 元的部分	20%
4	超过 300000 元至 500000 元的部分	30%
5	超过 500000 元的部分	35%

（三）比例税率

对个人的利息、股息、红利所得，财产租赁所得，财产转让所得，偶然所得和其他所得，按次计算征收个人所得税，适用20%的比例税率。

三、个人所得税征收管理

（一）个人所得税的征收方式

个人所得税的征收方式实行源泉扣缴与自行申报并用法，注重源泉扣缴。

个人所得税的征收方式可分为按月计征和按年计征。个体工商户的生产、经营所得，对企业事业单位的承包经营、承租经营所得，特定行业的工资、薪金所得，从中国境外取得的所得，实行按年计征应纳税额，其他所得应纳税额实行按月计征。

（二）计算方法

应纳税所得额=月度收入-5000元（起征点）-专项扣除（三险一金等）-专项附加扣除-依法确定的其他扣除。

（三）个人所得税专项附加扣除

专项附加扣除如下：

（1）子女教育：纳税人的子女接受全日制学历教育的相关支出，按照每个子女每月1000元的标准定额扣除。

（2）继续教育：纳税人在中国境内接受学历（学位）继续教育的支出，在学历（学位）教育期间按照每月400元定额扣除。同一学历（学位）继续教育的扣除期限不能超过48个月。纳税人接受技能人员职业资格继续教育、专业技术人员职业资格继续教育的支出，在取得相关证书的当年，按照3600元定额扣除。

（3）大病医疗：在一个纳税年度内，纳税人发生的与基本医保相关的医药费用支出，扣除医保报销后个人负担（指医保目录范围内的自付部分）累计超过15000元的部分，由纳税人在办理年度汇算清缴时，在80000元限额内据实扣除。

（4）住房贷款利息：纳税人本人或者配偶单独或者共同使用商业银行或者住房公积金，个人住房贷款为本人或者其配偶购买中国境内住房，发生的首套住房贷款利息支出，在实际发生贷款利息的年度，按照每月1000元的标准定额扣除，扣除期限最长不超过240个月。纳税人只能享受一次首套住房贷款的利息扣除。

（5）住房租金：纳税人在主要工作城市没有自有住房而发生的住房租金支出。

（6）赡养老人：纳税人赡养一位及以上被赡养人的赡养支出。统一按照以下标准定额扣除：1）纳税人为独生子女的，按照每月2000元的标准定额扣除；2）纳税人为非独生子女的，由其与兄弟姐妹分摊每月2000元的扣除额度，每人分摊的额度不能超过每月1000元。可以由赡养人均摊或者约定分摊，也可以由被赡养人指定分摊。约定或者指定分摊的须签订书面分摊协议，指定分摊优先于约定分摊。具体分摊方式和额度在一个纳税年度内不能变更。

提示　专项扣除、专项附加扣除和依法确定的其他扣除，以居民个人一个纳税年度的应纳税所得额为限额；一个纳税年度扣除不完的，不结转以后年度扣除。

案例分析8–4

小王为某企业员工，在2019年全年取得工资薪金收入240000元。三险一金专项扣除32400元。小王已婚，2个孩子分别上初三和高二。另外，小王还是独生子，其父母已过60岁。小王有首套住房贷款利息支出，但约定由妻子扣除。小王扣除赡养老人支出和子女教育支出。

计算：计算小王2019年应缴纳的个人所得税。

四、个人所得税的税收优惠

（一）个人所得税免税项目

下列各项个人所得，免征个人所得税：

（1）省级人民政府、国务院部委和中国人民解放军军以上单位，以及外国组织、国际组织颁发的科学、教育、技术、文化、卫生、体育、环境保护等方面的奖金；

（2）国债和国家发行的金融债券利息；

（3）按照国家统一规定发给的补贴、津贴；

（4）福利费、抚恤金、救济金；

（5）保险赔款；

（6）军人的转业费、复员费、退役金；

（7）按照国家统一规定发给干部、职工的安家费、退职费、基本养老金或者退休费、离休费、离休生活补助费；

（8）依照有关法律规定应予免税的各国驻华使馆、领事馆的外交代表、领事官员和其他人员的所得；

（9）中国政府参加的国际公约、签订的协议中规定免税的所得；

（10）国务院规定的其他免税所得。

（二）个人所得税减税项目

有下列情形之一的，可以减征个人所得税，具体幅度和期限，由省、自治区、直辖市人民政府规定，并报同级人民代表大会常务委员会备案：

（1）残疾、孤老人员和烈属的所得。

（2）因严重自然灾害造成重大损失的。

（三）个人所得额的扣减规定

（1）居民个人的综合所得，以每一纳税年度的收入额减除费用6万元以及专项扣除、专项附加扣除和依法确定的其他扣除后的余额，为应纳税所得额。

（2）非居民个人的工资、薪金所得，以每月收入额减除费用 5000 元后的余额为应纳税所得额；劳务报酬所得、稿酬所得、特许权使用费所得，以每次收入额为应纳税所得额。

（3）经营所得，以每一纳税年度的收入总额减除成本、费用以及损失后的余额，为应纳税所得额。

（4）财产租赁所得，每次收入不超过 4000 元的，减除费用 800 元；4000 元以上的，减除 20%的费用，其余额为应纳税所得额。

（5）财产转让所得，以转让财产的收入额减除财产原值和合理费用后的余额，为应纳税所得额。

（6）利息、股息、红利所得和偶然所得，以每次收入额为应纳税所得额。

劳务报酬所得、稿酬所得、特许权使用费所得以收入减除 20%的费用后的余额为收入额。稿酬所得的收入额减按 70%计算。

个人将其所得对教育、扶贫、济困等公益慈善事业进行捐赠，捐赠额未超过纳税人申报的应纳税所得额 30%的部分，可以从其应纳税所得额中扣除；国务院规定对公益慈善事业捐赠实行全额税前扣除的，从其规定。

居民个人按照国家规定的范围和标准缴纳的基本养老保险、基本医疗保险、失业保险等社会保险费和住房公积金等；专项附加扣除，包括子女教育、继续教育、大病医疗、住房贷款利息或者住房租金、赡养老人等支出，具体范围、标准和实施步骤由国务院确定，并报全国人民代表大会常务委员会备案。

知识拓展

除了第七章和第八章介绍的几个主要税种外，还有其他税费，如城市维护建设税与教育费附加、环境保护税、车辆购置税、房产税、契税、印花税、耕地占用税、城镇土地使用税、车船税、土地增值税、资源税、关税等。

城市维护建设税和教育费附加是以单位或个人实际缴纳的增值税、消费税税额为计税依据的一种税或附加费。城市维护建设税实行地区差别比例税率，具体为：纳税人所在地为城市市区，税率为 7%；在县城、建制镇的，税率为 5%；其他地方的，税率为 1%。教育费附加的征收比率为 3%。计算公式为：

应纳城市维护建设税或教育费附加 =（实际缴纳的增值税 + 实际缴纳的消费税）×适用税率或征收比率

案例分析8-5

中国某公司职员小王，2020 年 4 月取得工资、薪金收入 10000 元。当地规定的社会保险和住房公积金个人缴存比例为：基本养老保险 8%，基本医疗保险 2%，失业保险 0.5%，住房公积金 12%。小王缴纳社会保险费核定的缴费工资基数为8000元。

计算：小王当月应缴纳的个人所得税税额是多少？

知识检测

一、单项选择题

(1) 根据企业所得税法律制度的规定，下列关于企业所得税纳税人的表述中，正确的是（　　）。

A. 依照外国法律成立但实际管理机构在境内的企业均属于居民企业

B. 依照外国法律成立且实际管理机构不在中国境内的企业均属于非居民企业

C. 依照外国法律成立但在中国境内设立机构、场所的企业均属于非居民企业

D. 依法在我国境内成立但实际管理机构在境外的企业均属于非居民企业

(2) 某商贸企业2018年度产品销售收入6000万元。当年发生管理费用300万元，其中业务招待费80万元。该企业2018年度所得税前可以扣除的管理费用为（　　）万元。

A. 300　　B. 220　　C. 268　　D. 250

(3) 根据个人所得税法律制度的规定，对于在中国境内无住所，但在中国境内居住超过5年的个人，就来源于中国境内、境外的全部所得在中国缴纳个人所得税的条件是（　　）。

A. 从第6年起，以后的年度中，凡在中国境内居住的

B. 从第6年起，以后的年度中，凡在中国境内居住超过90天的

C. 从第6年起，以后的年度中，凡在中国境内居住超过180天的

D. 从第6年起，以后的年度中，凡在中国境内居住累计满180天的

(4) 根据个人所得税法律制度的有关规定，个人将其所得通过中国境内非营利的社会团体向农村义务教育捐赠的，可以从其应纳税所得额中扣除一定数额后计算其应纳税额，该扣除的数额是（　　）。

A. 捐赠额不超过应纳税所得额的30%的部分

B. 捐赠额不超过应纳税所得额的50%的部分

C. 捐赠额不超过应纳税所得额的60%的部分

D. 可以全额扣除

(5) 根据个人所得税法律制度的规定，关于所得来源地确定的下列表述中，不正确的是（　　）。

A. 财产租赁所得，以财产所有人居住地作为所得来源地

B. 生产、经营所得，以生产、经营活动实现地作为所得来源地

C. 特许权使用费所得，以特许权的使用地作为所得来源地

D. 劳务报酬所得，以纳税人实际提供劳务地作为所得来源地

(6) 以下所得中，应按“工资、薪金所得”缴纳个人所得税的是（　　）。

A. 个人提供担保取得的收入

B. 个人兼职取得的收入

C. 个人对其任职公司投资取得的股息

D. 出租汽车经营单位对出租车驾驶员采取单车承包或承租方式运营，出租车驾驶员从事客货运营取得的收入

(7) 2020年5月，退休职工王某取得的下列收入中，免予缴纳个人所得税的是（　　）。

A. 在报刊上发表文章取得报酬1200元

B. 退休工资5000元

C. 商场有奖销售中奖210元

D. 原任职单位劳动节发放补贴800元

二、多项选择题

(1) 根据企业所得税法律制度的规定，以下为非居民企业收入要全额计入企业所得税应纳税所得额的有（　　）。

A. 利息收入　　B. 特许权使用费收入

C. 股票转让收入　　D. 不动产租赁收入

(2) 根据企业所得税法律制度的规定，下列关于确定所得来源地的表述，正确的有（　　）。

A. 提供劳务所得，按照劳务发生地确定

B. 销售货物所得，按照交易活动发生地确定

C. 不动产转让所得，按照转让不动产的企业所在地确定

D. 股息所得，按照分配股息的企业所在地确定

(3) 城市维护建设税和教育费附加是以单位或个人实际缴纳的（　　）税额为计税依据的一种税或者附加费。

A. 企业所得税　B. 增值税　C. 消费税　D. 关税

(4) 根据个人所得税法律制度的规定，下列各项中，免征个人所得税的有（　　）。

A. 退休人员再任职收入

B. 省级人民政府颁发的教育方面的奖金

C. 按国家统一规定发给职工的退休工资

D. 按国务院规定发给的政府特殊津贴

三、判断题

(1) 非居民企业在中国境内设立机构、场所的，仅就其所设机构、场所取得的来源于中国境内的所得缴纳企业所得税。（　　）

(2) 亏损弥补期限是自亏损年度报告的下一个年度起连续5年不间断的计算。（　　）

(3) 个人取得单张有奖发票奖金所得不超过800元（含800元）的，暂免征收个人所得税；个人取得单张有奖发票奖金所得超过800元的，就超过部分征收个人所得税。（　　）

(4) 居民个人的综合所得，以每一纳税年度的收入额减除费用6万元以及专项扣除、专项附加扣除和依法确定的其他扣除后的余额，为应纳税所得额。（　　）

(5) 购买体育彩票取得中奖收入应缴纳个人所得税。（　　）

四、实训题

实训一

某市一生产销售化妆品企业（增值税一般纳税人），2019年度有关经营业务如下：

(1) 生产销售化妆品取得不含税收入8600万元，购进原材料共计3000万元，已计算出增值税应纳税额为900万元；(2) 出租房产取得租金收入200万元；(3) 会计上的利润总额为1100万元，有去年未弥补亏损100万元，前3个季度已经预缴所得税200万元。无其他纳税调整事项。消费税税率15%。(单位：万元，保留到小数点后2位)

讨论：

(1) 甲企业应该缴纳哪些税种。

(2) 分别计算各税种的应纳税额。

实训二

中国公民刘某是国内某大学教授。2019年全年有关收支情况如下：(1) 每月工资、薪金收入10000元，单位代扣代缴社会保险费共840元，住房公积金960元。(2) 到其他学院开设讲座取得报酬5000元。(3) 出版专著取得稿酬收入25000元。(4) 取得国债利息3000元。(5) 参加有奖竞赛活动获得奖金5000元。已知：刘某为独生子，其父母均已年过60岁；刘某的独生子正在就读大学3年级；刘某夫妻约定由刘某扣除子女教育费支出。

讨论：计算刘某2019年度应缴纳的个税税额。

第九章　会计法律制度

知识导航

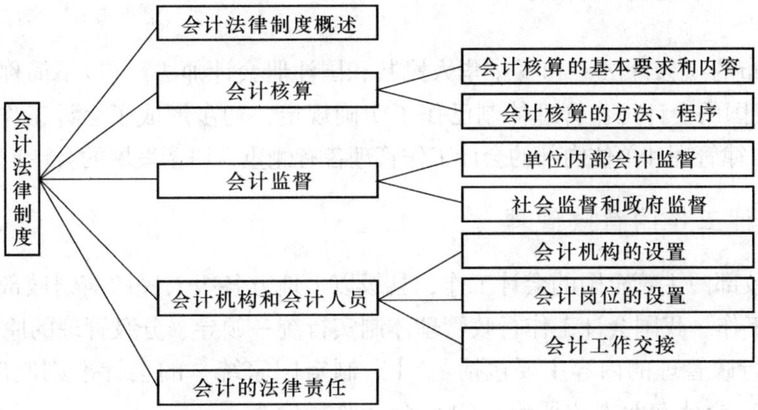

案例导入

某公司财务部的人员小李和小陈之间进行交流。小李认为：我国会计法规定，单位负责人对单位会计资料的真实性、完整性负责。如果单位负责人要求违规处理财务账目，自己就没有必要说服、规劝，更不会检举揭发。小陈认为：本人是出纳岗位，每天工作枯燥，整天与钱打交道，只要钱不出错就行了，至于提高技能与自己的工作无关。

请思考　你能说出小李、小陈违反会计法规之处吗？

第一节　会计法律制度概述

一、会计法律制度的概念及适用范围

（一）会计法律制度的概念

会计法律制度是调整会计关系的法律规范。我国的会计法律制度基本形成了以《中华人民共和国会计法》（以下简称《会计法》）为主体的比较完善的会计法规体系。

会计关系是指会计机构和会计人员在办理会计事务过程中，以及国家在管理会计工作

过程中发生的各种经济关系。在一个单位，会计关系的主体为会计机构和会计人员，客体为与会计工作相关的具体事务。

（二）会计法律制度的适用范围

国家机关、社会团体、公司、企业、事业单位和其他组织（以下统称单位）办理会计事务必须依照《会计法》办理。《会计法》规定，国家实行统一的会计制度。国家统一的会计制度，是指国务院财政部门根据《会计法》制定的关于会计核算、会计监督、会计机构和会计人员以及会计工作管理的制度。

二、会计工作的管理体制

在我国颁布的《会计法》和《中华人民共和国注册会计师法》（以下简称《注册会计师法》）中，对我国的会计工作管理体制已作了明确规定，初步形成了会计工作行政管理、会计工作的行业自律管理和单位内部的会计工作管理各有侧重、协调发展的会计工作管理体制。

（一）会计工作的行政管理

国务院财政部门主管全国的会计工作，县级以上地方各级人民政府财政部门管理本行政区域内的会计工作。我国会计工作行政管理体制实行统一领导、分级管理的原则。

会计工作行政管理的内容主要包括：（1）制定国家统一的会计准则制度；（2）会计市场管理；（3）会计专业人才评价；（4）会计监督检查。

（二）会计工作的行业自律管理

行业自律是相对于行政管理的一种管理模式。会计行业自律管理制度是对行政管理制度的一种有益的补充。我国目前会计工作的自律管理组织主要有中国注册会计师协会、中国会计学会和中国总会计师协会。

提示　注册会计师协会（CICPA）是由注册会计师组成的社会团体。注册会计师应当加入注册会计师协会。

（三）单位内部的会计工作管理

单位内部会计管理制度是指各单位根据国家会计法律、法规、规章和制度的规定，结合本单位经营管理和业务管理的特点及要求制定的旨在规范单位内部会计管理活动的制度、措施和办法。

单位内部的会计工作管理主要包括：

（1）单位负责人的职责。单位负责人对本单位的会计工作和会计资料的真实性、完整性负责。单位负责人应当保证会计机构、会计人员依法履行职责，不得授意、指使、强令会计机构和会计人员违法办理会计事项。

（2）会计机构的设置。各单位应当根据会计业务的需要，设置会计机构，或者在有关机构中设置会计人员并指定会计主管人员；不具备设置条件的，应当委托经批准从事会计代理记账业务的中介机构代理记账。

提示　单位是否需要设置会计机构取决于单位规模的大小、经济业务和财务收支的繁简以及经营管理的需要等因素。

(3) 会计人员的选拔任用。从事会计工作人员应当具备一定的专业能力，担任单位会计机构负责人（会计主管人员）还应当具备会计师以上专业技术职务资格或者从事会计工作3年以上的经历；担任总会计师，应当取得会计师任职资格后，主管一个单位或者单位内一个重要方面的财务会计工作时间不少于3年。国有大、中型企业或者国有资产占主导或控股地位的大中型企业必须设置总会计师。

提示　凡设置总会计师的单位，不应再设置与总会计师职责重叠的行政副职。

(4) 会计人员的回避制度。国家机关、国有企业、事业单位任用会计人员应当实行回避制度。单位领导人的直系亲属不得担任本单位的会计机构负责人、会计主管人员。会计机构负责人、会计主管人员的直系亲属不得在本单位会计机构中担任出纳工作。需要回避的三种亲属关系：夫妻关系、直系血亲关系、三代以内旁系血亲以及近姻亲关系。

知识拓展

《注册会计师法》是我国中介行业的第一部法律，对注册会计师行业管理体制、注册会计师考试和注册、会计师事务所组织形式和业务范围、法律责任等进行了系统规范，为注册会计师行业发展提供了有力的法律保障。

第二节　会计核算

一、会计核算的概念和基本要求

（一）会计核算的概念

会计核算是以货币为主要计量单位，运用专门的会计方法，对生产经营活动或预算执行过程及其结果进行连续、系统、全面的记录、计算、分析，定期编制并提供财务会计报告和其他一系列内部管理所需的会计资料，为经营决策和宏观经济管理提供依据的一项会计活动。

会计核算是会计工作的重要组成部分，是会计的基本职能之一，是会计工作的重要环节。《会计法》第九条规定："各单位必须根据实际发生的经济业务事项进行会计核算，填制会计凭证，登记会计账簿，编制财务会计报告。任何单位不得以虚假的经济业务事项或者资料进行会计核算。"

（二）会计核算的基本要求

会计核算的基本要求包括：(1) 依法建账；(2) 根据实际发生的经济业务进行会计

核算；（3）保证会计资料的真实和完整；（4）正确使用会计处理方法；（5）正确使用会计记录文字；（6）使用电子计算机进行会计核算必须符合法律规定。

二、会计核算的内容

《会计法》规定，下列经济业务事项，应当办理会计手续，进行会计核算：

（1）款项和有价证券的收付；（2）财物的收发、增减和使用；（3）债权债务的发生和结算；（4）资本、基金的增减；（5）收入、支出、费用、成本的计算；（6）财务成果的计算和处理；（7）需要办理会计手续、进行会计核算的其他事项。

三、会计年度与记账本位币

会计年度是指以年度为单位进行会计核算的时间区间。根据《会计法》规定，我国是以公历年度为会计年度，即以每年公历的1月1日起至12月31日止为一个会计年度。每一个会计年度还可以按照公历日期具体划分为半年度、季度、月度。

记账本位币是指日常登记账簿和编制财务会计报告用以计量的货币，也就是单位进行会计核算业务时所使用的货币。根据《会计法》的规定，会计核算以人民币为记账本位币。业务收支以人民币以外的货币为主的单位，可以选定其中一种货币作为记账本位币，但是编报的财务会计报告应当折算为人民币。

四、会计核算的方法、程序

（一）一般要求

会计凭证、会计账簿、财务会计报告和其他会计资料，必须符合国家统一的会计制度的规定。任何单位或者个人不得以任何方式授意、指使、强令会计机构、会计人员伪造、变造会计凭证、会计账簿和其他会计资料，提供虚假财务会计报告。任何单位或者个人不得对依法履行职责、抵制违反本法规定行为的会计人员实行打击报复。对认真执行本法，忠于职守，坚持原则，作出显著成绩的会计人员，应给予精神的或者物质的奖励。

案例分析9-1

某法院对某股份有限公司（上市公司）涉嫌提供虚假财会报告案进行了公开审理。2014年6月~2019年12月，被告某股份有限公司在项目投资及利润指标均未达到上市公司配股条件的情况下，虚增利润4500多万元，误导投资者，募集资金27000多万元。同时该公司采取虚列在建工程、长期股权投资等形式套取19亿元违规投入股市进行炒股，对此该公司未在相应年度财务报告中如实披露，严重损害了股东和普通股民的利益。

思考：该公司违反了什么规定，应受什么处罚？

（二）填制和审核会计凭证

会计凭证包括原始凭证和记账凭证。办理需要进行会计核算的经济业务事项，必须填制或者取得原始凭证并及时送交会计机构。

会计机构、会计人员必须按照国家统一的会计制度的规定对原始凭证进行审核，对不真实、不合法的原始凭证有权不予接受，并向单位负责人报告；对记载不准确、不完整的原始凭证予以退回，并要求按照国家统一的会计制度的规定更正、补充。

原始凭证记载的各项内容均不得涂改；原始凭证有错误的，应当由出具单位重开或者更正，更正处应当加盖出具单位印章。原始凭证金额有错误的，应当由出具单位重开，不得在原始凭证上更正。记账凭证应当根据经过审核的原始凭证及有关资料编制。

（三）会计账簿登记

会计账簿登记，必须以经过审核的会计凭证为依据，并符合有关法律、行政法规和国家统一的会计制度的规定。会计账簿包括总账、明细账、日记账和其他辅助性账簿。会计账簿应当按照连续编号的页码顺序登记。会计账簿记录发生错误或者隔页、缺号、跳行的，应当按照国家统一的会计制度规定的方法更正，并由会计人员和会计机构负责人（会计主管人员）在更正处盖章。

（四）会计核算的规则要求

（1）各单位发生的各项经济业务事项应当在依法设置的会计账簿上统一登记、核算，不得违反《会计法》和国家统一的会计制度的规定私设会计账簿和登记、核算。各单位应当定期将会计账簿记录与实物、款项及有关资料相互核对，保证会计账簿记录与实物及款项的实有数额相符，会计账簿记录与会计凭证的有关内容相符，会计账簿之间相对应的记录相符，会计账簿记录与会计报表的有关内容相符。

（2）各单位采用的会计处理方法，前后各期应当一致，不得随意变更；确有必要变更的，应当按照国家统一的会计制度的规定变更，并将变更的原因、情况及影响在财务会计报告中说明。单位提供的担保、未决诉讼等或有事项，应当按照国家统一的会计制度的规定，在财务会计报告中予以说明。

（3）财务会计报告应当根据经过审核的会计账簿记录和有关资料编制，并符合《会计法》和国家统一的会计制度关于财务会计报告的编制要求、提供对象和提供期限的规定；其他法律、行政法规另有规定的，从其规定。财务会计报告由会计报表、会计报表附注和财务情况说明书组成。向不同的会计资料使用者提供的财务会计报告，其编制依据应当一致。

（4）财务会计报告应当由单位负责人和主管会计工作的负责人、会计机构负责人（会计主管人员）签名并盖章；设置总会计师的单位，还须由总会计师签名并盖章。单位负责人应当保证财务会计报告真实、完整。

（5）会计记录的文字应当使用中文。在民族自治地方，会计记录可以同时使用当地通用的一种民族文字。在中国境内的外商投资企业、外国企业和其他外国组织的会计记录可以同时使用一种外国文字。

案例分析9–2

A 公司收到一张应由 A 公司与 B 公司共同负担费用支出的原始凭证。A 公司会计人员孙某以该原始凭证及应承担的费用进行账务处理，并保存该原始凭证；同时应 B 公司要求将该原始凭证复制件提供给 B 公司用于账务处理。年终，A 公司拟销毁一批保管期满的会计档案，其中有一张未结清债权债务的原始凭证，会计人员王某认为只要保管期满的会计档案就可以销毁。

思考：（1）会计人员孙某将原始凭证复制件提供给 B 公司用于账务处理的做法是否正确？

（2）会计人员王某的观点是否正确？

（五）会计档案的保管

各单位每年形成的会计档案，都应由财务会计部门按照归档要求，负责整理立卷或装订成册。档案部门接受保管的会计档案，原则上应当保持原卷册的封装，个别需要拆封重新整理的，应当会同原财务会计部门和经办人员共同拆封整理，以分清责任。向外单位提供时，档案原件原则上不得借出，如有特殊需要，须报经上级主管单位批准，但不得拆散卷册，并应限期归还。会计档案保管期满需要销毁时，由本单位档案部门提供销毁意见，会同财务会计部门共同鉴定，严格审查，编制会计档案销毁清册。

各种会计档案的保管期限，根据其特点分为永久、定期两类。定期保管期又分为 3 年、5 年、10 年、15 年、25 年五种。会计档案管理办法还按预算会计、银行会计、企业会计和建设单位会计，具体规定了会计档案保管期限表，以适应不同专业会计特点的需要。

案例分析9–3

某有限责任公司是一家中法合资经营企业，2020 年 3 月 11 日，公司接到市财政局通知，市财政局将要来公司检查会计工作情况。公司董事长兼总经理贾某认为，公司作为中外合资经营企业，不应受《会计法》的约束，财政部门无权来检查。同年 4 月5 日，公司会计科一名档案管理人员生病临时交接工作，贾某委托单位出纳员陈某临时保管会计档案。同年 5 月 30 日，公司有一批保存期满的会计档案，按规定需要进行销毁。公司档案管理部门编制了会计档案销毁清册，档案管理部门的负责人在会计档案销毁清册上签了字，并于当天销毁。

思考：（1）公司董事长兼总经理贾某认为中外合资经营企业不受《会计法》约束的观点是否正确？

（2）该公司由出纳员临时保管会计档案的做法是否符合法律规定？

（3）该公司销毁会计档案的做法是否符合法律规定？

第三节 会计监督

会计监督是会计的基本职能之一，是对经济活动的本身进行检查监督，借以控制经济活动，使经济活动能够根据一定的方向、目标、计划，遵循一定的原则正常进行。

一、单位内部会计监督

根据《会计法》规定，各单位的会计机构、会计人员进行内部会计监督的对象是本单位的经济活动，具体包括：本单位的会计凭证、会计账簿和会计报表等会计资料；各种财产物资；各种收支事项；成本费用控制情况；利润实现与分配情况等。

单位负责人负责单位内部会计制度的组织实施，对本单位内部会计监督制度的建立及有效实施承担最终责任。单位内部会计监督的具体要求如下：

（1）会计机构、会计人员对违反《会计法》和国家统一的会计制度规定的事项，有权拒绝办理或者按照职权予以纠正。

（2）会计机构、会计人员发现会计账簿与实物、款项及有关资料不相符的，按照国家统一的会计准则制度的规定有权自行处理的，应当及时处理；无权自行处理的，应当立即向单位负责人报告，请求查明原因，作出处理。

（3）记账人员与经济业务事项和会计事项的审批人员、经办人员、财物保管人员的职责权限应当明确，并相互分离、相互制约。

（4）重大对外投资、资产处置、资金调度和其他重要经济业务事项的决策和执行的相互监督、相互制约程序应当明确。

（5）财产清查的范围、期限和组织程序应当明确。

（6）对会计资料定期进行内部审计的办法和程序应当明确。

提示 单位负责人应当保证会计机构、会计人员依法履行职责，不得以任何方式授意、指使、强令会计机构、会计人员违法办理会计事项。

案例分析9–4

某企业负责人贾某为达到不缴或少缴税款的目的，指使企业内的会计人员采取设立两套账簿以及凭证的方法偷逃应纳增值税：一套记录真实的销售情况；另一套采取少列或不列收入的手段，记录虚假的经营销售情况，向税务机关进行虚假申报纳税。自2017年3月至2020年4月，共隐匿销售数额1240.6万元，其进项税已在税务机关申报抵扣完毕，共偷逃增值税216.3万元，这期间仅缴纳增值税8.97万元，偷税额占应纳税款数额的96.02%。

思考：（1）贾某能否指使会计人员做假账？

（2）谁该对单位会计资料的不真实负责？

二、会计工作的社会监督

会计工作社会监督主要是指由注册会计师及其所在的会计师事务所等中介机构接受委托，依法对委托单位的经济活动进行审计，出具审计报告，发表审计意见的一种监督制度。

《会计法》第三十一条规定：“有关法律、行政法规规定，须经注册会计师进行审计的单位，应当向受委托的会计师事务所如实提供会计凭证、会计账簿、财务会计报告和其他会计资料以及有关情况。任何单位或者个人不得以任何方式要求或者示意注册会计师及其所在的会计师事务所出具有不实或者不当的审计报告。财政部门有权对会计师事务所出具审计报告的程序和内容进行监督。”

提示　《会计法》规定，任何单位和个人对违反《会计法》和国家统一的会计制度规定的行为，有权检举。任何单位和个人检举违反《会计法》和国家统一的会计制度规定的行为，也属于会计工作社会监督的范围。

三、会计工作的政府监督

会计工作的政府监督主要是指财政部门代表国家对各单位和单位中相关人员的会计行为实施的监督检查，以及对发现的违法会计行为实施的行政处罚。财政部门实施会计监督检查的内容主要包括：（1）对单位依法设置会计账簿的检查；（2）对单位会计资料真实性及完整性的检查；（3）对单位会计核算情况的检查；（4）对单位会计人员任职资格的检查；（5）对会计师事务所出具的审计报告的程序和内容的检查。

依法对有关单位的会计资料实施监督检查的部门及其工作人员对在监督检查中知悉的国家秘密和商业秘密负有保密义务。各单位必须依照有关法律、行政法规的规定，接受有关监督检查部门依法实施的监督检查，如实提供会计凭证、会计账簿、财务会计报告和其他会计资料以及有关情况，不得拒绝、隐匿、谎报。

第四节　会计机构和会计人员

一、会计机构的设置

根据《会计法》规定，各单位应当根据会计业务的需要设置会计机构，或者在有关机构中设置会计人员并指定会计主管人员；不具备会计机构设置条件的，应当委托经批准从事会计代理记账业务的中介机构代理记账。

（一）单位会计机构的设置

一个单位是否单独设置会计机构，往往取决于以下几个因素：单位规模的大小、经济业务和财务收支的繁简、经营管理的要求。根据上述要求，一般来说：

（1）大、中型企业和具有一定规模的行政事业单位，以及财务收支数额较大、会计业务较多的社会团体和其他经济组织，应单独设置会计机构，以便及时组织本单位各项经济活动和财务收支的核算，实行有效的会计监督。

（2）对于不具备单独设置会计机构条件的单位，如财务收支数额不大、会计业务比较简单的企业、机关、团体、事业单位等，可以在有关机构中配备专职会计人员。

（3）对于不具备设置会计机构条件的单位，应当委托经批准从事会计代理记账业务的中介机构代理记账。

（二）代理记账

代理记账是指将本单位的会计核算、记账、报税等一系列的会计工作全部委托给从事代理记账业务的社会中介机构完成，本单位只设立出纳人员，负责日常货币收支业务和财产保管等工作。

二、会计岗位的设置

（一）会计工作岗位设置的要求

1. 按需设岗

按需设岗就是根据本单位会计业务的需要设置会计工作岗位。会计工作岗位可以一人一岗、一人多岗或一岗多人。通常，在小型企业中，“一人一岗”“一人多岗”的现象较多；而在大中型企业中，“一岗多人”的现象则比较普遍。

2. 符合内部牵制制度的要求

内部牵制制度是指凡涉及款项和财务的收付、结算及登记工作时，必须由两人或两人以上分工办理，以相互制约的一种工作制度。其基本目标包括规范会计行为，保证会计资料真实完整；及时发现、纠正和防止错弊，保护资产的安全与完整；确保法律、法规、规章制度的贯彻执行。

在设置会计工作岗位时，必须遵循“不相容职务相分离原则”。出纳人员不得兼管稽核、会计档案保管和收入、费用、债权债务账目的登记工作。出纳以外的人员不得经管库存现金、有价证券和票据。

3. 建立会计岗位

会计岗位责任制是指在会计机构内部按照会计工作的内容和会计人员的配备情况，将会计机构的工作划分为若干个岗位，并按岗位规定职责进行考核的责任制度。建立会计岗位责任制是为了分清每一位会计人员的职责和要求，做到事事有人管，人人有专责，从而提高会计工作效率，保证会计信息质量。

4. 建立定期或不定期轮岗制度

《会计基础工作规范》规定，会计人员的工作岗位应当有计划地进行轮换。定期或不定期地轮换会计人员的工作岗位，有利于会计人员全面熟悉会计核算与监督业务，增强会计人员之间团结合作的意识，不断提高会计业务技能和业务素质，进一步完善单位内部控制制度。

（二）主要会计工作岗位

会计工作岗位一般可分为：会计机构负责人或者会计主管人员、出纳、财产物资核算、工资薪酬核算、成本费用核算、财务成果核算、资金核算、往来结算、总账报表、稽核、档案管理等。开展会计电算化和管理会计的单位，可以根据需要设置相应工作岗位，也可以与其他工作岗位相结合。其中，会计机构负责人或会计主管人员，是在一个单位内具体负责会计工作的中层领导人员。

三、会计工作交接

会计工作交接是指会计人员工作调动或因故离职时与接管人员办理交接手续的一种工作程序。办理好会计交接工作，有利于分清移交人员和接管人员的责任，可以防止因会计人员的调整出现账目不清、财务混乱等现象。

一般会计人员办理交接手续，由会计机构负责人（会计主管人员）监交；会计机构负责人（会计主管人员）办理交接手续，由单位负责人监交，必要时主管单位可以派人会同监交。

四、会计专业职务与会计专业技术资格

（一）会计专业职务

会计专业职务分为高级会计师、会计师、助理会计师和会计员。其中，高级会计师是为高级职务，会计师为中级职务，助理会计师和会计员为初级职务。

（二）会计专业技术资格

会计专业技术资格是指担任会计专业职务的任职资格，分为初级资格、中级资格和高级资格三个级别。初级、中级资格的取得实行全国统一考试制度。高级会计师资格的取得实行考试与评审相结合制度。

1. 报名条件

（1）报名参加会计专业技术资格考试的人员，应当符合下列基本条件：

1）坚持原则，具备良好的职业道德品质。2）认真执行《会计法》和国家统一的会计制度，以及有关财经法律、法规、规章制度，无严重违反财经纪律的行为。3）履行岗位职责，热爱本职工作。4）具备会计专业基本知识和技能。

（2）报名参加初级会计专业技术资格考试的人员，除符合上述基本条件外，还必须具备教育部门认可的高中毕业以上学历。

（3）报名参加中级会计专业技术资格考试的人员，除符合上述基本条件外，还必须具备下列条件之一：

1）取得大学专科学历，从事会计工作满 5 年。2）取得大学本科学历，从事会计工作满 4 年。3）取得双学士学位或研究生班毕业，从事会计工作满 2 年。4）取得硕士学位，从事会计工作满 1 年。5）取得博士学位。

2. 考试科目

会计专业技术资格考试工作，由财政部、人力资源和社会保障部共同负责。

（1）初级会计专业技术资格考试科目为：初级会计实务和经济法基础两门科目。参加初级资格考试的人员必须在一个考试年度内通过全部科目的考试。

（2）中级会计专业技术资格考试科目为：中级会计实务、财务管理和经济法三门科目。中级会计专业技术资格考试以 2 年为一个周期，参加考试的人员必须在连续 2 个考试年度内通过全部科目的考试。部分科目合格后，由当地考试管理机构核发成绩通知单。

（3）高级会计师考试科目为：高级会计实务一门科目。

3. 证书的管理

（1）会计专业技术初级、中级资格考试合格者，由各省、自治区、直辖市、新疆生产建设兵团人事（职改）部门颁发人力资源和社会保障部统一印制，人力资源和社会保障部和财政部盖印的会计专业技术资格证书。该证书全国范围有效。各地在颁发证书时，不得附加任何条件。

（2）会计专业技术资格实行定期登记制度。资格证书每三年登记一次。持证者应按规定到当地人力资源和社会保障和财政部门指定的办事机构办理登记手续。

（3）取得会计专业技术资格的人员，应按照财政部的有关规定，接受相应级别会计人员的继续教育。

（4）有下列情形之一的，由会计考试管理机构吊销其会计专业技术资格，由发证机关收回其会计专业技术资格证书，2 年内不得再参加会计专业技术资格考试：

1）伪造学历和资历证明。2）考试期间有违纪行为。

4. 会计专业职务的评聘

（1）大专毕业担任会计员职务满 2 年；中专毕业担任会计员职务满 4 年；不具备规定学历，担任会计员职务满 5 年。取得初级资格的会计人员并符合上述条件，可聘任助理会计师；不符合上述条件，只可聘任会计员职务。

（2）取得中级资格并符合国家有关规定，可聘任会计师职务。

（3）高级资格（高级会计师资格）实行考试与评审结合的评价制度。

知识拓展

总会计师和注册会计师不属于会计专业职务。国有的和国有资产占控股地位或者主导地位的大、中型企业必须设置总会计师。总会计师的任职资格、任免程序、职责权限由国务院规定。

案例分析9–5

2020年5月，某市财政局派出检查组对市属A企业的会计工作进行检查，发现如下情况：(1) 2019年10月，新到任的厂长赵某将原会计科科长钱某调到计划科任科长，提拔会计科孙某任科长，并将副厂长好友的女儿李某调入该厂会计科任出纳，兼管会计档案保管工作。(2) 2020年1月，会计周某申请调离该厂，人事部门在没有办清交接手续的情况下，即为其办理了调动手续。

思考：上述案例中，有哪些做法违反了会计法律制度？

第五节　法律责任

一、违反会计核算规定的法律责任

违反《会计法》规定，有下列行为之一的，由县级以上人民政府财政部门责令限期改正，可以对单位并处3000元以上5万元以下的罚款；对其直接负责的主管人员和其他直接责任人员，可以处2000元以上2万元以下的罚款；属于国家工作人员的，还应当由其所在单位或者有关单位依法给予行政处分。构成犯罪的，依法追究刑事责任：

(1) 不依法设置会计账簿的。(2) 私设会计账簿的。(3) 未按照规定填制、取得原始凭证或者填制、取得的原始凭证不符合规定的。(4) 以未经审核的会计凭证为依据登记会计账簿或者登记会计账簿不符合规定的。(5) 随意变更会计处理方法的。(6) 向不同的会计资料使用者提供的财务会计报告编制依据不一致的。(7) 未按照规定使用会计记录文字或者记账本位币的。(8) 未按照规定保管会计资料，致使会计资料毁损、灭失的。(9) 未按照规定建立并实施单位内部会计监督制度或者拒绝依法实施的监督或者不如实提供有关会计资料及有关情况的。(10) 任用会计人员不符合《会计法》规定的。

二、违反会计监督的法律责任

(1) 伪造、变造会计凭证、会计账簿，编制虚假财务会计报告，构成犯罪的，依法追究刑事责任。有上述行为，尚不构成犯罪的，由县级以上人民政府财政部门予以通报，可以对单位并处5000元以上10万元以下的罚款；对其直接负责的主管人员和其他直接责任人员，可以处3000元以上5万元以下的罚款；属于国家工作人员的，还应当由其所在单位或者有关单位依法给予撤职直至开除的行政处分；其中的会计人员，5年内不得从事会计工作。

(2) 隐匿或者故意销毁依法应当保存的会计凭证、会计账簿、财务会计报告，构成犯罪的，依法追究刑事责任。有上述行为，尚不构成犯罪的，由县级以上人民政府财政部门予以通报，可以对单位并处5000元以上10万元以下的罚款；对其直接负责的主管人员和其他直接责任人员，可以处3000元以上5万元以下的罚款；属于国家工作人员的，还应当由其所在单位或者有关单位依法给予撤职直至开除的行政处分；其中的会计人员，5年内不得从事会计工作。

（3）授意、指使、强令会计机构、会计人员及其他人员伪造、变造会计凭证、会计账簿，编制虚假财务会计报告或者隐匿、故意销毁依法应当保存的会计凭证、会计账簿、财务会计报告，构成犯罪的，依法追究刑事责任；尚不构成犯罪的，可以处5000元以上5万元以下的罚款；属于国家工作人员的，还应当由其所在单位或者有关单位依法给予降级、撤职、开除的行政处分。

三、侵犯会计人员职权的法律责任

财政部门及有关行政部门的工作人员在实施监督管理中滥用职权、玩忽职守、徇私舞弊或者泄露国家秘密、商业秘密，构成犯罪的，依法追究刑事责任。尚不构成犯罪的，依法给予行政处分。

收到对违反《会计法》和国家统一的会计制度行为检举的部门及负责处理检举的部门，将检举人姓名和检举材料转给被检举单位和被检举人个人的，由所在单位或者有关单位依法给予行政处分。

知识检测

一、单项选择题

（1）下列关于会计档案的表述中，符合《会计档案管理办法》规定的有（　　）。

A. 会计档案保管期限分为10年、30年

B. 银行存款余额调节表的保管期限为30年

C. 单位会计档案销毁后单位负责人应在会计档案销毁清册上签署意见

D. 电子会计档案销毁，应当由档案机构、会计机构和电子信息管理机构共同派员监销

（2）会计资料最基本的质量要求是（　　）。

A. 真实性和相关性　　B. 明晰性和谨慎性

C. 真实性和完整性　　D. 重要性和及时性

（3）根据《会计基础工作规范》的规定，单位负责人的直系亲属不得在本单位担任的会计工作岗位是（　　）。

A. 会计机构负责人　　B. 出纳

C. 稽核　　D. 会计档案保管

（4）我国会计工作行政管理的主管部门是（　　）。

A. 审计署　　B. 国家税务总局

C. 财政部门　　D. 国家工商行政管理总局

（5）某公司在采购办公用品过程中，办公室主任张某指使职员李某伪造购物发票，多报销2600元。对该行为，县级以上财政部门可以对李某进行的处罚是（　　）。

A. 通报，2000 元以上 2 万元以下的罚款

B. 通报，3000 元以上 3 万元以下的罚款

C. 通报，5000 元以上 1 万元以下的罚款

D. 5000 元以上 5 万元以下的罚款

二、多项选择题

(1) 国家统一的会计制度，是指国务院财政部门根据《会计法》制定的关于（　　）以及会计工作管理的制度。

A. 会计核算　　B. 会计监督

C. 会计机构　　D. 会计人员

(2) 单位负责人在内部会计监督中的职责，下列表述正确的有（　　）。

A. 单位负责人应事必躬亲认真组织、管理好本单位的会计工作

B. 单位负责人应对本单位会计资料的真实性负责

C. 单位负责人应对本单位会计资料的完整性负责

D. 应依法做好会计监督工作

(3) 会计人员工作交接完毕后，在移交清册上签名或盖章的人员中包括（　　）。

A. 监交人员　　B. 交出方

C. 接受方　　D. 单位会计档案管理人员

(4) 下列关于总会计师的表述中，不正确的有（　　）。

A. 总会计师是指在一个单位内部具体负责会计工作的中层领导人员

B. 总会计师组织领导本单位的财务管理、成本管理、预算管理、会计核算和会计监督等方面的工作

C. 国有企业必须设置总会计师

D. 总会计师是主管本单位会计工作的行政领导，是单位行政领导成员，协助单位主要行政领导人工作，直接对单位主要行政领导人负责

(5) 根据《会计法》的规定，单位负责人对依法履行职责的会计人员实行打击报复的，除对单位负责人依法进行处罚外，对遭受打击报复的会计人员还应采取补救措施。下列各项中，属于补救措施的有（　　）。

A. 警告　　B. 恢复原有职务

C. 恢复原有级别　　D. 恢复名誉

三、判断题

(1) 从事代理记账业务的机构，都应当经县级以上人民政府财政部门批准，领取由财政部统一规定样式的代理记账许可证书。（　　）

(2) 公司、企业可以根据不同报表使用者的需要，采取不同的编制基础、编制依据、编制原则和编制方法分别编制并提供财务会计报告。（　　）

(3) 单位内部监督是指由注册会计师及其所在的会计师事务所等中介机构接受委托，依法对单位的经济活动进行审计，出具审计报告，发表审计意见的一种监督制度。（　　）

(4) 所谓提供虚假财务会计报告，是指以虚假的经济业务事项为前提编造不真实的会计凭证、会计账簿。（　　）

四、实训题

某有限责任公司是一家中外合资经营企业，2019 年度发生了以下事项：

(1) 1 月 21 日，公司接到市财政局通知，市财政局要来公司检查会计工作情况。公司董事长兼总经理胡某认为，公司作为中外合资经营企业，不应受《会计法》的约束，财政部门无权来检查。

(2) 3 月 5 日，公司会计科 1 名档案管理人员因生病临时交接工作，胡某委托单位出纳员李某临时保管会计档案。

(3) 4 月 15 日，公司从外地购买一批原材料，收到发票后，与实际支付款项进行核对时发现发票金额有错误，经办人员在原始凭证上进行更改，并加盖了自己的印章，作为报销凭证。

(4) 5 月 2 日，公司会计科科长退休，公司决定任命自参加工作以来一直从事文秘工作的办公室副主任王某为会计科科长。

(5) 6 月 30 日，公司有一批保管期满的会计档案，按规定需要进行销毁。公司档案管理部门编制了会计档案销毁清册，档案管理部门的负责人在会计档案销毁清册上签了字，并于当天销毁。

(6) 9 月 9 日，公司人事部门从外省招聘了 1 名具有高级会计师资格的会计人员。该高级会计师持有外省的会计从业资格证书，其相关的会计从业资格业务档案资料仍保存在外省的原单位所在地财政部门。

(7) 12 月 1 日，公司董事会研究决定，公司以后对外报送的财务会计报告由会计科王科长签字，盖章后报出。

讨论：

(1) 公司董事长兼总经理胡某认为中外合资经营企业不受《会计法》约束的观点是否正确，为什么？

(2) 该公司由出纳员临时保管会计档案的做法是否符合法律规定，为什么？

(3) 该公司经办人员更改原始凭证金额的做法是否符合法律规定，为什么？

(4) 该公司王某担任会计科科长是否符合法律规定，为什么？

(5) 该公司销毁会计档案的做法是否符合法律规定，为什么？

(6) 该公司招聘的高级会计师是否需要办理会计从业资格调转手续，如需办理，应怎样处理？

(7) 该公司董事会作出的关于对外报送财务会计报告的决定是否符合法律规定，为什么？

第十章　工业产权法律制度

知识导航

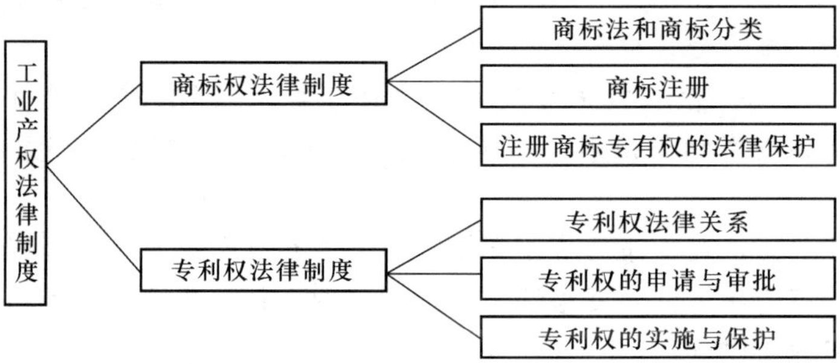

案例导入

甲企业是北京生产乳胶漆的老厂，从2018年2月开始在商品上使用“天神”商标。2020年4月16日，甲企业向商标局申请在漆类商品上注册“天神”商标，同日有浙江某漆厂也向商标局申请注册同一商标。此间，天津一颜料厂已在颜料商品上使用“天神”这一未注册商标达3年。

请思考　(1) 谁能取得“天神”商标的专用权，为什么？

(2) 天津颜料厂能否继续使用该商标，为什么？

第一节　商标权法律制度

一、商标权法律制度概述

(一) 商标和商标法的概念

商标是指商品生产经营者或者服务提供者使用于商品或服务上，由文字、图形、字母、数字、三维标志、颜色组合或者这些要素的组合构成的，具有显著特征，易于识别的标志。商标具有区别经营者、指示质量、广告宣传等功能。另外，注册商标是商标专有权人的一项无形资产，权利人依法可以将其商标投资入股、质押、转让或者许可他人使用。

商标法是调整在确认、保护商标专用权和商标使用过程中发生的各类社会关系的法律规范的总称。为了加强商标管理，保护商标专用权，促使生产、经营者保证商品和服务质量，维护商标信誉，以保障消费者和生产、经营者的利益，促进社会主义市场经济的发展，我国于1982年8月23日制定了《中华人民共和国商标法》（以下简称《商标法》），并历经1993年、2001年、2013年、2019年四次修正。

知识拓展

工业产权是指人们对应用于商品生产和流通中的创造发明和显著标记等智力成果享有的专有权。知识产权是指智力成果的创造人依法所享有的权利和生产经营活动中标记所有人依法所享有的权利的总称，包括著作权和工业产权。所以，知识产权的范畴要比工业产权的范畴广。

（二）商标的分类

根据不同的划分标准，可以将商标分成不同的种类。

（1）根据构成要素，商标可分为文字商标、图形商标、字母商标、数字商标、三维标志商标、颜色组合商标、组合商标、声音商标。

文字商标是以纯文字组成的商标，如“加多宝”“王老吉”等。

图形商标是指纯图形构成的商标，如“奥迪”商标是以表示。

字母商标是由纯字母构成的商标。

数字商标是以纯数字组成的商标，如“555”电池等。

三维标志商标，即立体商标，指由长、宽、高三维组成的商标。三维标志往往表现为商品的外形或商品的包装特有的形状。

颜色组合商标是指由几种不同颜色按照一定的规则组合而成的商标，但单一颜色不得作为商标。

组合商标是指由文字、图形、记号、数字等组合而成的商标。如“百度”商标，是由字母、图形及文字组合而成。

声音商标是指足以使相关消费者区别商品或服务来源的声音。声音商标是以听觉而非视觉的方法，作为区别商品或服务的交易来源。该商标识别性的判断，须具有足以使消费者认识，表明商品或服务来源，并借以与他人商品或服务相区别，始得准予注册。如中国国际广播电台节目开始曲声音商标、苏菲广告末尾发出的女声“SOFY”声音商标。

（2）根据标示对象的不同，商标可分为商品商标和服务商标。

商品商标是指用于商品上的商标，用以区别不同经营者所提供的商品的专用标记。如“可口可乐”“SONY”等；服务商标是提供服务的经营者为将自己提供的服务与他人提供的服务相区别而使用的商标，如“中国移动”“中国电信”等。

（3）根据是否登记注册，商标可分为注册商标和未注册商标。

注册商标是指已经在商标注册主管机构获准注册的商标；未注册商标是指已经使用但未经商标注册主管机构获准注册的商标。

在我国，未注册商标中，除驰名商标受法律特别保护外，其他商标使用人不享有法律赋予的商标权，但受到民法、反不正当竞争法的保护。对未注册商标，使用者所享有的利益仍被承认。《商标法》规定，申请商标注册不得损害他人现有的在先权利，也不得以不正当手段抢先注册他人已经使用并有一定影响的商标。

(4) 根据商标的功能和作用，可分为证明商标、集体商标、联合商标和防御商标。

证明商标是指由对某种商品或者服务具有监督能力的组织所控制，而由该组织以外的单位或者个人使用于其商品或者服务，用以证明该商品或者服务的原产地、原料、制造方法、质量或者其他特定品质的标志，如“绿色食品”标志等。

集体商标是指以团体、协会或者其他组织名义注册，供该组织成员在商事活动中使用，以表明使用者在该组织中的成员资格的标志，如“佛山陶瓷”。

联合商标是指某一个商标所有者，在相同的商品上注册几个近似的商标，或在同一类别的不同商品上注册几个相同或近似的商标，这些相互近似的商标称为联合商标。如娃哈哈公司已经注册了“娃哈哈”商标，为防止他人打擦边球，娃哈哈公司又注册了“哈哈娃”商标，“娃哈哈”和“哈哈娃”就是联合商标。

防御商标又称防护商标，是指较为知名的商标所有人在该注册商标核定使用的商品（服务）或类似商品（服务）以外的其他不同类别的商品或服务上注册的若干相同商标，为防止他人在这些类别的商品或服务上注册使用相同的商标。原商标为主商标，其余为防御商标。如“红蜻蜓”将其商标从鞋类扩展到其他领域。

案例分析10-1

某市水果罐头甲厂生产菠萝罐头使用“常乐”牌未注册商标。没过多久，本市的另一家水果罐头乙厂派人找到甲厂领导，指责甲厂使用“常乐”注册商标与他们厂使用的“长乐”商标发音相同，要求甲厂停止使用，否则就构成侵权，要到法院起诉。后经了解，乙厂使用的“长乐”商标也是未经注册的商标。

思考：(1) 未注册商标是否具有专用权?
(2) 乙厂对甲厂提出的要求是否合法?
(3) 如果你是甲厂厂长应对此采取何种措施来保护自己“常乐”商标的使用权?

二、商标注册

商标注册是指自然人、法人或其他组织在生产经营活动中，对其商品或服务需要取得商标专用权，依照法定程序向国家商标局提出申请，经过审核予以注册的法律活动。经商标局注册的商标为注册商标，商标注册人享有商标专用权，受法律保护。

（一）商标注册的原则

1. 自愿注册和强制注册相结合的原则

自愿注册是指商标使用者可以按照自己的意愿选择是否申请商标注册，未注册的商标同样可以使用。但是，对人用药品和烟草制品等国家规定的商品必须使用注册商标，未经核准注册的，不得在市场销售。

2. 诚实信用原则

申请注册商标，应当遵循诚实信用原则。申请商标注册不得损害他人现有的在先权利，也不得以不正当手段抢先注册他人已经使用并有一定影响的商标。

3. 显著原则

申请注册的商标应当具有显著性，便于识别，并不得与他人在先取得的合法权利相冲突。根据《最高人民法院关于审理商标授权确权行政案件若干问题的规定》（2017 年 3 月 1 日起施行），人民法院审查诉争商标是否具有显著特征，应当根据商标所指定使用商品的相关公众的通常认识，判断该商标整体上是否具有显著特征。商标标志中含有描述性要素，但不影响其整体具有显著特征的；或者描述性标志以独特方式加以表现，能够以其识别商品来源的，可以认定其具有显著特征。

4. 先申请原则

两个或两个以上的申请人，在同一类商品或类似商品上，就相同或近似商标提出注册申请的，初步审定并公告申请在先的商标；同一天申请的，初步审定并公告使用在先的商标，驳回其他人的申请，不予公告。

5. 商标合法原则

申请注册的商标不得使用法律禁止的标志。

（1）不得作为商标使用的标志。1）同中华人民共和国的国家名称、国旗、国徽、国歌、军旗、军徽、军歌、勋章等相同或者近似的，以及同中央国家机关的名称、标志、所在地特定地点的名称或者标志性建筑物的名称、图形相同的；2）同外国的国家名称、国旗、国徽、军旗等相同或者近似的，但经该国政府同意的除外；3）同政府间国际组织的名称、旗帜、徽记等相同或者近似的，但经该组织同意或者不易误导公众的除外；4）与表明实施控制、予以保证的官方标志、检验印记相同或者近似的，但经授权的除外；5）同“红十字”“红新月”的名称、标志相同或者近似的；6）带有民族歧视性的；7）带有欺骗性，容易使公众对商品的质量等特点或者产地产生误认的；8）有害于社会主义道德风尚或者有其他不良影响的。县级以上行政区划的地名或者公众知晓的外国地名，不得作为商标。但是，地名具有其他含义或者作为集体商标、证明商标组成部分的除外；已经注册的使用地名的商标继续有效。

（2）不得作为商标注册的标志。1）仅有本商品的通用名称、图形、型号的；2）仅直接表示商品的质量、主要原料、功能、用途、重量、数量及其他特点的；3）缺乏显著特征的。上述所列标志经过使用取得显著特征，并便于识别的，可以作为商标注册。

（3）不予注册并禁止使用的标志。1）就相同或类似商品申请注册的商标是复制、模仿或翻译他人未在中国注册的驰名商标，容易导致混淆的，不予注册并禁止使用。2）未经授权，代理人或被代理人提出异议的，不予注册并禁止使用。3）商标中有商品的地理标志，而该商品并非来源于该标志所标示的地区，误导公众的，不予注册并禁止使用；但是，已经善意取得注册的继续有效。

（二）驰名商标的认定

驰名商标是由国家知识产权局认定的在市场上享有较高声誉并为全国相关公众所熟知的商标，如“海尔”“格力”等。

驰名商标应当根据当事人的请求，作为处理涉及商标案件需要认定的事实进行认定。认定驰名商标应当考虑下列因素：相关公众对该商标的知晓程度；该商标使用的持续时间；该商标的任何宣传工作的持续时间、程度和地理范围；该商标作为驰名商标受保护的记录；该商标驰名的其他因素。

《商标法》第十三条规定，为相关公众所熟知的商标，持有人认为其权利受到侵害时，可以依照本法的规定请求驰名商标保护。

（三）商标注册程序

1. 商标注册申请

申请商标注册的，应当按规定的商品分类表填报使用商标的商品类别和商品名称。商标注册申请人可以通过一份申请就多个类别的商品申请注册同一商标。商标注册申请等有关文件，可以以书面方式或者数据电文方式提出。注册商标需要在核定使用范围之外的商品上取得商标专用权的，应当另行提出注册申请。注册商标需要改变其标志的，应当重新提出注册申请。

商标注册申请人自其商标在外国第一次提出商标注册申请之日起6个月内，又在中国就相同商品以同一商标提出商标注册申请的，依照该外国同中国签订的协议或者共同参加的国际条约，或者按照相互承认优先权的原则，可以享有优先权。依照规定要求优先权的应当在提出商标注册申请的时候提出书面声明，并且在3个月内提交第一次提出的商标注册申请文件的副本；未提出书面声明或者逾期未提交商标注册申请文件副本的，视为未要求优先权。商标在中国政府主办的或者承认的国际展览会展出的商品上首次使用的，自该商品展出之日起6个月内，该商标的注册申请人可以享有优先权。依照规定要求优先权的，应当在提出商标注册申请的时候提出书面声明，并且在3个月内提交展出其商品的展览会名称、在展出商品上使用该商标的证据、展出日期等证明文件；未提出书面声明或者逾期未提交证明文件的，视为未要求优先权。

2. 商标注册审核

对申请注册的商标，商标局应当自收到商标注册申请文件之日起9个月内审查完毕，符合《商标法》有关规定的，予以初步审定公告。

对初步审定公告的商标，自公告之日起3个月内，在先权利人、利害关系人等认为有异议的，可以向商标局提出异议。对初步审定公告的商标提出异议的，商标局应当听取异议人和被异议人陈述事实和理由，经调查核实后，自公告期满之日起 12 个月内作出是否准予注册的决定，并书面通知异议人和被异议人。有特殊情况需要延长的，经国务院工商行政管理部门批准，可以延长 6 个月。

提示 商标局作出准予注册决定的，发给商标注册证，并予公告。异议人不服的，可以依照规定向商标评审委员会请求宣告该注册商标无效。

经审查异议不成立而准予注册的商标，商标注册申请人取得商标专用权的时间自初步审定公告 3 个月期满之日起计算。自该商标公告期满之日起至准予注册决定作出前，对他人在同一种或者类似商品上使用与该商标相同或者近似的标志的行为不具有追溯力；但是，因该使用人的恶意给商标注册人造成的损失，应当给予赔偿。

（四）注册商标的续展、变更、转让和使用许可

1. 注册商标的续展

注册商标的法律保护期限为 10 年，自核准注册之日起计算。注册商标有效期满，需要继续使用的，商标注册人应当在期满前 12 个月内按照规定办理续展手续；在此期间未能办理的，可以给予 6 个月的宽展期。每次续展注册的有效期为 10 年，自该商标上一届有效期满次日起计算。期满未办理续展手续的，注销其注册商标。

2. 注册商标的变更和转让

注册商标需要变更注册人的名义、地址或者其他注册事项的，应当提出变更申请。

转让注册商标的，转让人和受让人应当签订转让协议，并共同向商标局提出申请。受让人应当保证使用该注册商标的商品质量。转让注册商标的，商标注册人对其在同一种商品上注册的近似的商标，或者在类似商品上注册的相同或者近似的商标，应当一并转让。对容易导致混淆或者有其他不良影响的转让，商标局不予核准，书面通知申请人并说明理由。转让注册商标经核准后，予以公告。受让人自公告之日起享有商标专用权。

3. 注册商标的使用许可

商标注册人可以通过签订商标使用许可合同，许可他人使用其注册商标。许可人应当监督被许可人使用其注册商标的商品质量。被许可人应当保证使用该注册商标的商品质量。经许可使用他人注册商标的，必须在使用该注册商标的商品上标明被许可人的名称和商品产地。许可他人使用其注册商标的，许可人应当将其商标使用许可报商标局备案，由商标局公告。商标使用许可未经备案不得对抗善意第三人。

案例分析10-2

位于长寿县的甲厂主要生产锅巴等特色小吃。2020 年 4 月，甲厂向商标局申请为其注册“长寿”商标。4 月 10 日，商标局审查后认为“长寿”系县级以上行政区划名称而驳回申请。4 月 14 日，甲厂收到驳回通知。后来甲厂发现某邻县乙厂一直使用未注册的“长寿”商标。

思考：(1) 如果甲厂不服商标局驳回申请的决定，应在何月何日前向谁申请复审？
(2) 如果复审结果改变初审决定，予以初步审定并最后核准注册，发给商标注册证，那么邻县乙厂能否再使用未注册的“长寿”商标？
(3) 如果甲厂决定放弃注册“长寿”商标，改提出“香脆”商标注册申请，该商标注册申请能否被核准？

三、注册商标专用权的法律保护

注册商标专用权是指商标注册人对其拥有的注册商标享有的独占权，包括使用权、处分权、收益权、标记权等。注册商标的专用权，以核准注册的商标和核定使用的商品为限。

(一) 商标权人的权利和义务

1. 商标权人的权利

(1) 续展权。

(2) 许可使用权。商标权人可以通过签订商标使用许可合同许可他人使用其注册商标。被许可人未经商标权人同意，不得许可其他任何单位或个人使用该注册商标。

(3) 转让权。商标转让权是指商标权人依法享有的将其注册商标依照法定程序和条件，转让给他人的权利。商标转让除了合同转让形式之外，还有继承转让。继承转让是指原商标专用权人死亡而由其继承人依法继承其注册商标专用权。

2. 商标权人的义务

(1) 按规定使用注册商标。注册商标成为其核定使用的商品的通用名称或者没有正当理由连续 3 年不使用的，任何单位或者个人可以向商标局申请撤销该注册商标。商标局应当自收到申请之日起 9 个月内作出决定。有特殊情况需要延长的，经国务院工商行政管理部门批准，可以延长 3 个月。

(2) 保证使用注册商标的商品质量。商标权人在生产商品或提供服务时，应当保证商品或服务的质量符合有关质量标准，不得粗制滥造，以次充好，欺骗消费者。

(3) 按规定在申请商标注册和办理其他商标事宜时，缴纳相关费用。

(二) 侵犯注册商标专用权的行为

根据规定，有下列行为之一的，均属侵犯注册商标专用权：

(1) 未经商标注册人的许可，在同一种商品上使用与其注册商标相同的商标的；

(2) 未经商标注册人的许可，在同一种商品上使用与其注册商标近似的商标，或者在类似商品上使用与其注册商标相同或者近似的商标，容易导致混淆的；

(3) 销售侵犯注册商标专用权的商品的；

（4）伪造、擅自制造他人注册商标标识或者销售伪造、擅自制造的注册商标标识的；

（5）未经商标注册人同意，更换其注册商标并将该更换商标的商品又投入市场的；

（6）故意为侵犯他人商标专用权行为提供便利条件，帮助他人实施侵犯商标专用权行为的；

（7）给他人的注册商标专用权造成其他损害的。

案例分析10–3

甲鞋厂和乙鞋厂于2019年年初签订商标许可使用合同，甲鞋厂被核准注册的“大象”牌商标转让给乙鞋厂使用3年，并报送商标局备案。2020年1月，乙鞋厂向甲鞋厂表示愿提前归还“大象”商标，甲厂同意。从2020年5月起，乙厂对外宣传，将已打开销路的“大象”牌鞋子改为“狮子”牌鞋子，并敬告消费者谨防假冒。

思考：乙厂后来的行为是否构成侵权？

（三）注册商标专用权纠纷的解决

侵犯注册商标专用权行为引起纠纷的，由当事人协商解决；不愿协商或者协商不成的，商标注册人或者利害关系人可以向人民法院起诉，也可以请求工商行政管理部门处理。

侵犯商标专用权的赔偿数额，按照权利人因被侵权所受到的实际损失确定；实际损失难以确定的，可以按照侵权人因侵权所获得的利益确定；权利人的损失或者侵权人获得的利益难以确定的，参照该商标许可使用费的倍数合理确定。对恶意侵犯商标专用权，情节严重的，可以在按照上述方法确定数额的1倍以上3倍以下确定赔偿数额。赔偿数额应当包括权利人为制止侵权行为所支付的合理开支。权利人因被侵权所受到的实际损失、侵权人因侵权所获得的利益、注册商标许可使用费难以确定的，由人民法院根据侵权行为的情节判决给予300万元以下的赔偿。

销售不知道是侵犯注册商标专用权的商品，能证明该商品是自己合法取得并说明提供者的，不承担赔偿责任。

法律驿站

未经商标注册人许可，在同一种商品上使用与其注册商标相同的商标，构成犯罪的，除赔偿被侵权人的损失外，依法追究刑事责任。伪造、擅自制造他人注册商标标识或者销售伪造、擅自制造的注册商标标识，构成犯罪的，除赔偿被侵权人的损失外，依法追究刑事责任。销售明知是假冒注册商标的商品，构成犯罪的，除赔偿被侵权人的损失外，依法追究刑事责任。

第二节　专利权法律制度

专利权简称专利，是国家专利机关依法授予发明创造的发明人、设计人或者其所在的单位，在一定期限内对特定的发明创造依法享有的专有权。

专利法是调整因确认和保护发明创造的专利权，以及因使用发明创造而产生的各种社会关系的法律规范的总称。为了鼓励发明创造，促进科学技术的发展，1984 年 3 月 12 日第六届全国人大第四次会议通过了《中华人民共和国专利法》（以下简称《专利法》）。

一、专利权法律关系

（一）专利权的主体

专利权的主体是指有权提出专利申请、获得专利权，并且承担相应义务的自然人、法人和其他组织。根据我国《专利法》规定，专利权的主体可以是发明人或设计人、职务发明的发明人所在单位以及专利权的合法受让人。

1. 发明人或设计人

发明人或设计人是指对发明创造的实质性特点作出了创造性贡献的人。其中，“发明人”是指发明或实用新型的完成人；“设计人”是指外观设计的完成人。需要注意的是，在完成发明创造的过程中，那些只负责组织工作的人、为物质技术提供便利条件的人或是从事辅助性工作的人，并非发明人或设计人。

提示　如果 2 个或 2 个以上的人对同一项发明创造的实质性特点共同作出了创造性贡献，则这 2 个或 2 个以上的人成为共同发明人或共同设计人。

2. 职务发明人所在的单位

职务发明是指执行本单位的任务或者主要是利用本单位的物质条件所完成的发明创造。职务发明的专利权属于职务发明人所在的单位。利用本单位的物质技术条件所完成的发明创造，单位与发明人或者设计人订有合同，对申请专利的权利和专利权的归属作出约定的，从其约定。根据有关规定，职务发明包括以下几种情形：

（1）在本职工作中完成的发明创造；

（2）履行本单位交付的与本职工作无关的任务时所完成的发明创造；

（3）退职、退休或者调动工作 1 年内作出的、与其在原单位的本职工作或者原单位分配的任务有关的发明创造；

（4）主要利用本单位的物质条件（包括资金、设备、零部件、原材料或者不向外公开的技术资料等）完成的发明创造。

3. 其他申请人

发明人或设计人以外的其他人通过合同转让或者继承而得到专利申请权。发明人或设计人在发明创造完成之后，可以选择自己申请专利，也可以通过合同形式将申请权进行转让；发明人或设计人死亡后，由其继承人依法取得申请权。

案例分析10-4

赵某在钱某、孙某和李某的协助下成功研制了一台交流稳压器。赵某向中国专利局提出实用新型专利申请。此后，钱某等3人提出另议，认为专利申请的发明创造系赵某和其他3位集体构思研制成功的，专利权应为4人共有。钱某等3人请求某专利管理机关调处。某专利管理机关作出处理决定书，认定：赵某专利申请文件的五项权利要求中，赵某提出第一、第三、第四、第五共四个发明点，钱某提出第一、第二共两个发明点。因此，赵某、钱某是此项专利申请的共同发明人，应作为共同申请人。另外两人在该发明创造中曾提供制造过程中的帮助，不作为共同发明人。

思考：赵某、钱某是否可以成为共同发明人？

（二）专利权的客体

我国专利权的客体包括发明、实用新型和外观设计。

1. 发明

发明是指对产品、方法或其改进所提出的新的技术方案，是专利权保护的主要对象。发明创造是指运用现有的科学知识和科学技术，首创出先进、新颖、独特的具有社会意义的事物及方法，有效地解决某一实际需要。

2. 实用新型

实用新型是指对产品的形状、构造或者其结合所提出的适于实用的新的技术方案，又称小发明或小专利。它的创造性和技术水平较发明专利低，但实用价值大。比如鼠标，最初是机械鼠标（下面有个小球，移动时带动横向和纵向定位），后来出现的光学鼠标（用光学定位），就是在机械鼠标的基础上改进的，改变的是鼠标这种装置的总体功能的一部分（定位方式），其余不变，光学鼠标器即是实用新型。

3. 外观设计

外观设计是指对产品的形状、图案或者其结合以及色彩与形状、图案的结合所作出的富有美感并适于工业应用的新设计。外观设计是产品的装饰性或艺术性外表设计，与实用新型不同，实用新型是对产品形状、构造的新设计，以实用性为标准，而外观设计则是以美观为标准。如可口可乐的弧形玻璃瓶，是“即使在黑暗中靠手感也能辨别，甚至仅凭打碎在地的碎片，也能够一眼识别出来”的瓶形。

（三）专利权的内容

1. 专利权人的权利

（1）独占实施权。实施权是指专利权人有权利依照自己的意愿，自行制造、使用、销售其专利产品或使用专利方法以及销售依照该专利方法直接获得的产品的权利。独占实施权是指专利权被授予后，任何单位或者个人未经专利权人许可，不得实施其专利，即不得以生产经营为目的制造、销售、进口其专利产品。

（2）许可实施权是指专利权人可以通过合同方式，许可他人使用其专利权并收取专利使用费的权利。受许可人只能在许可范围内实施该专利，也无权允许合同规定以外的任何人实施该专利。

（3）转让权是指专利权人可以将其获得的专利所有权转让给他人的权利。

（4）标记权是指专利权人有权决定是否在其专利产品上标明专利标记和专利号。

（5）请求保护权。当专利权人的权利受到侵害时，可以直接向人民法院起诉，或者要求专利管理部门维护其专利权。

（6）放弃权。专利权人可以通过书面声明放弃其专利权，并要经过登记、公告等程序。

2. 专利权人的义务

（1）缴纳年费。专利权人应当在专利权授予的当年起开始缴纳年费。

（2）实施专利。实施发明创造是专利权人的义务，只有将发明创造应用到工商业中，才能体现出发明创造的实用性。

案例分析10-5

甲公司研发出一种3D打印机，可实现对所打印零件的全方位修整，实现边打印边修整的工作程序，能更好地适应打印复杂形状零件，打印效率较高。于是，甲公司申请了专利号。

思考：该项专利权属于哪一种类型，甲公司作为专利权人拥有哪些权利？

二、专利权的申请与审批

专利权的申请和审批是关于专利权取得程序的法律制度。我国《专利法》对专利权的申请和审批程序作出了明确规定，只有符合法律规定的申请原则和程序的研究成果，才能授予专利权。

（一）专利权的申请原则

1. 书面原则

办理专利申请手续，必须采用书面形式。在整个审批过程中的所有手续，都必须采用书面形式办理，不得以口头说明或提交实物的形式来代替书面说明。

2. 先申请原则

对于同样的发明创造，只能授予一项专利。两个或两个以上的申请人就同样的发明创造申请专利时，专利权授予最先申请的人。确定申请先后，以申请日为准，即国务院专利行政部门收到专利申请文件之日为申请日。如果申请文件是邮寄的，以寄出的邮戳日为申请日。

3. 优先权原则

优先权是指申请人自发明或者实用新型在外国第一次提出专利申请之日起 12 个月内，或者自外观设计在外国第一次提出专利申请之日起 6 个月内，又在中国就相同主题提出专利申请的，依照该外国同中国签订的协议或者共同参加的国际条约，或者依照相互承认优先权的原则，可以享有优先权。

提示　申请人自发明或者实用新型在中国第一次提出专利申请之日起 12 个月内，又向国务院专利行政部门就相同主题提出专利申请的，可以享有优先权。

4. 单一性原则

单一性原则指一份专利申请文件只能就一项发明创造提出专利申请，即“一申请一发明”原则。

（二）专利权的申请

专利权不能自动取得，申请人必须依照《专利法》的有关规定，以书面形式向国务院专利行政部门提交必要的申请文件。

1. 发明和使用新型专利申请文件

申请发明或实用新型专利的，应当提交请求书、说明书及其摘要和权利要求书等文件。请求书应当写明发明或实用新型的名称，发明人的姓名，申请人姓名或者名称、地址及其他事项。说明书应当对发明或实用新型作出清楚、完整的说明，以所属技术领域的技术人员能够实现为准；必要时，应当有附图。摘要应当简要说明发明或者实用新型的技术要点。

2. 外观设计专利申请文件

申请外观设计专利的，应当提交请求书、该外观设计的图片或者照片以及对该外观设计的简要说明等文件。申请人提交的有关图片或者照片应当清楚地显示要求专利保护的产品的外观设计。

（三）专利权的审批

1. 发明专利申请的审批

（1）初审和公开。国务院专利行政部门收到发明专利申请后，经初步审查认为符合《专利法》要求的，自申请日起满 18 个月，即行公布。也可以根据申请人的请求早日公布其申请。

（2）实质审查。公布后发明专利进入实质审查阶段，发明专利申请自申请日起 3 年内，国务院专利行政部门可以根据申请人随时提出的请求，对其申请进行实质审查；申请人无正当理由逾期不请求实质审查的，该申请即被视为撤回。

（3）授权决定。国务院专利行政部门对发明专利申请进行实质审查后，没有发现驳回理由的，发给专利证书，同时予以登记和公告。发明专利权自公告之日起生效。

（四）专利权的授予条件

1. 发明与实用新型专利的授予条件

（1）新颖性是指该发明或实用新型不属于现有技术；并且在该发明或实用新型申请日之前，没有任何单位或个人就同样的发明创造向国务院专利行政部门提出过申请，并记载在申请日以后公布的专利申请文件或者公告的专利文件中。

（2）创造性是指与现有技术相比，该发明具有突出的实质性特点和显著的进步，该实用新型具有实质性特点和进步。发明创造应该是发明人创造性的构思，而不是简单的技术组合，并且与相近的技术相比，在技术上要有所进步。

（3）实用性是指该发明或实用新型能够在工商业上制造或者使用，并且能够产生积极效果。只有具有实用性的发明创造，才能让社会真正受益，促进工商业的发展。

2. 外观设计权利的授予条件

外观设计专利权的取得与发明和实用新型有所不同，取得外观设计专利的关键条件只有一个，就是新颖性。我国《专利法》规定：授予专利权的外观设计与现有设计或者现有设计特征的组合相比，应当具有明显区别。

法律驿站

对下列各项，不授予专利权：（1）科学发现；（2）智力活动的规律和方法；（3）疾病的诊断和治疗方法；（4）动物和植物品种；（5）用原子核变换方法获得的物质；（6）对平面印刷品的图案、色彩或者二者的结合作出的主要起标识作用的设计。对前款第（4）项所列产品的生产方法，可以依照本法规定授予专利权。

案例分析10-6

某日用品厂研制出一种“太阳能多功能电动牙刷”。这种产品的特征是既可作微型手电筒，又可作牙刷。该产品设计独特，结构良好。日用品厂向知识产权局提出实用新型专利申请。知识产权局经查发现，该产品在国内属首创，但是在日用品厂申请专利以前，产品在美国、日本等国家已经生产、销售，深受消费青睐。

思考：该产品是否具有新颖性，为什么？

三、专利权的实施与保护

（一）专利权的实施

专利权人的一项重要权利就是专利的实施权。任何单位或者个人实施他人专利的，应当与专利权人订立实施许可合同，向专利权人支付专利使用费。被许可人无权允许合同规定以外的任何单位或者个人实施该专利。

案例分析10-7

周某在美国学习期间完成了一项产品发明，于2016年12月2日在美国提出了专利申请，并于2017年5月7日就相同产品在我国提出专利申请，同时提交了要求优先权的书面声明及相关文件。甲企业2016年10月开始在北京制造相同产品，周某获得专利权后，甲企业在原有范围内继续制造。2020年2月周某许可乙企业在北京独家生产该产品，同年周某自己也在北京建厂生产该产品。

思考：(1) 周某的申请日是哪一天？
(2) 甲企业是否侵犯了乙企业的独家实施权？
(3) 周某是否侵犯了乙企业的独家实施权？

(二) 专利权的保护

1. 专利权的法律保护期限

法律对专利权的保护期限具有一定时间的限制，发明专利的保护期限是20年，实用新型和外观设计的保护期限是10年，均自申请日起计算。

2. 侵犯专利权的行为

侵犯专利权的行为是指未经专利权人的许可，擅自实施其专利的行为。侵犯专利的行为可分为以下几种。

(1) 未经专利权人许可，以生产经营为目的制造、使用、销售、许诺销售专利产品，或者使用专利方法以及使用、销售、许诺销售、进口依专利方法直接获得的产品。

(2) 假冒他人专利。即违背专利权人的意愿，以欺骗他人为目的，冒充已获得专利权的发明创造。但是，以下三种行为不视为侵犯专利权。

1) 在申请日以前已经制造相同产品，使用相同方法或者已经做好了制造、使用的必要准备，并且仅仅在原有范围内继续制造、使用的，不视为侵权。

2) 临时通过中国领土、领海、领空的外国运输工具，依照其所属国同中国签订的协议或者共同参加的国际条约，或者依照互惠原则，为运输工具自身需要而在其装置和设备中使用有关专利的，不视为侵权。

3) 专门为科学研究和实验而使用有关专利的行为，不视为侵权。

3. 侵犯专利权的法律后果

侵犯专利权的应承担停止侵权、没收违法所得、赔偿专利权人损失、被处以罚款等法律责任；情节严重构成犯罪的，应依法承担刑事责任。

4. 专利权的终止

专利权的终止是指专利权保护期限届满或由于某种原因专利权失效。专利权终止的情况主要有三种：

（1）没有按照规定交纳年费；

（2）专利权人以书面声明放弃专利权；

（3）专利权期满，专利权即行终止。专利权终止以后，受该项专利权保护的发明创造便成为全社会的财富，任何人都可以无偿使用。

案例分析10-8

甲厂2018年研制出一种N型多功能绞肉机，2019年5月获得实用新型专利权。乙厂也于2018年7月自行研制出这种N型多功能绞肉机。乙厂在2018年年底前已生产了80台N型多功能绞肉机，2019年3月开始在市场销售。2019年乙厂又生产了70台N型多功能绞肉机。2020年年初，甲厂发现乙厂销售行为后，认为乙厂未经自己同意，擅自实施专利技术，侵犯了自己的专利权，遂与乙厂交涉，但乙厂认为自己的行为并不构成侵权。

思考：乙厂是否侵犯了甲厂的专利权，为什么？

知识检测

一、单项选择题

（1）下列选项中，属于侵犯专利权的行为有（　　）。

A. 甲经权利人许可，为生产经营目的制造其专利产品

B. 乙为科学研究和实验而使用某项专利

C. 丙使用专利人已经出售的专利产品

D. 丁未经专利人许可为生产经营目的制造其专利产品

（2）下列各组选项中不属于相同或近似商标的是（　　）。

A. 娃哈哈与娃娃哈　　B. 百事可乐与可口可乐

C. 嘉思利与嘉斯利　　D. 红梅与红海

（3）甲厂自2017年起在其生产的餐具上使用“红灯笼”商标，并于2019年8月向商标局提出该商标的注册申请。乙厂早在2019年6月就向商标局申请为其饮具产品注册“红灯笼”商标。该“红灯笼”商标应归属（　　）。

A. 甲　　B. 乙

C. 甲和乙共有　　D. 甲乙协商确定的一方

（4）对已经注册的商标提出争议的时间为自被争议的注册商标核准注册之日起（　　）。

A. 3个月内　　B. 6个月内　　C. 1年内　　D. 2年内

（5）根据我国《专利法》的规定，授予专利权的外观设计，必须具有显著特征，能适用于工业产品上，并且符合（　　）的要求。

A. 新颖性　　B. 创造性　　C. 实用性　　D. 显著性

（6）某地工商局在审查某皮革制品厂拟使用在其生产的皮制品上的商标时，发现其中

有不符合法律规定的商标，该商标是（　　）牌商标。

A. “千里”　　B. “七匹狼”　　C. “羊皮”　　D. “耐斯”

(7) 两个以上的申请人分别就同样的发明创造申请专利的，专利权授权（　　）。

A. 最先发明的人　　B. 最先申请的人

C. 所有申请的人　　D 协商后的申请人

二、多项选择题

(1) 下列选项中，依法可以申请专利的是（　　）。

A. 食品真空保鲜的方法　　B. 西瓜新品种

C. 新型感冒药的生产配方　　D. 节能汽车发动机

(2) 下列选项中，不能被授予专利权的有（　　）。

A. 专用于伪造货币的工具　　B. 专用于吸食毒品的器具

C. 可以作为凶器的刀具　　D. 可用于赌博的游戏工具

(3) 下列对象中，属于必须使用注册商标的是（　　）。

A. 人用药品　　B. 畜用药品　　C. 卷烟　　D. 雪茄烟

(4) 下列可以被核准注册的商标有（　　）。

A. “好干净”洗衣机　　B. “日立”抽油烟机

C. “伦敦”电视机　　D. “双星”运动鞋

(5) 对于（　　）不授予专利权。

A. 科学发现　　B. 调味品的生产方法

C. 药品的生产方法　　D. 用原子核变换方法获得的物质

三、判断题

(1) 我国专利法规定的专利授予原则是先申请先得原则。（　　）

(2) 在专利申请日前已经制造相同产品，使用相同方法或者已经做好了制造、使用的必要准备，并且仅仅在原有范围内继续制造、使用的，不视为侵犯。（　　）

(3) 两个以上的申请人，在同一种或类似商品上，申请相同或近似的注册商标专用权的，授予先使用人。（　　）

(4) 商标只能用在商品上，不能用在服务方面。（　　）

(5) 变魔术的方法依法可以申请方法专利。（　　）

四、实训题

实训一

甲卷烟厂使用注册商标生产“蓝鸟牌”香烟，1年后发现乙乡镇卷烟厂未经注册也生产销售“蓝鸟牌”香烟，且其香烟质量比甲厂低，甲厂认为乙厂的行为严重损害了自己的产品信誉，遂委托某律师事务所丙律师，拟诉请法院求偿。乙厂得知此事后找到甲厂，申明本厂使用该商标已有2年之久，并无假冒侵权之意，并主张通过许可使用协议，取得甲厂的注册商标使用权。甲厂同意订立商标许可使用协议，但坚持要求乙厂先行赔偿，后双方找到律师进行咨询。

讨论：

(1) 乙厂的行为违反了我国《商标法》的哪些规定？

(2) 如果甲、乙双方事后同意订立商标许可使用协议，双方应该遵循哪些规定？

实训二

赵某是甲研究所的工作人员，他参与了关于开发节能燃气灶的开发工作。2019 年 9 月，赵某完成了节能灶的技术开发，随后赵某在某技术会议上介绍了该种节能灶的核心技术。2020 年 3 月，家家乐电器厂依据相关报道很快研制出样品，进行了批量生产，并将赵某绘制的产品设计图的主要部分用于销售。2020 年 2 月，甲研究所决定将节能灶向国家专利局申请发明专利。甲研究所通过邮寄向国家专利局寄出了附有赵某绘制的产品设计图的专利申请文件，邮戳日期为 2020 年 2 月 10 日。2020 年 2 月 15 日国家专利局收到申请文件。

讨论：

(1) 甲研究所是否有权为节能灶申请专利，为什么？

(2) 甲研究所取得专利权后能否要求家家乐电器厂停止侵害并赔偿损失？

(3) 假设甲研究所取得的专利权合法有效，则专利权保护期限何时届满？

参考文献

[1] 财政部会计资格评价中心. 经济法基础 [M]. 北京：经济科学出版社，2018.
[2] 中国注册会计师协会. 经济法 [M]. 北京：中国财政经济出版社，2018.
[3] 中华人民共和国财税法律法规全书：含优惠政策 [M]. 北京：中国法制出版社，2021.
[4] 法规应用研究中心. 中华人民共和国税法一本通 [M]. 北京：中国法制出版社，2018.
[5] 林嘉. 劳动法和社会保障法 [M]. 北京：中国人民大学出版社，2011.
[6] 中华人民共和国公司法：实用版 [M]. 北京：中国法制出版社，2018.
[7] 中华人民共和国民法典：实用版 [M]. 北京：中国法制出版社，2020.
[8] 中华人民共和国劳动合同法：实用版 [M]. 北京：中国法制出版社，2018.
[9] 周晖，孟建华. 新编实用经济法 [M]. 北京：清华大学出版社，2017.
[10] 郭若愚. 经济法 [M]. 北京：清华大学出版社，2014.
[11] 史明灿. 经济法 [M]. 北京：化学工业出版社，2016.
[12] 周赞梅，刘蕾. 经济法 [M]. 成都：电子科技大学出版社，2017.
[13] 邓建敏. 经济法基础与应用 [M]. 北京：清华大学出版社，2019.
[14] 王靖，马淑芳. 经济法基础与实务 [M]. 上海：立信会计出版社，2019.
[15] 程淮中. 经济法基础 [M]. 北京：高等教育出版社，2019.
[16] 程淮中. 财经法规与会计职业道德 [M]. 北京：高等教育出版社，2017.